7581

TRAITÉ
D'ARITHMÉTIQUE

TRAITÉ
D'ARITHMÉTIQUE

A L'USAGE

DES ÉLÈVES DES LYCÉES ET COLLÈGES

ET DES CANDIDATS AUX ÉCOLES DU GOUVERNEMENT

Conforme aux derniers programmes

PAR

E. BURAT

ANCIEN ÉLÈVE DE L'ÉCOLE NORMALE, AGRÉGÉ DES SCIENCES, PROFESSEUR
DE MATHÉMATIQUES AU LYCÉE LOUIS-LE-GRAND

ONZIÈME ÉDITION

Contenant les premiers principes sur la théorie des nombres

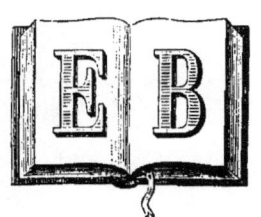

PARIS

LIBRAIRIE CLASSIQUE EUGÈNE BELIN

BELIN FRÈRES

RUE DE VAUGIRARD, 52

1891

Tout exemplaire de cet ouvrage, non revêtu de notre griffe, sera réputé contrefait.

SAINT-CLOUD. — IMPRIMERIE BELIN FRÈRES

AVERTISSEMENT
DE LA NEUVIÈME ÉDITION

Nous avons ajouté dans cette édition de nombreux problèmes sur les approximations numériques et plusieurs théories d'arithmétique supérieure relatives aux systèmes de numération, aux diviseurs, aux résidus et aux équivalences.

Ces théories ne peuvent être étudiées que par les élèves déjà avancés dans l'étude des mathématiques; aussi, dans leur exposition, avons-nous supposé connus les éléments d'algèbre.

En rejetant à la fin du livre, sous forme de complément, ces parties un peu difficiles, nous n'avons pas enlevé à cet ouvrage le caractère de simplicité qui a été pour beaucoup dans son succès; nous espérons de plus que, grâce aux additions que nous signalons au lecteur, ce livre satisfera à toutes les exigences de l'enseignement actuel dans les lycées.

LIVRE PREMIER

NOMBRES ENTIERS

CHAPITRE PREMIER.

NUMÉRATION.

9. La suite des nombres est illimitée; on forme cette suite en ajoutant l'unité à elle-même et à chacun des nombres ainsi obtenus successivement.

La *numération* a pour but de désigner les nombres soit par des mots, soit par des caractères. Elle se divise en deux parties : la numération *parlée* et la numération *écrite*.

NUMÉRATION PARLÉE.

10. La *numération parlée* enseigne à nommer les nombres avec *peu* de mots.

On y est parvenu de la manière suivante :

1° On a donné aux premiers nombres des noms spéciaux que voici :

Un, deux, trois, quatre, cinq, six, sept, huit, neuf, dix.

Les neuf premiers de ces nombres sont appelés *unités simples* ou *du premier ordre*.

2° Le groupe de dix unités a reçu le nom de *dizaine* ou *unité du second ordre*, et l'on a compté par dizaines comme par unités, ce qui a donné :

Une dizaine, deux dizaines.... neuf dizaines, dix dizaines.

Si la quantité à mesurer est moindre que l'unité, on divise celle-ci en parties égales, et l'on cherche combien une de ces parties est contenue de fois dans cette quantité. Soit, par exemple, à mesurer une règle moindre que le mètre : on portera sur cette règle le *dixième* du mètre, et s'il peut y être placé *sept* fois de suite exactement, la longueur de la règle sera exprimée par *sept dixièmes* de mètre. C'est là ce qu'on nomme une *fraction*.

Souvent la quantité à mesurer renferme une ou plusieurs fois l'unité, plus une partie de cette unité ; l'on obtient alors pour résultat de la mesure un *nombre fractionnaire*. Supposons, par exemple, qu'une longueur renferme cinq mètres, plus les trois dixièmes du mètre, *cinq et trois dixièmes* sera un nombre fractionnaire.

7. En groupant les nombres et en les comparant, on est conduit à exécuter certaines *opérations*, dont l'ensemble constitue le *calcul*.

8. L'*arithmétique* comprend toutes les questions que l'on peut se proposer sur les nombres.

On la réduit ordinairement à l'exposition raisonnée des diverses opérations, et aux propriétés des nombres qui peuvent servir à abréger les calculs.

ARITHMÉTIQUE

PRÉLIMINAIRES.

1. Une collection de plusieurs objets semblables, ou bien la répétition d'un même événement donne l'idée de *nombre*. Par exemple, en montant un escalier on a l'idée du nombre de ses marches, on est conduit à les *compter ;* de même on compte les décès ou les naissances qui ont lieu chaque année dans un pays.

2. L'idée de nombre se présente encore lorsque l'on évalue les *grandeurs*.

3. On nomme *grandeur* ou *quantité* tout ce qui peut être augmenté ou diminué, sinon en réalité, du moins par la pensée : ainsi une longueur, un poids, l'étendue d'un champ, sont des quantités.

4. On appelle *unité* une grandeur fixe à laquelle on compare toutes celles de même espèce. Chaque sorte de quantité a son unité. Ainsi :

L'unité de longueur est le *mètre*.
— surface..... l'*are*.
— capacité.... le *litre*.
— poids....... le *gramme*.
— monnaie.... le *franc*.

5. *Mesurer* une grandeur, c'est la comparer à son unité.

6. Le *nombre* est le résultat de la mesure d'une grandeur. Si l'unité se trouve contenue dans cette grandeur plusieurs fois, sans reste, on a un *nombre entier :* ainsi le nombre entier *trois* représentera la longueur d'une barre, si le mètre s'y trouve contenu trois fois exactement.

Le groupe de dix dizaines a reçu le nom de *centaine* ou *unité du troisième ordre*, et l'on a compté par centaines comme par dizaines et par unités, ce qui a donné :

Une centaine, deux centaines, trois centaines... dix centaines,

ou plus simplement :

Un cent, deux cents, trois cents..... mille.

De même un *mille* a été appelé *unité du quatrième ordre*, dix unités du quatrième ordre ont formé une *unité du cinquième*, etc.

3° Pour éviter un trop grand nombre de mots nouveaux, on a conservé le nom de *dizaines de mille* aux unités du cinquième ordre et le nom de *centaines de mille* à celles du sixième ordre. Quant aux unités du septième ordre, elles s'appellent *millions*, et l'on a conservé les noms de *dizaines de millions* et de *centaines de millions* aux deux ordres suivants. Enfin on appelle *billions* ou *milliards* les unités du dixième ordre, *trillions* celles du treizième.

Voici le tableau des unités des divers ordres :

Premier ordre,	unités simples,	
Deuxième ordre,	dizaines d'unités,	première classe.
Troisième ordre,	centaines d'unités,	
Quatrième ordre,	mille,	
Cinquième ordre,	dizaines de mille,	deuxième classe.
Sixième ordre,	centaines de mille,	
Septième ordre,	millions,	
Huitième ordre,	dizaines de millions,	troisième classe.
Neuvième ordre,	centaines de millions,	
Dixième ordre,	billions ou milliards,	
Onzième ordre,	dizaines de billions,	quatrième classe.
Douzième ordre,	centaines de billions,	
Treizième ordre,	trillions,	
....	....	cinquième classe.
....	....	

Les unités simples, les mille, les millions, les billions....

s'appellent *unités ternaires*, parce que, dans le tableau ci-dessus, elles reviennent de trois en trois rangs ; chaque unité ternaire est donc *mille* fois plus forte que celle qui la précède immédiatement.

On dit aussi, en groupant les trois premiers ordres d'unités, puis les trois suivants... la *classe des unités*, la *classe des mille*, la *classe des millions*....

4° Pour énoncer un nombre, on le décompose en ses unités de différents ordres, et l'on dit combien il y a de groupes de chaque espèce, en commençant par l'ordre le plus élevé. — Exemple : deux mille, quatre centaines, trois dizaines et sept unités.

Il est clair qu'il y a au plus neuf unités de chaque ordre, de telle sorte que les noms de tous les nombres jusqu'à un billion exclusivement se formeront tous, à la rigueur, en combinant les noms des neuf premiers nombres avec les mots : dizaine, centaine, mille, million.

11. L'usage a consacré les irrégularités suivantes :

1° Au lieu de dire : une dizaine, deux dizaines, trois dizaines, quatre dizaines, cinq dizaines, six dizaines, sept dizaines, huit dizaines, neuf dizaines, on dit : *dix, vingt, trente, quarante, cinquante, soixante, soixante-dix, quatre-vingts, quatre-vingt-dix*

2° Les noms des six premiers des nombres qui suivent dix,

Dix-un, Dix-deux, Dix-trois, Dix-quatre, Dix-cinq, Dix-six, ont été remplacés par les mots *onze, douze, treize, quatorze, quinze, seize.*

D'après cela, les noms des nombres compris entre **vingt** et **cent** seront :

Vingt-un,   *vingt-deux*..........   *vingt-neuf.*
Trente-un,   *trente-deux*.......... *trente-neuf.*
....
Quatre-vingt-onze, *quatre-vingt-douze*.... *quatre-vingt-dix-neuf.*

Les nombres compris entre cent et mille seront ainsi désignés :

Cent un,   *cent deux*...........   *cent quatre-vingt-dix-neuf.*
Deux cent un, *deux cent deux*......   *deux cent quatre-vingt-dix-neuf.*
....
Neuf cent un, *neuf cent deux*......   *neuf cent quatre-vingt-dix-neuf.*

Voici les noms des nombres compris entre mille et un million :

Mille un, mille deux,.......... *mille neuf cent quatre-vingt-dix-neuf;*
Deux mille un, deux mille deux,...... *deux mille neuf cent quatre-vingt-dix-neuf;*
....
Neuf cent quatre-vingt-dix-neuf mille un, neuf cent quatre-vingt-dix-neuf mille deux,... *neuf cent quatre-vingt-dix-neuf mille neuf cent quatre-vingt-dix-neuf.*

12. En résumé, notre système de numération parlée repose sur les deux conventions suivantes :

1° Une unité d'ordre quelconque vaut *dix fois* l'unité précédente. De là le nom de *numération décimale.*

2° Chaque classe se compose de trois ordres, de telle sorte que de trois en trois ordres seulement il est nécessaire de créer un mot nouveau.

13. Il existe d'autres systèmes de numération ; nous citerons le système *duodécimal*, dans lequel douze unités d'un ordre quelconque valent une unité de l'ordre suivant.

On appelle, en général, *base* d'un système de numération le nombre d'unités de chaque ordre que l'on groupe pour former l'unité de l'ordre immédiatement supérieur. Le système usuel a pour base dix.

NUMÉRATION ÉCRITE.

14. La *numération écrite* a pour objet de représenter

tous les nombres avec un petit nombre de caractères.
Ces caractères, appelés *chiffres arabes*, sont :

1, 2, 3, 4, 5, 6, 7, 8, 9, 0.

Ils ont pour valeurs respectives :

Un, deux, trois, quatre, cinq, six, sept, huit, neuf, zéro.

Ainsi les neuf premiers de ces chiffres ou *figures* portent les noms des neuf premiers nombres ; le caractère *zéro* n'a aucune valeur, son usage est indiqué plus loin.

15. Convention fondamentale. — On est parvenu à écrire tous les nombres avec ces caractères, en convenant qu'*un chiffre placé à la gauche d'un autre exprime des unités dix fois plus fortes que cet autre*, ce qui revient à dire qu'un chiffre exprime des unités, des dizaines, des centaines ou des mille...... selon qu'en partant de la droite il occupe la première, la deuxième, la troisième ou la quatrième...... place.

D'après cela, pour écrire le nombre *sept cent cinquante-deux* qui renferme sept centaines, cinq dizaines et deux unités, on fera usage des chiffres 7, 5 et 2 ainsi disposés : 752.

16. Usage du zéro. — Si quelques ordres d'unités manquaient dans le nombre à écrire, on ferait usage du *caractère zéro, qui sert à remplacer les unités d'ordres qui manquent*. Ainsi, l'on écrit *vingt* en mettant un zéro à la droite du chiffre 2, ce qui donne 20. — De même *sept mille huit* s'écrit 7008, car il faut deux zéros pour remplacer les chiffres des centaines et des dizaines qui manquent dans ce nombre.

Conséquence. — Étant donné un nombre écrit en chiffres, le rang de chaque figure, à partir de la droite, indique l'ordre des unités que ce chiffre représente ; si, de plus, on divise ce nombre par tranches de trois chiffres, la 1re tranche à droite sera la tranche des unités ; la 2e, celle des mille ; la 3e, celle des millions, etc.... Dans chaque tranche, le 1er chiffre à droite exprime les unités de la classe

correspondante; le **2ᵉ**, les dizaines; le **3ᵉ**, les centaines.
Ainsi le nombre

24 659 872 759

se décompose ainsi :

BILLIONS	MILLIONS	MILLE	UNITÉS
2 4	6 5 9	8 7 2	7 5 9
unités dizaines	unités dizaines centaines	unités dizaines centaines	unités dizaines centaines

On voit, d'après cet exemple, que la dernière tranche à gauche peut ne renfermer qu'un ou deux chiffres.

Règle pour lire un nombre écrit en chiffres.

17. 1° *Si le nombre a trois chiffres au plus, on énonce successivement chacun d'eux, en commençant par la gauche, et l'on indique le nom des unités qu'il représente.*

Ainsi le nombre 728 s'énoncera : *sept centaines, deux dizaines et huit unités;* ou bien en tenant compte de la contraction usitée (n° 11) : *sept cent vingt-huit.*

2° *Si le nombre a plus de trois chiffres, on le partage, par la pensée, en tranches de trois chiffres, en partant de la droite; puis, commençant par la gauche, on lit chaque tranche comme si elle était seule, en prononçant son nom.*

Ainsi le nombre écrit ci-dessus 24 659 872 759, s'énoncera :

24 *billions,* 659 *millions,* 872 *mille,* 759 *unités.*

Règle pour écrire en chiffres un nombre qu'on énonce.

18. *On écrit chaque classe en suivant l'ordre de l'énoncé; on a soin de remplacer par des zéros les ordres d'unités qui manquent.*

Soit à écrire, par exemple, le nombre

Trois cent vingt-sept millions, trente-deux mille, huit cent quarante-deux.

On posera, en allant de gauche à droite, la tranche des millions, 327; la tranche des mille, 032, et celle des unités simples, 842; ce qui donnera :

$$327\ 032\ 842.$$

Valeur absolue d'un chiffre, valeur relative.

19. La valeur *absolue* d'un chiffre est le nombre qu'il exprime quand il est seul; et sa valeur *relative* est le nombre qu'il représente, eu égard à la place qu'il occupe. — Dans le nombre 2853, la valeur absolue du chiffre 8 est 8 unités, et sa valeur relative est 800.

Un nombre est égal à la somme des valeurs relatives de ses différents chiffres: ainsi

2853 est égal à 2000, plus 800, plus 50, plus 3.

REMARQUE I. *On rend un nombre dix, cent, mille.... fois plus grand, en écrivant à sa droite, un, deux, trois.... zéros.* Si l'on écrit, par exemple, deux zéros à la droite de 48, on a 4800, nombre cent fois plus grand que le premier : en effet chaque chiffre prend alors une valeur cent fois plus grande que celle qu'il avait d'abord, donc le nombre est lui-même devenu cent fois plus grand.

REMARQUE II. Réciproquement, *si un nombre était terminé par des zéros, on le rendrait dix, cent, mille... fois plus petit, en supprimant sur sa droite un, deux, trois..... zéros* : en effet, chaque chiffre prendrait alors une valeur dix, cent, mille... fois plus petite.

Chiffres romains.

20. Les Romains employaient pour écrire les nombres, les sept lettres :   I, V, X, L, C, D, M.

représentant :

$$1, 5, 10, 50, 100, 500, 1000.$$

Voici les trois conventions fondamentales de cette numération qui sert encore pour numéroter les chapitres des livres et pour écrire les dates.

I. — *On ajoute à tout chiffre romain le chiffre égal ou plus petit placé à sa droite; on en retranche le chiffre inférieur placé à sa gauche.*

Ainsi les neuf premiers nombres s'écrivent :

$$I, II, III, IV, V, VI, VII, VIII, IX,$$

et les unités du second ordre

$$10, 20, 30, 40, 50, 60, 70, 80, 90,$$

sont représentées par

$$X, XX, XXX, XL, L, LX, LXX, LXXX, XC.$$

II. — *Un chiffre placé entre deux autres plus forts se retranche de celui qui est à droite;* ainsi 14, 19, 140, s'écrivent :

$$XIV, XIX, CXL.$$

III. — *Un nombre surmonté d'un trait horizontal exprime des mille; de deux traits, des millions; de trois traits, des billions.* Ainsi les nombres 3000, 4000, 10000, 20000 s'écrivent :

$$\overline{III}, \overline{IV}, \overline{X}, \overline{XX}.$$

Avec ces conventions on peut écrire un nombre quelconque, par exemple 10125462. En effet, les dix millions sont représentés par un X surmonté de deux traits, 125 mille par CXXV, surmonté d'un trait et 462 par CDLXII. On écrira donc

$$\overline{\overline{X}}\,\overline{CXXV}\,CDLXII.$$

Il est utile d'ajouter que les nombres 1000, 2000, 3000 s'écrivent souvent M, MM, MMM; ainsi la date 1872 est représentée par MDCCCLXXII.

CHAPITRE II.

OPÉRATIONS SUR LES NOMBRES ENTIERS.

ADDITION.

21. Supposons que l'on ait mesuré les longueurs de plusieurs règles et que l'on ait besoin de connaître, sans faire une nouvelle mesure, la longueur obtenue en les plaçant l'une à la suite de l'autre et en ligne droite, c'est-à-dire en les *ajoutant*. Il faudra effectuer sur les nombres qui représentent ces longueurs une *addition*. — On est donc conduit à la définition suivante :

DÉFINITION. — *L'addition a pour but, étant donnés plusieurs nombres représentant des grandeurs de même espèce, d'en former un seul qui contienne autant d'unités que tous les nombres donnés ; le résultat s'appelle* SOMME *ou* TOTAL.

Les nombres à ajouter doivent représenter des unités de même espèce ; on ne saurait additionner 7 francs avec 5 mètres.

Le signe de l'addition est une croix $(+)$: ainsi, pour indiquer que l'on doit ajouter 4 et 5, on écrit

$$4 + 5,$$

et pour montrer que cette somme est égale à 9, on écrit

$$4 + 5 = 9, (*)$$

ce qui s'énonce :

4 plus 5 est égal à 9.

(*) Les nombres à gauche du signe $=$ forment le *premier membre* de l'*égalité*, et ceux à droite, le *second membre*.

ADDITION.

Addition des nombres d'un seul chiffre. Table d'addition.

22. Pour trouver la somme de deux nombres d'un seul chiffre, on ajoute successivement au plus grand de ces nombres autant d'unités qu'il y en a dans le plus petit.

Ainsi, pour ajouter 7 et 4, on dira : 7 plus 1, 8 ; 8 plus 1, 9 ; 9 plus 1, 10 ; 10 plus 1, 11.

La table d'addition sert à trouver de suite la somme de deux nombres composés chacun d'un chiffre.

TABLE D'ADDITION.

0	1	2	3	4	5	6	7	8	9
1	2	3	4	5	6	7	8	9	10
2	3	4	5	6	7	8	9	10	11
3	4	5	6	7	8	9	10	11	12
4	5	6	7	8	9	10	11	12	13
5	6	7	8	9	10	11	12	13	14
6	7	8	9	10	11	12	13	14	15
7	8	9	10	11	12	13	14	15	16
8	9	10	11	12	13	14	15	16	17
9	10	11	12	13	14	15	16	17	18

Pour former cette table, on écrit sur une première ligne horizontale les dix chiffres, en commençant par zéro ; on ajoute ensuite l'unité à chacun d'eux, et l'on écrit chaque résultat au-dessous du nombre correspondant. La seconde ligne horizontale ainsi obtenue servira pour former la troisième ; il suffira d'ajouter encore l'unité à chacun des nombres qu'elle renferme. Les lignes suivantes s'obtiendront de même, de proche en proche.

Il résulte de cette loi de formation que la somme de deux **chiffres** se trouve à la fois dans la colonne verticale et dans

ADDITION.

la ligne horizontale en tête desquelles ces deux chiffres sont écrits ; cette somme est donc inscrite dans la case commune à ces deux bandes.

Il faut savoir par cœur les résultats contenus dans ce tableau.

Addition d'un nombre quelconque et d'un nombre d'un seul chiffre.

23. Règle pratique. — *On ajoute ce chiffre aux unités du nombre ; on écrit les unités de la somme, et la dizaine, s'il y en a une, s'ajoute à celles du nombre.*

Ainsi, pour ajouter 54 et 9, on remarquera que

$$54 = 50 + 4;$$

or 4 et 9 font 13 ou $10 + 3$; il suffit donc d'ajouter à 50 d'abord une dizaine, puis 3 unités, ce qui donne 63.

On acquiert facilement l'habitude de trouver sur-le-champ la somme d'un chiffre et d'un nombre quelconque.

Addition des nombres de plusieurs chiffres.

24. Règle pratique. — *On dispose les nombres à ajouter les uns au-dessous des autres, de manière que les unités d'un même ordre se correspondent, et l'on souligne. Alors on fait la somme des unités simples qu'on écrit sous la colonne des unités ; si cette somme partielle renfermait des dizaines, on écrirait seulement les unités et l'on ajouterait les dizaines à la deuxième colonne, sur laquelle on agit comme sur la première. On opère de même sur la troisième, la quatrième.... On écrit au-dessous de la dernière colonne à gauche la somme partielle qu'elle donne.*

Démonstration. — Soit à faire la somme

$$659 + 825 + 467;$$

ces nombres renferment

le 1ᵉʳ	6 centaines,	5 dizaines,	9 unités				659
le 2ᵉ	8 —	2 —	5 —				825
le 3ᵉ	4 —	6 —	7 —				467
							1951 somme.

Leur somme devra donc contenir :

1° Un nombre d'unités égal à
$$9 + 5 + 7 = 21;$$

2° Un nombre de dizaines égal à
$$5 + 2 + 6 = 13;$$

3° Un nombre de centaines égal à
$$6 + 8 + 4 = 18.$$

Comme 21 renferme 2 dizaines et 1 unité, on voit que la somme renfermera 1 unité, puis 13 + 2 ou 15 dizaines. Mais 15 dizaines forment une centaine et 5 dizaines ; il y aura donc 18 + 1 ou 19 centaines dans la somme. Cette somme est donc

1951.

On est ainsi conduit à la disposition et à la règle pratique ci-dessus.

REMARQUE I. On abrége le discours en faisant de tête la somme des deux premiers chiffres de la colonne sur laquelle on opère, puis on l'ajoute au troisième ; la somme qu'on obtient s'ajoute au quatrième, ainsi de suite. On énonce seulement les sommes partielles et les dizaines à reporter. Ainsi, pour faire l'addition précédente, on dit : 14, 21 (*) ; on pose alors 1 sous la colonne des unités et l'on prononce la retenue 2 ; arrivé à la deuxième colonne, on dit : 7, 9, 15 et l'on écrit 5 sans le nommer ; enfin, pour la troisième colonne : 7, 15, 19. De cette manière l'opération marche plus vite, puisque l'on ne prononce pas de mots inutiles.

REMARQUE II. Quand on doit faire une grande addition il est bon de la partager en plusieurs additions partielles ; on réunit ensuite les résultats ainsi obtenus.

REMARQUE III. Dans une addition l'ordre des nombres est indifférent.

(*) Au lieu de dire 9 et 5 font 14, 14 et 7 font 21.

ADDITION.

Ainsi : $4 + 5 + 7 + 19 = 5 + 19 + 4 + 7$.

25. On nomme *preuve* d'une opération une seconde opération que l'on fait pour s'assurer de l'exactitude de la première.

On vérifie une addition en la faisant de nouveau, mais en comptant de bas en haut, si d'abord on a compté de haut en bas. Le total de cette seconde addition doit être pareil à celui de la première.

Quand il en est ainsi, l'opération a été probablement bien faite, car les chiffres de chaque colonne n'étant plus ajoutés aux mêmes nombres, on est peu exposé à commettre les mêmes erreurs dans les deux opérations.

Cependant il peut arriver que la preuve n'accuse pas l'erreur; mais il faut pour cela un concours de circonstances exceptionnelles.

26. *On doit commencer l'addition par la droite,* parce que l'addition de chaque colonne fournit alors un chiffre du résultat, ce qui n'aurait pas toujours lieu, si l'on commençait par la gauche. En effet, si l'addition d'une colonne donnait plus de 9, il faudrait écrire les unités de cette somme partielle, et ajouter les dizaines au chiffre déjà placé sous la colonne précédente, ce qui ne pourrait se faire qu'en changeant ce chiffre.

Exercices.

359	30078	13567	857809	4597	459624
857	4567	839	4598	837	850624
388	8649	8595	8648	3688	75689
757	89654	78645	45678	789	78597
859	4578	3948	78367	956	477823
272	72030	5425	34899	8567	78977
3492	209556	111019	1030199	19434	2021334

CHAPITRE III

SOUSTRACTION

27. *Soustraire* l'une de l'autre deux grandeurs de même espèce, c'est chercher combien il manque à la plus petite pour qu'elle soit égale à la plus grande ; ou bien encore c'est chercher combien il faut ajouter à la plus petite pour qu'elle devienne égale à l'autre.

On voit par là ce qu'il faut entendre par soustraction des nombres qui représentent deux grandeurs de même espèce, et l'on est conduit à la définition suivante :

DÉFINITION. — *La soustraction a pour but, connaissant la somme de deux nombres et l'un de ces nombres, de trouver l'autre. Ce dernier s'appelle* RESTE, EXCÈS *ou* DIFFÉRENCE.

Le signe de la soustraction est un trait (—) que l'on place entre les deux nombres : ainsi, pour indiquer qu'il faut retrancher 3 de 7, on écrit

$$7 - 3,$$

et on lit

7 moins 3.

Soustraction de deux nombres faisant partie de la table d'addition.

28. Le reste peut s'obtenir de deux manières :

1° En ôtant de la somme les unités du nombre connu.

Ainsi pour trouver la différence 7 — 3 on dit : de 7 ôtez 1, reste 6 ; de 6 ôtez 1, reste 5 ; de 5 ôtez 1, reste 4. La différence est donc 4.

2° En cherchant le nombre d'unités qu'il faut ajouter au nombre connu pour avoir la somme.

Ainsi la différence 7 — 3 s'obtient en cherchant le nombre qu'il faut ajouter à 3 pour former 7 ; la table d'addition montre que ce nombre est 4.

SOUSTRACTION.

Soustraction de deux nombres quelconques.

29. Elle se ramène à celle des nombres moindres que 20.

PREMIER CAS. — *Les chiffres du petit nombre sont tous inférieurs aux chiffres correspondants de la somme.*

RÈGLE PRATIQUE. — *On écrit le nombre à soustraire sous la somme, de manière que les unités de même ordre se correspondent, et on souligne. Alors on ôte les unités des unités, les dizaines des dizaines... ; les restes partiels écrits au-dessous forment la différence des deux nombres proposés.*

Démonstration. — Soit par exemple à chercher la différence 586 — 354.

```
586  somme
354  nombre connu
───
232  différence.
```

Le grand nombre est la somme du petit et du reste ; donc les unités du reste plus 4, ses dizaines plus 5, ses centaines plus 3 doivent former 586 ; par conséquent, si l'on ôte 4 de 6, 5 de 8, 3 de 5, on aura les chiffres du reste.

30. 2ᵉ CAS. — *Quelques-uns des chiffres du nombre à soustraire sont plus grands que leurs correspondants dans la somme.*

RÈGLE PRATIQUE. — *On suit la même marche que dans le 1ᵉʳ cas ; arrivé à une soustraction partielle impossible, on augmente par la pensée le chiffre supérieur de dix unités de son ordre, et, dans la soustraction partielle qui suit, on augmente d'une unité le chiffre inférieur.*

Démonstration. — On s'appuie sur le principe suivant :

La différence de deux nombres ne change pas lorsqu'on augmente également chacun d'eux.

Ainsi 17 — 8 = 9 ; si l'on ajoute 12, par exemple, à chacun des nombres 17 et 8, on obtient 29 et 20 dont la différence est encore 9.

Ceci posé, soit à chercher la différence : 54807 — 26738 ;

```
54807   somme
26738   nombre connu
─────
28069   différence
```

comme on ne peut ôter 8 de 7, il faut augmenter le nombre supérieur de dix unités ou d'une dizaine; la soustraction deviendra possible, et l'on dira : « 8 de 17 il reste 9. »

Puisque le nombre supérieur a été augmenté d'une dizaine, on doit, pour ne pas altérer la différence, ajouter aussi une dizaine au nombre inférieur, on dira donc 4 de 0; comme cette soustraction est encore impossible, on augmentera ce zéro de dix dizaines, et l'on dira : « 4 de 10 reste 6; » puis, pour compenser, on augmentera le nombre inférieur d'une centaine, ce que l'on fait en disant : « 8 de 8 reste 0. » Continuant, il faudra dire : « 6 de 14 reste 8, 3 de 5 reste 2. » Ainsi la différence cherchée est 28069.

REMARQUE. Dans la pratique, on se dispense de répéter le mot *reste* à chaque soustraction partielle; voici les seuls mots à prononcer, en faisant la soustraction précédente : 8 de 17, 9; 4 de 10, 6; 8 de 8, 0; 6 de 14, 8; 3 de 5, 2.

31. *Pour vérifier une soustraction, il faut ajouter le reste au petit nombre; on doit retrouver le grand nombre*, si l'opération est bien faite (n° 27).

32. *On doit commencer la soustraction par la droite*, parce que chaque soustraction partielle donne un chiffre du résultat. Il n'en serait pas ainsi en commençant par la gauche : si un chiffre à soustraire était plus grand que celui placé au-dessus, on augmenterait bien ce dernier chiffre de dix, mais on ne pourrait établir la compensation qu'en changeant un chiffre déjà écrit.

Exercices.

```
 34549     85676     80072     8500072     80000
  3237      7897      3797     7956789     69785
 ─────    ──────    ──────    ────────    ──────
 31312     77779     76275      543283     10215
```

CHAPITRE IV.

MULTIPLICATION.

33. Définition. — *La multiplication a pour but, étant donnés deux nombres, d'en trouver un troisième qui renferme autant de fois le premier que le second contient d'unités.*

Ainsi multiplier 5 par 4, c'est répéter 4 fois le nombre 5.

Le nombre que l'on répète ainsi s'appelle *multiplicande* et le second *multiplicateur*. Le résultat s'appelle *produit*. — Dans l'exemple précédent, 5 est le multiplicande; 4 le multiplicateur, et 20 le produit.

Le multiplicande et le multiplicateur s'appellent *facteurs*, parce qu'ils concourent à former le produit : ainsi 5 et 4 sont les facteurs du produit 20.

Le signe de la multiplication est une croix inclinée ($\times$), ou bien un simple point placé entre les facteurs ; ainsi

$$5 \times 4 \quad \text{ou} \quad 5.4$$

s'énonce : 5 multiplié par 4.

La multiplication est un cas particulier de l'addition, celui où tous les nombres à ajouter sont égaux ; mais lorsque le multiplicateur est un peu grand, cette addition devient impraticable, il faut suivre une autre marche.

34. Premier cas. — *Les deux facteurs n'ont qu'un seul chiffre.*

L'addition suffit alors pour trouver les produits ; ainsi

$$7 \times 4 = 7 + 7 + 7 + 7 = 28.$$

Il faut savoir par cœur tous les produits analogues; ils sont contenus dans le tableau suivant, qu'on nomme *table de multiplication* ou *de Pythagore*.

TABLE DE MULTIPLICATION.

1	2	3	4	5	6	7	8	9
2	4	6	8	10	12	14	16	18
3	6	9	12	15	18	21	24	27
4	8	12	16	20	24	28	32	36
5	10	15	20	25	30	35	40	45
6	12	18	24	30	36	42	48	54
7	14	21	28	35	42	49	56	63
8	16	24	32	40	48	56	64	72
9	18	27	36	45	54	63	72	81

Pour construire cette table on écrit les neuf premiers nombres sur une 1re ligne horizontale; en ajoutant chacun d'eux à lui-même, on forme la 2e ligne; pour former la 3e, on ajoute chaque nombre de la seconde au nombre qui est au-dessus dans la 1re; de même la 4e s'obtient en ajoutant les nombres de la 3e à ceux qui leur correspondent dans la 1re, etc., ainsi de suite de proche en proche.

Pour se servir de cette table on cherche la ligne horizontale et la colonne verticale en tête desquelles les deux facteurs sont inscrits; le produit cherché se trouve dans la case commune à ces deux bandes. Si l'on veut avoir, par exemple, le produit de 7 par 5, on cherche dans la 1re ligne horizontale le facteur 7, on descend dans la colonne verticale correspondante jusqu'à ce que l'on arrive vis-à-vis du facteur 5 inscrit dans la 1re colonne verticale. La case qui correspond à la fois à 7 et à 5 renferme leur produit 35.

35. 2e CAS. — *Le multiplicande a plusieurs chiffres et le multiplicateur un seul.*

MULTIPLICATION.

Règle pratique. — *On multiplie chacun des chiffres du multiplicande par le multiplicateur, en commençant par la droite; on écrit les unités de chaque produit au-dessous du chiffre qui l'a donné et l'on retient les dizaines pour les joindre au produit suivant. Arrivé au dernier produit de gauche, on écrit les unités et les dizaines de ce produit, après l'avoir augmenté de la retenue.*

Démonstration. — Soit à multiplier

7625 par 4.

D'après la définition, le produit doit renfermer quatre fois le multiplicande :

```
  7625
  7625
  7625
  7625
 -----
 30500
```

il faut donc faire l'addition ci-dessus. Mais la colonne des unités renferme 4 fois 5, celle des dizaines 4 fois 2, celle des centaines 4 fois 6, et celle des mille 4 fois 7 : la somme des unités est donc 4×5 ou 20 ; on pose 0, et on retient 2 dizaines qu'on ajoute à la colonne des dizaines; la somme de cette dernière colonne est 4×2 ou 8 dizaines; si on y ajoute les 2 dizaines provenant de la colonne des unités, on trouve 10 dizaines ou une centaine ; on pose 0 et l'on retient la centaine ; etc. On est ainsi conduit à la règle pratique qui précède et à la disposition suivante pour le calcul :

```
  7625   multiplicande
     4   multiplicateur
 -----
 30500   produit
```

36. Remarque. *Quand le multiplicateur est formé d'un chiffre significatif suivi d'un ou plusieurs zéros, il suffit de multiplier le multiplicande par ce chiffre significatif et d'écrire les zéros à la droite du produit.*

MULTIPLICATION.

Démonstration. — Soit à faire le produit

$$54 \times 300.$$

```
54
54
54
──
54
54
54
──
54
```

Cela revient à chercher la somme de 300 nombres égaux à 54 ; mais cette addition peut être partagée en cent additions partielles de 3 nombres égaux à 54 ; chacune de ces sommes partielles est

$$54 \times 3 = 162,$$

en les réunissant toutes on obtiendra

$$162 \times 100 = 16200,$$

d'après la règle donnée au n° 19.

57. 3ᵉ cas. — *Les deux facteurs sont composés de plusieurs chiffres.*

Règle pratique. — *On écrit le multiplicateur sous le multiplicande de manière que les unités de même ordre se correspondent et l'on souligne ; puis, en commençant par la droite, on multiplie le multiplicande successivement par chacun des chiffres du multiplicateur considérés comme des unités simples ; on écrit les produits partiels les uns sous les autres de manière que le dernier chiffre à droite de chacun d'eux soit sous le chiffre du multiplicateur qui a servi à le former. On ajoute ensuite tous ces produits.*

Démonstration. — Soit à trouver le produit

$$3527 \times 734.$$

On doit répéter 3527 d'abord 4 fois, puis 30 fois, puis 700 fois, enfin on doit ajouter ces trois produits.

On multiplie 3527 par 4 en suivant la règle pratique du 2ᵉ cas (n° 35) ; pour former ensuite le produit par 30, on multiplie 3527 par 3, puis on écrit un zéro à la droite de ce produit ; enfin pour obtenir 700 fois 3527, on multiplie ce nombre par 7, et l'on écrit deux zéros à la droite du produit. On ajoute ensuite ces produits partiels, ce qui donne le tableau de calcul suivant.

MULTIPLICATION.

$$
\begin{array}{r}
3527 \\
734 \\
\hline
14108 \\
105810 \\
2468900 \\
\hline
2588818
\end{array}
$$

On se dispense d'écrire les zéros qui sont à la droite des produits partiels ; de cette manière, dans le tableau ci-dessous, le produit par 3 a été reculé d'un rang vers la gauche, et le produit partiel par 7, de deux rangs.

$$
\begin{array}{r}
3527 \\
734 \\
\hline
14108 \\
10581 \\
24689 \\
\hline
2588818
\end{array}
$$

REMARQUE. Pour calculer plus vite, on ne nomme pas les facteurs des produits partiels ; on énonce seulement les produits et les retenues.

Ainsi, dans la multiplication de 3567 par 9, au lieu de dire : 9 fois 7 font 63, en 63 je pose 3 et je retiens 6 ; 9 fois 6 font 54, et 6 de retenue font 60, en 60 je pose 0 et je retiens 6, etc., on dira : 63 ; 54 et 6, 60, etc. En disant 63 on écrit 3, en prononçant 60 on pose 0, etc.

Exemples de multiplication.

4567	39048	7306	37827
293	978	359	45003
13701	312384	65754	113481
41103	273336	36530	189135
9134	351432	21918	151308
1338131	38188944	2622854	1702328481

38. *Conséquence.* — Quand il y a des zéros à la droite des deux facteurs, *on néglige ces zéros ; on multiplie les facteurs ainsi modifiés l'un par l'autre et, à la droite du produit, on écrit les zéros négligés.*

Démonstration. — 1° Soit à faire le produit

$$5400 \times 23 ;$$

le multiplicande renferme 54 centaines, le produit renfermera donc un nombre de centaines égal à

$$54 \times 23 = 1242$$

ou 124200 unités.

2° Soit, maintenant, à faire le produit

$$5400 \times 23\,000 ;$$

nous savons (n° 36) que ce produit s'obtiendra en écrivant 3 zéros à la droite du produit

$$5400 \times 23 = 124\,200 ;$$

le produit cherché est donc

$$124\,200\,000,$$

c'est-à-dire le produit de 54 par 23 à la suite duquel on ajoute les 5 zéros négligés.

Remarque I. *On peut commencer la multiplication par les chiffres de gauche du multiplicateur*, l'opération n'est pas plus longue qu'en commençant par la droite. En effet on a les mêmes produits partiels rangés verticalement dans un ordre inverse ; seulement au lieu de reculer chaque produit d'un rang vers la gauche, par rapport au produit précédent, il faut l'avancer d'un rang vers la droite. De cette façon les unités de même ordre dans les produits partiels sont les unes au-dessous des autres.

Voici une multiplication faite des deux manières :

```
     45613              45613
       596                596
   ───────            ───────
    273678             228065
    410517             410517
    228065             273678
   ───────            ───────
   27185348           27185348
```

Remarque II. *On commence la multiplication par la droite du multiplicande,* parce que la retenue de chaque produit s'ajoute aisément au produit suivant, ce qui n'aurait pas lieu en commençant par la gauche ; en effet, quand un produit partiel surpasserait 9, il faudrait en écrire les unités, puis ajouter les dizaines au chiffre déjà trouvé au produit précédent, et pour cela les placer sous ce chiffre. On aurait une addition plus longue.

$$\begin{array}{r} 3487 \\ 59 \\ \hline 27623 \\ 376 \\ 15005 \\ 243 \\ \hline 205733 \end{array}$$

La multiplication ci-dessus a été faite en commençant par la gauche du multiplicande.

Nombre des chiffres d'un produit.

39. Règle. — *Un produit a autant de chiffres qu'il y en a dans le multiplicande et le multiplicateur, ou un de moins.*

Démonstration. — 1° *Le multiplicateur n'a qu'un chiffre.*

La proposition est évidente, car alors le produit a autant de chiffres que les deux facteurs ou un de moins, selon que le produit des plus hautes unités, augmenté des retenues, contient des dizaines ou n'en contient pas.

2° *Le multiplicateur a plusieurs chiffres.*

Le dernier produit partiel, celui qui correspond au dernier chiffre de gauche du multiplicateur, doit recevoir à sa droite autant de chiffres qu'il y en a dans le multiplicateur, *moins un ;* or ce produit partiel a *au moins* autant de chiffres que le multiplicande, donc la limite inférieure du nombre des chiffres du produit s'obtient en diminuant d'une unité la somme des nombres de chiffres du multiplicande et du multiplicateur.

La limite supérieure se démontre plus difficilement de cette manière, car il resterait à prouver qu'en faisant l'addition, les retenues de l'avant-dernière colonne verticale à gauche ne peuvent faire acquérir un chiffre de plus au produit.

Voici une démonstration simple pour l'une et l'autre de ces deux limites :

Soit à faire le produit

$$45613 \times 596;$$

les deux facteurs sont inférieurs respectivement à 100 000 et à 1 000, le produit sera donc plus petit que

$$100\,000 \times 1\,000 = 100\,000\,000;$$

il aura donc au plus 8, c'est-à-dire 5 + 3, chiffres.

D'autre part les deux facteurs sont respectivement supérieurs à 1 000 et à 100, le produit sera donc plus grand que

$$10\,000 \times 100 = 1\,000\,000$$

il aura donc au moins 7, c'est-à-dire 5 + 3 — 1, chiffres.

REMARQUE. Lorsque le produit des plus hautes unités des deux facteurs dépasse 9, le nombre des chiffres du produit est toujours égal à la somme des nombres de chiffres du multiplicande et du multiplicateur. Mais cette condition n'est pas nécessaire ; ainsi le produit

$$4567 \times 293 = 1\,338\,131$$

renferme 7 chiffres, ce qui est la limite supérieure, bien que le produit 4×2 soit inférieur à 10.

Usage de la multiplication.

40. Le principal usage de la multiplication est de trouver la valeur de plusieurs unités de la même espèce, quand on connaît la valeur d'une seule de ces unités.

Supposons qu'un kilogramme de soie coûte 57 francs ; pour avoir le prix de 285 kilog., par exemple, il faut prendre le prix d'un seul kilog. 285 fois. On a donc 57 fr. à multiplier par 285 ; le résultat est 16245 fr.

On voit, par cet exemple, qu'en indiquant les produits à effectuer pour résoudre une question, il faut prendre pour multiplicande le nombre qui exprime des unités de l'espèce qu'on doit trouver au produit; mais en exécutant le calcul, il convient de faire abstraction de toute espèce d'unité, et de prendre le plus grand facteur pour multiplicande; l'opération se trouve un peu abrégée, car on a moins de produits partiels à écrire.

Exercices.

354559	453078	38743	5006390
6827	64850	70394	83900
2420372493	29382108300	2727274742	420036121000

PROPOSITIONS

relatives au produit de plusieurs facteurs.

41. Définition. — *Le produit de plusieurs facteurs s'obtient en multipliant le premier par le second, le résultat ainsi obtenu par le troisième, etc.*

Ainsi le produit
$$4 \times 3 \times 7 \times 9$$
s'obtient en multipliant 4 par 3, ce qui donne 12; puis 12 par 7, ce qui donne 84; puis 84 par 9, ce qui donne 756.

On indique souvent cette succession d'opérations à l'aide de parenthèses:
$$\left[(4 \times 3).7\right].9.$$

Les petites parenthèses indiquent que l'on doit effectuer le produit 4×3 avant de multiplier par 7; les grandes parenthèses montrent que l'on doit multiplier par 9 le produit *effectué* des trois premiers facteurs.

42. Proposition I. — *On n'altère pas un produit en intervertissant l'ordre de ses facteurs.*

Démonstration. — 1° Soit le produit de deux facteurs
$$4 \times 5;$$
il faut prouver que
$$4 \times 5 = 5 \times 4.$$

Pour cela, écrivons l'unité 4 fois sur une ligne horizontale et formons 5 de ces lignes :

$$\begin{array}{cccc} 1 & 1 & 1 & 1 \\ 1 & 1 & 1 & 1 \\ 1 & 1 & 1 & 1 \\ 1 & 1 & 1 & 1 \\ 1 & 1 & 1 & 1 \end{array}$$

Nous pouvons compter de deux manières les unités du tableau ainsi obtenu : d'abord chaque bande horizontale contient 4 unités, et comme il y a cinq de ces bandes, le nombre des unités du tableau est représenté par 4×5 ; ce même tableau présente des colonnes verticales de 5 unités chacune, et comme il y a quatre de ces colonnes, 5×4 donne aussi le nombre des unités du tableau. Donc
$$4 \times 5 = 5 \times 4.$$

2° *Dans un produit de plusieurs facteurs, on peut intervertir l'ordre des deux derniers facteurs.*

Il faut démontrer, par exemple, que
$$2 \times 4 \times 3 = 2 \times 3 \times 4.$$
En effet
$$2 \times 4 = 2 + 2 + 2 + 2,$$
et pour répéter 3 fois ce produit, il faut répéter 3 fois chacune des parties qui le composent. Par suite
$$2 \times 4 \times 3 = 2 \times 3 + 2 \times 3 + 2 \times 3 + 2 \times 3,$$
et comme le second membre de cette égalité n'est autre chose que 4 fois le produit 2×3, il s'ensuit que
$$2 \times 4 \times 3 = 2 \times 3 \times 4,$$
ce qu'il fallait démontrer.

Il en est de même pour un produit de plus de trois facteurs ; l'on a, par exemple,

$$2.7.8.9.11 = 2.7.8.11.9.$$

En effet, on peut supposer que le produit 2.7.8 ait été effectué, et l'on est ramené au cas de trois facteurs.

3° *Dans un produit d'un nombre quelconque de facteurs, on peut intervertir l'ordre de deux facteurs consécutifs sans altérer le produit.*

Il faut démontrer, par exemple, que

$$2.4.7.5.3 = 2.7.4.5.3.$$

En effet, ne considérant que les trois premiers facteurs, on a prouvé que

$$2.4.7 = 2.7.4;$$

en multipliant par 5, puis par 3 ces deux produits égaux, les résultats seront égaux aussi ; donc

$$2.4.7.5.3 = 2.7.4.5.3.$$

C. Q. F. D.

4° *Dans un produit de plusieurs facteurs, on peut intervertir arbitrairement l'ordre de ces facteurs sans altérer le produit.* Ainsi

$$2.4.7.5.3 = 4.3.5.7.2.$$

En effet, partons du premier produit et faisons passer successivement le facteur 2 à la 2°, à la 3°......, à la 5° place, nous trouverons les produits

$$4.2.7.5.3,$$
$$4.7.2.5.3,$$
$$4.7.5.2.3,$$
$$4.7.5.3.2,$$

qui sont tous égaux au produit proposé, d'après ce qui précède. Partons maintenant de ce dernier produit et faisons passer 7 d'abord à la 3°, puis à la 4° place, nous obtiendrons les produits

$$4.5.7.3.2,$$
$$4.5.3.7.2,$$
égaux encore au 1ᵉʳ ; enfin, intervertissant l'ordre des facteurs 5 et 3, nous obtiendrons le produit
$$4.3.5.7.2$$
égal au 1ᵉʳ. C. Q. F. D.

Conséquence. — On fait la *preuve de la multiplication* au moyen d'une autre multiplication, en prenant le multiplicande de la première pour multiplicateur de la seconde, et *vice versa :* le résultat de cette seconde opération doit être égal à celui de la première.

43. PROPOSITION II. — *Pour multiplier un nombre par un produit de plusieurs facteurs, on peut le multiplier successivement par les facteurs de ce produit.*

Démonstration. — Soit, par exemple, à multiplier le nombre 7 par 360, qui est égal au produit $8 \times 9 \times 5$, je dis qu'il revient au même de multiplier d'abord 7 par 8, le résultat 56 par 9, puis enfin le dernier produit 504 par 5 ; ce qui revient à démontrer l'égalité

$$7 \times 360 = \left[(7 \times 8) . 9\right] . 5.$$

Pour cela remarquons d'abord que

$$7 \times 360 = 360 \times 7; \qquad (n° 42)$$

maintenant, dans ce dernier produit, remplaçons 360 par ses facteurs, nous aurons

$$360 \times 7 = (8 \times 9 \times 5) \times 7 \text{ ou } 8 \times 9 \times 5 \times 7,$$

car la suppression des parenthèses ne change pas les calculs à effectuer ; en faisant passer le facteur 7 à la première place, il viendra

$$7 \times 360 = 7 \times 8 \times 9 \times 5,$$

ce qu'il fallait démontrer, puisque

$$7 \times 8 \times 9 \times 5 \quad \text{et} \quad \left[(7 \times 8) . 9\right] . 5$$

(n° 41) indiquent les mêmes opérations.

Remarque. Cette proposition peut souvent servir à simplifier des calculs. Soit à faire le produit
$$578 \times 125 \times 8;$$
Il est égal à
$$578 \times (125 \times 8)$$
en considérant comme effectué le produit entre parenthèses; avec un peu d'habitude du calcul, on remarquera que 8 fois 125 font 1000; par suite le produit cherché est
$$578000.$$

44. Proposition III. — *Pour multiplier un produit par un nombre, il suffit de multiplier l'un des facteurs du produit par ce nombre.*

Démonstration. — Ainsi, par exemple, pour multiplier par 7 le produit 360 (qui est égal à $8 \times 9 \times 5$), il suffit de multiplier l'un de ses facteurs, 9, par 7, puis le résultat ainsi obtenu par les facteurs restants 8 et 5. En d'autres termes, je dis qu'on a l'égalité
$$360 \times 7 = \Big[(9 \times 7) \times 8\Big] \times 5.$$
En effet,
$$360 \times 7 = 8 \times 9 \times 5 \times 7;$$
je puis, dans ce dernier produit, intervertir l'ordre des facteurs 9 et 7 et les mettre au premier rang; donc le produit 360×7 est égal à
$$9 \times 7 \times 8 \times 5,$$
ou bien à
$$(9 \times 7) \times 8 \times 5.$$
C. Q. F. D.

Remarque. Cette transformation de calcul donne quelquefois rapidement le produit de deux nombres. Ainsi la multiplication
$$8888 \times 125$$
peut se faire de tête; il suffit de remarquer qu'elle revient au produit
$$(1111 \times 8) \times 125$$
qui, lui-même, est égal à
$$(8 \times 125) \times 1111, \quad \text{ou bien à} \quad 1111000.$$

MULTIPLICATION.

Définitions. Notation des exposants.

45. I. On nomme *multiple* d'un nombre entier le produit de ce nombre par un autre nombre. Ainsi, 20, 45, 55,... sont des multiples du nombre 5 ; car ils ne sont autre chose que $5 \times 4, 5 \times 9, 5 \times 11$.

II. On nomme *équimultiples* de plusieurs nombres les produits de ces nombres par un même multiplicateur ; ainsi : $15 \times 7, 11 \times 7, 9 \times 7$ sont des équimultiples de 15, 11 et 9.

III. On nomme *puissance* d'un nombre, le produit de plusieurs facteurs égaux à ce nombre. Ainsi 3×3 ou 9, est la seconde puissance de ce nombre ; $3 \times 3 \times 3$ ou 27, en est la troisième puissance ; $3 \times 3 \times 3 \times 3$ ou 81, la quatrième ; etc. La seconde puissance d'un nombre s'appelle aussi le *carré* de ce nombre ; la troisième prend le nom de *cube ;* ainsi 9 est le carré de 3, 27 en est le cube.

La notation des *exposants* permet d'écrire plus simplement un produit de facteurs égaux.

L'*exposant* est un petit chiffre égal au nombre des facteurs qui entrent dans la puissance ; on le place à droite et un peu au-dessus du nombre qu'il faut élever à cette puissance. Ainsi : 5×5, $6 \times 6 \times 6$, $7 \times 7 \times 7 \times 7$, s'écrivent : 5^2, 6^3, 7^4.

46. *Le produit de deux puissances d'un même nombre est une autre puissance de ce même nombre, et l'exposant de cette nouvelle puissance est égal à la somme des exposants des facteurs.* Ainsi, par exemple :

$$2^4 \times 2^3 = 2^{4+3} = 2^7.$$

En effet le produit proposé peut s'écrire

$$(2 \times 2 \times 2 \times 2) \times (2 \times 2 \times 2),$$

ou bien encore, en enlevant les parenthèses, ce qui est permis (n° 43)

$$2 \times 2 \times 2 \times 2 \times 2 \times 2 \times 2,$$

ou bien avec la notation des exposants : $2^{3+4} = 2^7$.

CHAPITRE V.

DIVISION.

47. Définition. — La *division est une opération qui a pour but, étant donnés deux nombres, l'un appelé* DIVIDENDE, *l'autre appelé* DIVISEUR, *d'en trouver un troisième, appelé* QUOTIENT, *qui multiplié par le diviseur reproduise le dividende.*

Ou, plus simplement : la division a pour but, *étant donnés le produit de deux nombres et l'un de ces nombres, de trouver l'autre.*

Ainsi diviser 36 par 9, c'est chercher un nombre qui multiplié par 9 donne pour produit 36 ; le *dividende* est 36, le *diviseur* est 9, et le nombre cherché, 4, est le *quotient*.

Le dividende et le diviseur s'appellent *termes* de la division.

Signe de la division. — On sépare le dividende et le diviseur par deux points (:), ou bien encore on les écrit l'un au-dessous de l'autre en les séparant par un trait horizontal ; ainsi l'une ou l'autre des deux égalités

$$36:9=4, \qquad \frac{36}{9}=4,$$

s'énonce

36 divisé par 9 est égal à 4.

48. Usages de la division. — La division peut servir :

1° A trouver combien de fois un nombre est contenu dans un autre (*) ;

2° A partager un nombre en autant de parties égales qu'il y a d'unités dans un autre nombre (**).

(*) C'est en se plaçant à ce point de vue qu'on a appelé *quotient* le résultat d'une division, du latin *quoties* (combien de fois).

(**) De là les mots *dividende* et *diviseur* donnés aux deux termes d'une division.

Ces deux usages sont une conséquence de la définition précédente; en effet, soit à diviser 36 par 9, le quotient est 4, et l'on a l'égalité

$$36 = 9 \times 4;$$

on peut traduire cette égalité de deux manières.

D'abord, puisque 4 fois 9 font 36, le quotient 4 indique combien de fois 9 est contenu dans 36; c'est le premier usage indiqué ci-dessus.

Maintenant cette même égalité peut s'écrire, en intervertissant l'ordre des facteurs,

$$36 = 4 \times 9,$$

et puisque 9 fois un groupe de 4 unités donne 36, on voit que le quotient d'une division indique la *grandeur d'une des parties* et le diviseur *leur nombre*. De là résulte le second usage de la division.

49. Le plus souvent il n'existe pas de nombre entier qui multiplié par le diviseur reproduise le dividende; dans ce cas on se propose de trouver *le plus grand multiple du diviseur qui se trouve compris dans le dividende*. L'excès du dividende sur ce plus grand multiple s'appelle *reste* de l'opération; le reste est nécessairement plus petit que le diviseur.

Par exemple, on ne peut diviser exactement 62 par 9, car 62 est compris entre

$$9 \times 6 = 54 \quad \text{et} \quad 9 \times 7 = 63;$$

on dira que le *quotient entier* est 6 et que le reste est $62 - 54$ ou 8.

On conclut de là que *le dividende est égal au produit du diviseur par le quotient plus le reste;* par exemple la division qui précède donne l'égalité

$$62 = 9 \times 6 + 8.$$

C'est ainsi que l'on fait la preuve d'une division.

50. Le quotient d'une division peut s'obtenir à l'aide de soustractions successives; on retranche le diviseur du dividende; du reste ainsi obtenu on retranche encore le diviseur, et ainsi de suite jusqu'à ce que l'on obtienne un reste inférieur au diviseur. Le nombre des soustractions possibles est égal au quotient.

Ce procédé est impraticable quand le quotient doit être un peu grand; voici la marche qu'il faut suivre.

51. 1er CAS. — *Le diviseur et le quotient n'ont qu'un seul chiffre.*

Il suffit, pour trouver le quotient, de connaître la table de multiplication. Ainsi 72 divisé par 9 donne 8 pour quotient.

52. 2e CAS. — *Le diviseur a plusieurs chiffres et le quotient un seul.*

RÈGLE PRATIQUE. — *On sépare à la gauche du dividende le nombre qui représente des unités du même ordre que le premier chiffre à gauche du diviseur. On divise le nombre ainsi obtenu par ce chiffre et l'on obtient ainsi le quotient ou bien un chiffre trop fort. Pour l'essayer on le multiplie par le diviseur et l'on voit si ce produit peut se retrancher du dividende; si la soustraction est impossible, on diminue le quotient d'une unité et l'on continue ces essais jusqu'à ce que l'on arrive à une soustraction possible.*

Démonstration. — Soit par exemple à diviser

$$4895 \quad \text{par} \quad 675:$$

le quotient n'a qu'un seul chiffre, car

$$675 \times 10 = 6750,$$

nombre plus grand que le dividende.

Pour trouver le chiffre du quotient il suffit de se rappeler que le dividende est égal au produit du diviseur par le quotient plus le reste, s'il y en a un; comme le diviseur renferme 6 centaines plus 75 unités, on peut dire que le dividende se compose des trois parties suivantes :

1° Produit des 6 centaines du diviseur par le quotient.
2°   —   75 unités   —   —
3° Reste.

Le premier produit partiel ne peut donner que des centaines, il se trouve donc contenu dans les 48 centaines du dividende. Admettons, pour un instant, que ces 48 centaines ne renferment que des centaines provenant du premier produit partiel, il est clair qu'en divisant 48 par 6 (division qui rentre dans le 1er cas) on obtiendrait le chiffre du quotient. Mais ces 48 centaines renferment en outre des centaines provenant des deux autres parties, donc le quotient 8 de la division précédente peut être trop fort : il faudra l'essayer. Pour cela on multiplie le diviseur par 8 et l'on voit si ce produit peut se retrancher du dividende 4895 ; cette soustraction est impossible, et par conséquent le chiffre 8 est trop fort. On essayera le chiffre 7 de la même manière ; le produit

$$675 \times 7 = 4725$$

peut se retrancher de 4895 ; par suite, le quotient est 7, et le reste de l'opération est

$$4895 - 4725 = 170 \ (*).$$

Voici comment on dispose le calcul :

```
dividende   4895 | 675   diviseur
            4725 |  7    quotient
reste        170 |
```

REMARQUE I. Dans ces essais, au lieu de faire le produit du diviseur par le quotient, pour le retrancher ensuite du dividende, on effectue à la fois cette multiplication et cette soustraction ; ainsi dans l'exemple précédent, en s'appuyant sur le principe (n° 30), on dira :

7 fois 5 donnent 35, ce produit ne peut être retranché de

(*) En divisant 4805 par 695, on aurait à faire deux essais successifs ; 8 est un quotient trop fort, et 7 est aussi trop grand, puisque
$$695 \times 7 = 4865.$$

5 unités; ajoutant 3 dizaines au dividende, la **soustraction** devient possible et le reste est nul.

7 fois 7 donnent 49 ; à ces 49 dizaines il faut en ajouter 3 pour que le reste ne soit pas altéré ; on retranchera donc 52 dizaines de 9 dizaines, soustraction qui ne devient possible qu'en ajoutant 50 dizaines au dividende, et l'on dira 52 dizaines retranchées de 59 dizaines donnent pour reste 7.

7 fois 6 font 42, et 5, 47, qui retranché de 48 donne 1 pour reste.

Remarque II. Voici une manière plus rapide d'essayer le chiffre que donne la règle pratique précédente :

On multiplie le diviseur par ce chiffre, mais en commençant par la gauche, et l'on retranche chaque produit partiel des unités du même ordre du dividende ; le reste de chaque soustraction s'ajoute comme dizaines au chiffre à droite du dividende.

Lorsqu'une de ces soustractions est impossible, le chiffre est trop fort ; lorsque l'un des restes est égal ou supérieur au chiffre essayé, ce chiffre convient.

Soit à diviser 3500 par 499 ; en suivant la règle pratique (n° 52), on est conduit à diviser 35 par 4, ce qui donne 8 pour quotient ; pour l'essayer on dira : 8 fois 4, 32 ; 32 ôté de 35 reste 3, qui avec le chiffre suivant du dividende fait 30 ; 8 fois 9, 72 qu'on ne peut ôter de 30 ; je dis que 8 est trop grand. En effet, en commençant la multiplication par la droite, la soustraction serait à plus forte raison impossible, puisqu'alors chaque produit s'augmenterait des retenues faites sur le produit précédent.

Essayons 7 : 7 fois 4, 28 ; 28 ôté de 35 reste 7 ; ce reste est précisément égal au chiffre essayé, donc 7 est le bon chiffre. En effet, la valeur relative de ce chiffre 7 est 700, et la partie 99 laissée de côté dans le diviseur, ne vaut pas une centaine ; donc le produit du diviseur par 7 pourra se retrancher du dividende.

53. 3° cas. — *Le diviseur et le quotient ont plusieurs chiffres.*

Règle pratique. — *On écrit le diviseur à la droite du di-*

vidende en les séparant par une ligne verticale; puis on trace une ligne horizontale sous le diviseur pour le séparer du quotient qu'on met au-dessous. Alors on prend sur la gauche du dividende assez de chiffres pour que le nombre qu'ils forment puisse contenir le diviseur, mais pas plus de 9 fois. On cherche combien de fois ce premier dividende partiel contient le diviseur; ce nombre de fois est le premier chiffre du quotient. — On multiplie le diviseur par ce chiffre, puis on retranche le produit du premier dividende partiel; à la droite du reste, on écrit le premier des chiffres du dividende qui n'ont pas encore été employés, ce qui donne le deuxième dividende partiel, sur lequel on opère comme sur le premier. On continue ainsi jusqu'à ce que tous les chiffres du dividende soient épuisés. Quand un dividende partiel est moindre que le diviseur, le chiffre correspondant du quotient est un zéro; on écrit donc zéro au quotient, et l'on abaisse à la droite du dividende partiel insuffisant un nouveau chiffre du dividende total, ce qui donne un nouveau dividende partiel que l'on divise par le diviseur.

Démonstration. — Soit à diviser 194346 par 354. On détermine d'abord le nombre des chiffres du quotient; pour cela, on multiplie le diviseur successivement par 10, 100, 1000, jusqu'à ce que l'on ait trouvé deux résultats qui comprennent le dividende. Comme

$$354 \times 100 = 35400 < \text{dividende (*)}$$

et

$$354 \times 1000 = 354000 > \text{dividende (**)},$$

le quotient est compris entre 100 et 1000; il a donc trois chiffres et se compose d'unités, de dizaines et de centaines.

Le dividende étant égal au produit du diviseur par le quotient, plus le reste, se compose des quatre parties suivantes :

(*) Le signe $<$ veut dire *plus petit que*.
(**) Le signe $>$ veut dire *plus grand que*.

1° Produit du diviseur par les centaines du quotient.
2°   —   —   dizaines   —
3°   —   —   unités   —
4° Reste, s'il y en a un.

Le premier produit partiel ne peut donner que des centaines ; il se trouvera donc dans les 1943 centaines du dividende, et je vais faire voir que le quotient, 5, de 1943 par 354 (obtenu au moyen de la règle pratique du n° 52) sera précisément le chiffre des centaines du quotient cherché. En effet
$$354 \times 5 < 1943 ;$$
donc
$$354 \times 500 < 194300,$$
et à plus forte raison
$$354 \times 500 < 194346.$$

Ainsi il y a au moins 5 centaines au quotient ; je dis qu'il n'y en a pas 6 ; en effet, la même division partielle montre que 354×6 surpasse 1943 d'une unité au moins ; par suite 354×600 surpasse 194300 d'une centaine au moins ; donc
$$354 \times 600 > 194346.$$

Ainsi le quotient ne renferme pas 6 centaines, et 5 est le bon chiffre. Faisons le produit de 354 par 5 centaines et retranchons-le des 1943 centaines du dividende ; il reste 173 centaines, qui, réunies aux 46 unités laissées de côté dans le dividende, forment 17346.

Ce dernier nombre renferme les deux derniers produits partiels et le reste ; le produit du diviseur par les dizaines du quotient ne peut donner que des dizaines qui se trouvent dans les 1734 dizaines du reste, et l'on démontrerait, comme tout à l'heure, qu'en divisant 1734 par 354, on obtiendra le chiffre 4 des dizaines du quotient. Le produit du diviseur par 4 dizaines donne 1416 dizaines, qui, retranchées de 1734, donnent pour reste 318 dizaines.

Le nouveau reste se compose donc de 318 dizaines et des

6 unités laissées de côté dans le reste précédent, et le nombre ainsi obtenu, 3186, renferme le dernier produit partiel et le reste; en divisant 3186 par 354, on obtient 9 pour le chiffre des unités, et 0 pour reste.

En n'écrivant que les chiffres utiles, on a le tableau ci-dessous, et l'on est conduit à la règle pratique précédente :

```
194346 | 354
 1770  | 549
 1734
 1416
 3186
 3186
    0
```

Si l'on effectue les soustractions en même temps que l'on forme les produits partiels, on a un tableau de calcul beaucoup plus simple :

```
194346 | 354
  1734 | 549
  3186
     0
```

REMARQUE I. On peut trouver le nombre des chiffres du quotient sans multiplier le diviseur par 10, 100, 1000. Voici une règle plus simple : *On compte les chiffres du dividende qui se trouvent à droite du premier dividende partiel; ce nombre de chiffres plus 1 est égal au nombre des chiffres du quotient.*

En effet, le premier dividende partiel fournit le premier chiffre du quotient, et chacun des chiffres qui se trouvent à droite de ce dividende amène au résultat un des chiffres suivants.

REMARQUE II. Lorsque le diviseur n'a qu'un chiffre, on se dispense d'écrire les dividendes partiels et l'on écrit tout de suite le quotient.

Ex. : Soit à diviser 2464 par 7; on dit : le septième de 24 centaines est 3 centaines, pour 21 centaines; j'écris ces 3 centaines au quotient; il reste 3 centaines, ou 30 dizaines, qui, jointes aux 6 dizaines du dividende, font 36 dizaines, dont le septième est 5 dizaines pour 35 dizaines; j'écris ces 5 dizaines au quotient; il reste 1 dizaine ou 10 unités, qui, jointes aux 4 unités du dividende, font 14, dont le septième est 2 ; je pose 2 au quotient, et le quotient complet est 352.

Dans la pratique on abrége le discours, et l'on dit : le septième de 24, 3 pour 21 ; le septième de 36, 5 pour 35 ; le septième de 14, 2; le quotient est 352.

REMARQUE III. Si le quotient doit avoir beaucoup de chiffres, 6, 7, par exemple, il est souvent commode de construire à l'avance la table des 9 premiers multiples du diviseur.

Soit, par exemple, à diviser 10950580872 par 31416.

```
10950580872 | 31416
    94248   | 348567
   152578
   125664
   269140
   251328
    178128
    157080
     210487
     188496
      219912
      219912
           0
```

TABLE DES MULTIPLES
DU DIVISEUR.

$31416 \times 1 = 31416$
$31416 \times 2 = 62832$
$31416 \times 3 = 94248$
$31416 \times 4 = 125664$
$31416 \times 5 = 157080$
$31416 \times 6 = 188496$
$31416 \times 7 = 219912$
$31416 \times 8 = 251328$
$31416 \times 9 = 282744$

On formera la table des multiples de 31416 en ajoutant ce nombre à lui-même, puis au résultat ainsi obtenu, et ainsi de suite de proche en proche, jusqu'au 9ᵉ multiple. Il est utile de vérifier qu'en ajoutant encore une fois le diviseur à ce dernier résultat, on reproduit

$$31416 \times 10 = 314160.$$

Avec ce tableau la division marche très-rapidement, puisqu'on voit tout de suite quels sont les chiffres du quotient et les produits partiels; il n'y a plus à faire que des soustractions.

Remarque IV. *Lorsque le diviseur est terminé par des zéros, on les néglige et l'on sépare à la droite du dividende un même nombre de chiffres. On divise le nombre restant à gauche par le diviseur ainsi modifié; le quotient de cette nouvelle division est le même que celui de la division proposée. Mais pour obtenir le reste de cette dernière, il faut écrire à la droite du reste de la division que l'on vient d'effectuer les chiffres négligés au dividende.*

Soit à diviser 154835 par 700; il faut chercher combien de fois 154835 contient 7 centaines; et comme le dividende renferme 1548 centaines, il suffit de chercher combien 1548 contient de fois 7. On trouve que le quotient est 221 et qu'il reste 1; par suite le dividende proposé renferme 221 fois 7 centaines, et il reste 135 unités non partagées.

Voici la division effectuée d'après la règle pratique du n° 53 et, en regard, le calcul simplifié :

154835	700		1548.35	7.00
1483	221		14	221
835			8	
135			1.35	

On voit que l'on n'a écrit dans le second tableau que les chiffres utiles.

Si le dividende et le diviseur sont terminés par des zéros, cette règle pratique s'applique encore. Ainsi la division de 1548000 par 700 revient à celle de 15480 par 7; comme cette division a pour quotient 2211 et pour reste 3, la division proposée aura 2211 pour quotient et 300 pour reste.

DIVISION.

54. PREUVE DE LA DIVISION. — *Pour vérifier une division on multiplie le diviseur par le quotient obtenu, et l'on ajoute le reste ; la somme doit être égale au dividende, si l'on n'a pas commis d'erreur.* Cette vérification est une conséquence de ce qui a été dit au n° 49.

```
       Exemple.              Preuve.
   4457793 | 9736              9736
     56339 |  457               457
     76593                    68152
      8441                    48680
                              38944
                            4449352
                               8441
                            4457793
```

Propositions relatives à la division.

55. PROPOSITION I. — *Pour diviser un nombre par un produit de plusieurs facteurs, on peut le diviser successivement par chacun de ces facteurs.*

Démonstration. — Soit à diviser 360 par 24, qui est égal au produit

$$2 \times 3 \times 4;$$

il s'agit de prouver qu'on peut diviser 360 par 2, le quotient 180 par 3, le nouveau quotient 60 par 4 ; le quotient 15 de cette dernière division sera le même que le quotient de 360 par 24. En d'autres termes, il faut démontrer l'égalité

$$360 : 24 = \left[(360 : 2) : 3\right] : 4.$$

Le second membre sera bien le quotient de 360 par 24 si l'on prouve qu'en le multipliant par 24 on reproduit 360. Or, pour le multiplier par 24 il suffit (Principe n° 43) de le multiplier successivement par les facteurs 4,

3 et 2 ; multiplions-le d'abord par 4, le produit sera

$$(360 : 2) : 3;$$

ce résultat doit être multiplié par 3, ce qui donne

$$360 : 2;$$

enfin il faut multiplier par 2 ce dernier résultat, ce qui donne 360 pour produit final. L'égalité précédente est donc vraie.

REMARQUE. Cette proposition est encore vraie quand les divisions ne s'effectuent pas exactement : soit, par exemple à diviser

4345 par 7 × 13, c'est-à-dire par 91 ;

on divise d'abord 4345 par 7, ce qui donne pour quotient 620 et pour reste 5 ; puis 620 par 13, le quotient est 47 et le reste est 9 ; il faut démontrer qu'en divisant 4345 par 91 on eût trouvé aussi 47 pour quotient.

En effet, la première division fournit l'égalité

$$4345 = 7 \times 620 + 5;$$

mais la seconde division montre que l'on a

$$620 = 13 \times 47 + 9;$$

par suite, en remplaçant 620 par sa valeur, l'on obtient

$$4345 = 7 \times (13 \times 47 + 9) + 5 = (7 \times 13) \times 47 + 7 \times 9 + 5;$$

or la partie $7 \times 9 + 5$ est moindre que 7×13, car, le second reste 9 étant au plus égal à 12 et le premier 5 étant inférieur à 7, l'on a

$$7 \times 9 + 5 < 7 \times 12 + 7 \text{ ou } 13 \times 7.$$

Ainsi 4345 est égal à 47 fois 91, plus une partie complémentaire inférieure à 91 ; donc le quotient de 4345 par 91, à moins d'une unité, est bien 47.

56. PROPOSITION II. — *Pour diviser un produit de plu-*

sieurs facteurs par un nombre, il suffit de diviser l'un des facteurs du produit par ce nombre.

Démonstration. — Soit à diviser par 4 le nombre 360 égal au produit

$$5 \times 8 \times 9;$$

je dis qu'il suffit de diviser par 4 l'un des facteurs 8, et que le quotient de 360 par 4 est égal à

$$5 \times 2 \times 9;$$

en d'autres termes il faut démontrer l'égalité

$$360 : 4 = 5 \times (8 : 4) \times 9.$$

Le second membre de cette égalité sera bien le quotient de 360 par 4, si l'on prouve qu'en le multipliant par 4 on reproduit 360. Or (n° 44), pour multiplier par 4 un produit, il suffit de multiplier par 4 l'un de ses facteurs. Choisissons le facteur (8 : 4); il est clair que

$$(8 : 4) \times 4 = 8;$$

donc 4 fois le second membre donnent

$$5 \times 8 \times 9,$$

c'est-à-dire 360, et le théorème est démontré.

57. Proposition III. — *Lorsqu'on multiplie le dividende et le diviseur d'une division par un même nombre, le quotient ne change pas et le reste est multiplié par ce nombre.*

Démonstration. — Soit à diviser 47 par 5, le quotient est 9 et le reste 2; on a, par suite, l'égalité

(1) $\qquad 47 = 5 \times 9 + 2.$

Je dis que si l'on multiplie 47 et 5 par 3, le quotient de la division

$$141 : 15$$

sera encore 9, mais que le reste sera 2×3.

En effet si nous multiplions par 3 les deux membres de

l'égalité (1), nous obtiendrons une nouvelle égalité; mais, pour multiplier par 3 le second membre de l'égalité (1), il faut multiplier par 3 chacune de ses parties, on aura donc

$$47 \times 3 = 5 \times 9 \times 3 + 2 \times 3,$$

ce que l'on peut écrire

(2) $\qquad 47 \times 3 = (5 \times 3) \times 9 + 2 \times 3.$

Le second terme, 2×3, du second membre de cette égalité est moindre que le nouveau diviseur, 5×3, car 2, étant le reste d'une division dans laquelle 5 est le diviseur, est moindre que ce diviseur; donc 2×3 est moindre que 5×3.

D'après cela, l'égalité (2) indique bien que le quotient de 141 par 15 est 9, et que le reste est 2×3.

CONSÉQUENCE I. — Pour diviser un nombre par 25, on le multiplie par 4 et l'on sépare les centaines du produit. Ce nombre de centaines est le quotient cherché; le reste est égal au quart du nombre formé par les deux derniers chiffres du produit.

Exemple. — Soit à diviser 456897 par 25; on a

$$456897 \times 4 = 1827588;$$

le quotient cherché est 18275 et le reste est $88 : 4$ ou 22. En effet, si l'on multiplie les deux termes de la division proposée par 4, on est conduit à diviser 1827588 par 100.

CONSÉQUENCE II. — Pour diviser un nombre par 125 on le multiplie par 8, et l'on sépare les mille du produit. Ce nombre de mille est le quotient cherché; quant au reste, il est égal au huitième du nombre formé par les trois derniers chiffres de droite dans ce produit.

Ex. : Soit à diviser 145627 par 125. On a

$$145627 \times 8 = 1165016;$$

le quotient cherché est 1165, et le reste est $16 : 8$ ou 2.

En effet, si l'on multiplie par 8 les deux termes de la division proposée, on est conduit à diviser 1165016 par 1000.

58. Proposition IV. — *Lorsqu'on divise le dividende et le diviseur d'une division par un nombre, le quotient ne change pas, et le reste est divisé par ce nombre.*

Cette proposition est une conséquence de la précédente. En effet si la division de 47×3 par 5×3 donne 9 pour quotient et 6 pour reste, on a l'égalité (2)

$$(2) \qquad 47 \times 3 = (5 \times 3) \times 9 + 2 \times 3;$$

et en divisant par 3 chacun de ses membres, on aura encore une nouvelle égalité. Or, pour diviser par 3 le second membre

$$(5 \times 3) \times 9 + 2 \times 3,$$

il suffit de diviser par 3 chacune de ses parties, et pour diviser par 3 la première partie $(5 \times 3) \times 9$ il suffit (n° 56) de diviser par 3 le premier facteur; de l'égalité (2) on déduira donc l'égalité (1)

$$(1) \qquad 47 = 5 \times 9 \quad 2;$$

elle montre bien qu'en divisant 47 par 5, on obtient 9 pour quotient et 2 pour reste.

59. Proposition V. — *Le quotient de deux puissances d'un même nombre est une autre puissance de ce même nombre, et son exposant est égal à l'exposant du dividende diminué de celui du diviseur.*

Je dis, par exemple, que

$$2^7 : 2^3 = 2^{7-3} = 2^4.$$

En effet, c'est (n° 46) 2^4 qui multiplié par 2^3 reproduit 2^7.

Note sur l'avantage que présente l'usage des lettres dans les démonstrations.

Dans les démonstrations précédentes, nous avons toujours pris des exemples numériques. Pour beaucoup de propositions, on peut, indifféremment, ou bien raisonner sur des nombres, ou bien représenter par des lettres les données de l'énoncé et les résultats des opérations. Mais, quelquefois, l'usage des lettres permet de mieux saisir la suite des raisonnements ; n'étant plus préoccupé des résultats particuliers que fournit l'exemple numérique, on voit mieux la généralité de la démonstration.

Exemple. — Pour diviser un nombre N par un produit abc de plusieurs facteurs, on peut le diviser successivement par chacun d'eux. En calculant chacun de ces quotients à moins d'une unité, on obtient le même résultat (n° 55).

Démonstration. — Soit q le quotient à moins d'une unité de N par a et r le reste ; soit de même, q' le quotient de q par b et r' le reste de cette seconde division, q'' le quotient de q' par c et r'' le reste, nous aurons les égalités

$$N = aq + r,$$
$$q = bq' + r',$$
$$q' = cq'' + r''.$$

En remplaçant q' par sa valeur dans la deuxième égalité, il viendra :

$$q = b(cq'' + r'') + r' = bcq'' + br'' + r',$$

et en portant cette valeur de q dans la première, nous aurons

$$N = a(bcq'' + br'' + r') + r = abcq'' + abr'' + ar' + r.$$

Ainsi N se compose du produit du diviseur abc par le dernier quotient q'', plus une partie complémentaire $abr'' + ar' + r$; si nous faisons voir que le maximum de cette dernière partie est moindre que abc, il sera démontré que q'' est bien le quotient de N par abc à moins d'une unité.

Or les plus grandes valeurs de r, r', r'' sont respectivement égales à
$$a-1, b-1, c-1;$$
cette partie complémentaire ne peut donc dépasser

ou
$$ab(c-1) + a(b-1) + a - 1,$$
$$abc - ab + ab - a + a - 1 = abc - 1;$$

donc q'' est bien le quotient à moins d'une unité de N par abc.

PROBLÈMES

SUR LES QUATRE OPÉRATIONS.

ADDITION ET SOUSTRACTION.

1. Un propriétaire a vendu dans l'espace de cinq ans : 1° 1459 hectolitres de blé ; 2° 1965 hectolitres; 3° 2748 hectolitres; 4° 1958 hectolitres; 5° 2315 hectolitres. Combien d'hectolitres a-t-il vendus en tout ?

2. Une personne doit à différents négociants les sommes suivantes : 17 832 francs ; 9 423 fr. ; 19 587 fr.; 103 327 fr. et 11 004 fr. Combien doit-elle en tout ?

3. Une commune est grevée de 25 312 fr. d'impôts ; une autre, de 10 047 fr.; une troisième, de 57 879 fr. : on demande le montant des trois impositions ?

4. Une personne qui devait 37 005 francs, a déjà payé 3 624 fr., 9 608 fr., 10 989 fr. Combien doit-elle encore ?

5. La somme de deux nombres est 70 800 ; le plus grand des deux est 42 057. Quel est l'autre ?

6. Le total de trois nombres est 1 000 000, la somme de deux d'entre eux est 654 236, et l'un de ces derniers est 128 315. Quels sont ces trois nombres ?

7. Un négociant doit faire un payement de 304 000 fr. Combien devra-t-il emprunter afin de satisfaire à ses engagements, sachant qu'il doit recevoir les sommes suivantes : 7 824, 15 684, 12 577, 15 687, 2 327, 7 923, 13 497, 15 600 ?

8. Quel nombre faut-il ajouter aux trois nombres suivants : 13 648, 47 509 et 18 317 afin d'avoir 100 000 ?

MULTIPLICATION.

1. Un mètre de drap coûte 23 fr. : quel est le prix de 8 397 mètres de même étoffe ?

2. Un commis gagne 189 fr. par mois ; que gagne-t-il par an ?

3. Quelle distance un courrier parcourra-t-il en 9 jours, s'il fait chaque jour 168 kilomètres ?

4. La circonférence de la terre se divise en 360 degrés, et le degré vaut 25 lieues communes. Combien y a-t-il de lieues dans cette circonférence ?

PROBLÈMES SUR LES QUATRE OPÉRATIONS.

5. On a acheté 345 kilogrammes de marchandises pour 1349 fr. Que gagne-t-on en vendant le kilog. 6 fr. ?

6. Quel nombre faut-il retrancher du produit de 854 par 519, afin d'avoir 25 000 pour reste ?

7. Combien y a-t-il de secondes dans 1 jour 15 heures 24 minutes ?

8. Combien y a-t-il d'heures dans une année bissextile ou de 366 jours ?

9. Il s'est écoulé 8 secondes entre un éclair et le bruit du tonnerre : on demande la distance du nuage d'où est partie l'explosion, sachant que le son parcourt 340 mètres par seconde.

10. La lumière parcourt 74 400 lieues de 4 kilomètres par seconde, et met 8 minutes 18 secondes pour venir du soleil à la terre. Quelle est, en kilomètres, la distance du soleil à la terre ?

11. Trouver les puissances 4es des dix nombres 1, 2, 3..., 10 ; puis les 8es puissances des mêmes nombres.

12. Le côté d'un carré a 59 mètres : trouver son contour et sa surface.

13. Un terrain a la forme d'un rectangle ; sa longueur est de 258 mètres et sa largeur est de 97 mètres. Trouver son contour et sa surface ; puis sa valeur, si le mètre carré est payé 6 fr.

14. Un spéculateur a acheté 1 389 hectares de bois pour 1 943 605 fr. ; il les a ensuite vendus, savoir : 458 hectares à 1 995 fr. l'hect., 237 hect. à 1 358 fr., et le reste à 1 854 fr. l'hect. On demande combien il a gagné ?

R. 578 627 francs.

15. Une personne a acheté 135 hectares de terre, 17 hect. de pré et 19 hect. de vigne ; l'hect. de terre est estimé 946 fr. ; l'hect. de pré, le double ; et l'hect. de vigne, 248 fr. de plus que l'hect. de pré. Cette personne a donné en payement : 72 545 fr., plus 354 hectolitres de vin à 59 fr., plus 623 stères de bois à 9 fr. Combien doit-elle encore ?

R. 101 496 francs.

16. Un marchand a acheté 754 hectolitres de vin rouge à 57 fr. l'hect., et 317 hectolitres de vin blanc à 19 fr. de moins par hect. que le vin rouge. Il a mêlé ces deux espèces de vins ; le mélange conduit à Paris, il l'a vendu 65 fr. l'hect. ; les frais de transport se sont élevés à 3 fr. par hect., et les autres frais à 765 fr. On demande le gain du marchand.

R. 10 613 francs.

DIVISION.

1. Un mètre de velours coûte 37 fr. ; combien aura-t-on de mètres de cette étoffe pour 11 729 fr. ?

PROBLÈMES SUR LES QUATRE OPÉRATIONS.   51

2. Combien y a-t-il de dimanches et de jeudis dans une année ordinaire ?

3. Quel nombre faut-il diviser par 68 pour avoir un quotient tel, qu'en le retranchant de la somme des deux nombres 124 et 85, on ait 143 pour reste ?

4. Partager 372 en deux parties dont la différence soit 46.

5. Une pièce de canon est placée à 5 310 mètres d'un observateur : combien s'écoulera-t-il de secondes entre l'éclair et le bruit d'un coup de canon, sachant que le son parcourt 340 mètres par seconde ? On admettra que l'observateur voit la flamme à l'instant même où elle est produite.

6. La lumière parcourt 74 400 lieues de 4 kilomètres par seconde ; elle nous vient du soleil en 8 minutes 18 secondes. Évaluer la distance de la terre au soleil en prenant le rayon de la terre pour unité. On sait que le rayon de la terre est 6 366 kilomètres.

7. La façade d'un château que l'on construit doit avoir 62 mètres de longueur ; on veut sur cette longueur établir dans chaque étage 20 fenêtres, large de 1 mètre chacune, de manière que l'espace de deux fenêtres voisines soit égal à celui qui existera entre chacune des fenêtres extrêmes et l'extrémité du bâtiment : on demande quelle doit être la largeur de cet espace ?

8. La base d'un rectangle a 3 078 mètres : trouver sa hauteur, sachant que sa surface est exprimée par 2 333 124 mètres carrés.

9. Une chambre a 75 décimètres de longueur sur 56 de largeur ; on voudrait la parqueter en employant des lames de 5 décim. de longueur sur 2 décim. de largeur. Combien faudra-t-il de ces lames ?

10. Un vigneron, qui venait d'acheter une maison, disait : Si je vends mon vin 145 fr. la pièce, j'aurai de quoi payer ma maison, et il me restera 840 fr. ; mais si je ne le vends que 120 fr. la pièce, comme on me le propose, il me manquera 360 fr. On demande le prix de la maison et le nombre des pièces de vin.

R. La maison a coûté 6 120 francs ; le nombre de pièces de vin est 48.

11. Un négociant avait acheté 1 148 hectares de bois à 764 fr. l'hectare ; il a ensuite vendu 278 hectares à 796 fr. l'hectare, et 459 hectares à 817 fr. l'hectare. On demande combien lui coûte chaque hectare du reste.

R. 684 francs.

12. Une fontaine fournit 119 hectolitres d'eau en 7 heures ; une seconde fontaine, 390 hectolitres en 15 heures ; et une troisième, 324 en 18 heures. On demande combien ces trois fontaines réunies mettront d'heures à remplir un bassin de 1 647 hectolitres.

R. 27 heures.

13. Une personne a acheté une maison, 13 hectares de vigne et 12

hectares de pré : le tout a coûté 40 000 fr. On sait qu'elle a payé l'hectare de pré 950 fr., et que la maison lui a coûté 13 260 fr. On demande à combien lui revient l'hectare de vigne.

R. 1180 francs.

14. Une succession se compose : 1° de 215 hectares de terre, estimés 485 fr. l'hectare ; 2° de 326 hectares de bois vendus 845 fr. l'hectare ; 3° de 54 hectares de pré, vendus 1020 fr. l'hectare ; 4° de 32 hectares de vigne, vendus 1250 fr. l'hectare ; 5° d'une maison, vendue 23 500 fr. ; 6° d'un mobilier, vendu 18 950 fr. ; cette succession doit être partagée entre 3 frères, 4 sœurs et 5 cousins, de manière qu'une sœur ait le quadruple d'un cousin, et qu'un frère ait le double d'une sœur. On demande quelle sera la part de chacun d'eux.

R. La part d'un cousin est 11 495 francs.

15. Le train poste qui part de Calais à 1 heure du matin attend le paquebot et emporte à Paris les dépêches anglaises ; ce train arrive à Paris à 7 heures du matin. Par suite du mauvais temps le paquebot est en retard de 45 minutes. On demande quel accroissement de vitesse l'on doit imprimer au train pour qu'il arrive à Paris à l'heure ordinaire. La distance de Paris à Calais est 336 kilomètres.

R. 8 kilomètres.

16. La distance de Paris à Strasbourg est 504 kilomètres. A 6 heures du matin un train omnibus quitte Paris pour se rendre à Strasbourg, et un train express quitte Strasbourg pour se rendre à Paris : la vitesse du 1er train est de 32 kilomètres par heure, celle du second est de 40 kilomètres. A quelle heure et à quelle distance des deux villes la rencontre aura-t-elle lieu ?

R. A 1 heure après midi et à 224 kilomètres de Paris.

17. Un vapeur de guerre est à la poursuite d'un vaisseau marchand ; la distance qui les sépare est 33 336 mètres. On demande combien de temps durera la poursuite, sachant que le vapeur parcourt 14 milles marins par heure, tandis que le vaisseau n'en fait que 8. Le mille marin vaut 1 852 mètres.

R. 3 heures.

18. Le train express qui part de Paris à 11 heures du matin arrive à Lyon à 10 heures du soir et l'express qui part de Lyon à 7 heures du soir arrive à Paris à 4 heures du matin. On demande à quelle heure et à quelle distance de Paris ce dernier train croisera le premier. La distance de Paris à Lyon est de 495 kilomètres.

R. A 8 h. 21 m. du soir et à 420 750 mètres de Paris.

19. Le diamètre d'une pièce de 50 francs est de 28 millimètres, celui d'une pièce de 10 francs est de 19 millimètres ; on a rempli une longueur de 1000 millimètres, ou un mètre, avec un certain nombre de ces pièces mises à plat l'une contre l'autre. Combien y a-t-il de

pièces de 50 francs et de pièces de 10 francs, sachant que le nombre de pièces de 50 francs surpasse de 29 celui des pièces de 10 francs?

R. 4 pièces de 10 fr. et 33 pièces de 50 fr.

20. Le diamètre d'une pièce de 5 francs en argent est 37 millimètres, et celui d'une pièce de 2 francs est de 27 millimètres. On veut former la longueur du mètre avec 30 pièces, les unes de 5 francs, les autres de 2 francs. Combien faut-il prendre de pièces de chaque espèce ?

R. 19 pièces de 5 fr. et 11 pièces de 2 fr.

21. On a dans un sac 65 pièces de monnaie d'argent, les unes de 2 francs, les autres de 5 francs; la somme totale est 232 francs. Combien y a-t-il de pièces de chaque espèce ?

R. 34 pièces de 5 fr. et 31 pièces de 2 fr.

22. De 1795 à 1859 inclusivement on a frappé à l'hôtel des monnaies de Paris 270 315 518 pièces de 20 francs et de 10 francs. La valeur totale de toutes ces pièces est de 4 800 615 670 francs. Combien a-t-on frappé de pièces de chaque espèce ?

R. 60 569 469 pièces de 10 fr. et 209 746 049 pièces de 20 fr.

23. Un fermier a acheté à un premier marchand 9 chevaux et 7 bœufs pour 7 500 fr.; à un second marchand il a acheté, pour la même somme, 6 chevaux et 13 bœufs de même valeur que les premiers. A combien lui revient chaque cheval et chaque bœuf?

R. Chaque cheval a coûté 600 fr. et chaque bœuf 300 fr.

24. Un propriétaire achète des bœufs et des moutons et paie 14 400 francs pour 200 têtes de bétail. On demande à combien lui revient chaque bœuf et chaque mouton, sachant qu'il a acheté 4 fois plus de moutons que de bœufs, et qu'il a payé pour 5 bœufs autant que pour 16 moutons.

R. Chaque bœuf coûte 160 fr. et chaque mouton 50 fr.

25. Une personne place une partie de sa fortune à 5 pour cent et l'autre partie à 3 pour cent; de cette manière elle se fait 2 587 fr. de revenu. Quelles sont les deux sommes ainsi placées, sachant que si la somme qui rapporte 3 pour cent avait été placée à 5, et *vice versâ*, le revenu eût diminué de 334 francs?

R. 38 600 fr., 21 900 fr.

---

26. Faire voir que dans une division le reste est toujours moindre que la moitié du dividende.

27. Connaissant la somme de deux nombres et leur différence, trouver ces deux nombres. Formuler d'une manière générale la règle à suivre.

28. Faire voir que le nombre des chiffres d'un produit de plusieurs facteurs ne peut excéder le nombre des chiffres de ces facteurs et que,

s'il est moindre, la différence est au plus égale au nombre des facteurs diminué de 1.

29. On écrit la suite naturelle des nombres 123456..... 101112.... sans séparer les chiffres, quel est le chiffre qui occupe le 82 538ᵉ rang ?

R. Ce chiffre est 2.

30. Étant donnés deux nombres quelconques, 5 et 7, par exemple, on forme une suite de nombres tels que chacun d'eux est égal à la somme des deux précédents, et l'on dit par conséquent :

5 et 7 = 12 ; 7 et 12 = 19 ; 12 et 19 = 31 ; 19 et 31 = 50 ;...

faire voir que dans cette suite prolongée indéfiniment, il y a toujours quatre nombres au moins et cinq au plus qui aient un nombre donné de chiffres.

SOLUTIONS DE QUELQUES PROBLÈMES.

1ᵉʳ Problème.

Un employé touche chaque année 2090 fr.; on lui retient 5 pour cent sur son traitement pour la caisse des retraites. Quel est ce traitement?

Solution. — Si le traitement s'élevait à 100 francs l'employé ne toucherait que 95 francs; donc autant de fois 95 sera contenu dans la somme que touche annuellement l'employé, autant de fois son traitement contiendra 100 francs. — Le traitement cherché est donc

$$\frac{2090}{95} \times 100 = 2200 \text{ fr.}$$

2ᵉ Problème.

Une garnison de 500 hommes a des vivres pour 48 jours; après 15 jours elle est augmentée, et alors, les vivres sont épuisés en 11 jours. Quel est le nombre d'hommes entrés dans la place?

Solution. — Au bout de 15 jours la garnison de 500 hommes n'est plus approvisionnée que pour un nombre de jours égal à la différence

$$48 - 15 = 33,$$

et les vivres ne seraient épuisés qu'au bout de 33 jours si le chiffre de la garnison restait le même ; mais, d'après l'énoncé, les vivres ne durent plus que 11 jours ; donc, après l'arrivée du renfort, le nombre d'hommes est trois fois plus grand qu'à l'origine ; il y avait donc alors **1500 hommes**, et **1000 hommes étaient entrés dans la place**.

3ᵉ Problème.

Un père, en mourant, laisse 15 200 fr. à chacun de ses enfants ; l'un d'eux vient à mourir, et sa part est divisée entre chacun des survivants. Sachant que chacun d'eux possède alors 19 000 fr., trouver le bien du père et le nombre des enfants ?

Solution. — La part de chacun des enfants qui survivent est augmentée, par la mort de l'un des héritiers, de

$$19\,000 - 15\,200 = 3\,800 \text{ fr.}$$

Si l'on répétait cette somme un nombre de fois marqué par le nombre des enfants qui restent, l'on obtiendrait la part, lors du premier partage, de l'enfant décédé ; et comme cette part était 15 200 fr., le nombre des enfants qui survivent est

$$\frac{15\,200}{3\,800} = 4.$$

Il y avait donc d'abord 5 enfants, et le bien du père est

$$19\,000 \text{ fr.} \times 4 = 76\,000 \text{ fr.}$$

4ᵉ Problème.

On dit qu'une balle de fusil est du calibre 12 ou du calibre 20 suivant qu'il en faut 12 ou bien 20 pour former un poids de 500 grammes.

Ceci posé, on a deux sacs de même poids renfermant, le premier des balles du calibre 12, le second des balles du calibre 20. Trouver le nombre de balles de chaque espèce, sachant que le second sac renferme 64 balles de plus que le premier.

Solution. — D'après l'énoncé, 12 grosses balles pèsent autant que 20 petites ; ou bien encore, avec le plomb de 3 grosses balles on peut en faire 5 petites, c'est-à-dire 2 de plus. Par suite, la différence entre les nombres de balles renfermera autant de fois 2 qu'il y aura de fois 3 balles de gros calibre. Or

$$64 : 2 = 32,$$

il y a donc un nombre de grosses balles égal à

$$3 \times 32 = 96$$

et un nombre de petites égal à

$$96 + 64 = 160.$$

On peut vérifier que le poids des deux sortes de projectiles est bien le même ; en effet 160 renferme 8 fois 20 et 96 est égal à 8 fois 12 ; le poids du plomb de chacun des sacs est donc

$$500^{gr} \times 8 = 4000^{gr}.$$

5° Problème.

Les fortunes de deux personnes sont respectivement 281 000 *fr. et* 75 000 *fr. Chacune d'elles met* 4 000 *francs de côté par an. Au bout de combien d'années la fortune de la première sera-t-elle seulement trois fois plus grande que celle de la seconde?*

Solution. — La différence des fortunes est

$$281\,000 - 75\,000 = 206\,000 \text{ fr.};$$

et puisque chaque personne met de côté la même somme, cette différence restera toujours constante. A l'époque demandée, la différence des fortunes sera le double de celle de la seconde personne ; le bien de cette seconde sera donc alors

$$\frac{206\,000}{2} = 103\,000 \text{ fr.}$$

Ce bien s'est donc augmenté de

$$103\,000 - 75\,000 = 28\,000 \text{ fr.};$$

et comme les deux personnes mettent 4 000 francs de côté par an, cet accroissement n'a pu avoir lieu qu'après un nombre d'années marqué par

$$\frac{28\,000}{4\,000} = 7.$$

Ainsi la condition indiquée dans l'énoncé sera remplie dans 7 ans.

6° Problème.

La somme des chiffres d'un nombre moindre que 100 *est égal à* 12, *et ce nombre diminue de* 18 *quand on intervertit l'ordre de ses chiffres. Quel est ce nombre ?*

Solution. — Si l'on met une dizaine à la place d'une unité on diminue le nombre de 9 ; donc en prenant le chiffre des dizaines pour le transformer en unités, on diminue le nombre de 9 fois le chiffre des dizaines. On verrait de même qu'en faisant du chiffre des unités un chiffre de dizaines, on augmente le nombre de 9 fois le chiffre des unités.

Il résulte de là que par l'échange des deux chiffres on diminue le nombre de 9 fois le chiffre des dizaines et qu'on l'augmente de 9 fois le chiffre des unités. Comme, après cet échange, la diminution du nombre est égale à 18, la différence entre le chiffre des dizaines et celui des unités est

$$\frac{18}{9} = 2.$$

La question revient donc à trouver deux chiffres dont la somme soit 12 et dont la différence soit 2.

Puisque deux fois le chiffre des unités plus 2 donne 12, ce chiffre est la moitié de 10, c'est-à-dire 5 ; le chiffre des dizaines est par conséquent 7, et le nombre demandé est 75.

Comme vérification on voit que
$$7 + 5 = 12,$$
et que
$$75 - 57 = 18.$$

7ᵉ Problème (*).

On a coulé dans une usine 360 *plaques de fonte pesant, les unes* 16 *kilogrammes et les autres* 11 ; *leur poids total est* 4850 *kilog., quel est le nombre de plaques de chaque espèce ?*

Solution. — Si toutes les plaques pesaient 16^{kg}, leur poids serait
$$16^{kg} \times 360 = 5760^{kg}$$
et surpasserait le poids total donné plus haut d'un nombre de kilogrammes marqué par la différence
$$5760^{kg} - 4850^{kg} = 910^{kg}.$$
On a donc aussi fondu des plaques de 11 kilogrammes et leur nombre s'obtient tout de suite en faisant la remarque suivante : chaque fois qu'on substitue une petite plaque à une grosse, le poids total diminue de 16^{kg} — 11^{kg} ou de 5^{kg} ; pour que ce poids total diminue de 910^{kg}, il faudra faire cet échange un nombre de fois marqué par le quotient
$$910 : 5 = 182 ;$$
ainsi l'on avait coulé 182 petites plaques et 178 grosses.

On peut vérifier ce résultat : le poids de 178 plaques de 16 kilogrammes est
$$16^{kg} \times 178 = 2848^{kg} ;$$
celui de 182 plaques de 11 kilogrammes est
$$11^{kg} \times 182 = 2002^{kg} ;$$
la somme de ces deux poids est bien
$$2848^{kg} + 2002^{kg} = 4850^{kg}.$$

8ᵉ Problème.

Un propriétaire a dépensé 80870 *fr. pour acheter des vignes et des terres ; l'hectare de vigne lui a coûté* 940 *fr. et l'hectare de terre* 550 *fr.*

(*) Les problèmes 20 et 21, page 53, se résolvent d'une manière analogue.

S'il avait payé 940 fr. chaque hectare de terre et 550 fr. l'hectare de vigne, il aurait dépensé 6630 fr. de plus. Quelle est l'étendue des vignes et celle des terres (*) ?

Solution. — La différence entre les deux prix d'achat est, par hectare,

$$940 \text{ fr.} - 550 \text{ fr.} = 390 \text{ fr.}$$

Si les vignes et les terres avaient la même étendue, la somme dépensée resterait la même lorsqu'on intervertit les prix d'achat ; ceci n'a pas lieu, et il y a une augmentation de 6630 fr. dans la dépense ; donc il y a plus de terres que de vignes.

Pour trouver cette différence observons que l'augmentation dans la dépense sera égale à 2, 3, 4,... fois 390, suivant qu'il y aura 2, 3, 4 hectares de terre en excès. Si donc l'on divise 6630 par 390, on obtiendra la différence entre les deux surfaces ; ainsi l'excès du nombre d'hectares de terre est

$$6630 : 390 = 17.$$

Le prix de ces 17 hectares de terre est

$$550 \text{ fr.} \times 17 = 9350 \text{ fr.} ;$$

retranchant ce produit de la dépense totale on trouve

$$80870 \text{ fr.} - 9350 \text{ fr.} = 71520 \text{ fr.}$$

Cette différence, 71520 fr., représente le prix du nombre inconnu d'hectares de terre à 550 fr. l'hectare, plus la valeur de la même étendue de vigne à 940 fr. ; mais en ajoutant la valeur d'un hectare de terre à celle d'un hectare de vigne, on trouve une somme égale à

$$940 \text{ fr.} + 550 \text{ fr.} = 1490 \text{ fr.} ;$$

donc autant de fois 71520 fr. renfermeront 1490 fr., autant il y aura d'hectares de terre.

La surface des vignes est donc

$$71520 : 1490 = 48^{ha},$$

et celle des terres est

$$48^{ha} + 17^{ha} = 65^{ha}.$$

(*) Résoudre de la même manière le problème 25.

LIVRE II

PROPRIÉTÉS DES NOMBRES

CHAPITRE PREMIER.

DIVISIBILITÉ.

60. Un nombre entier est *divisible* par un autre quand la division du premier par le second s'effectue sans reste. Ainsi 12 est divisible par 6, car

$$12 = 6 \times 2.$$

Tout nombre entier qui en divise un autre s'appelle *diviseur* ou *sous-multiple* de cet autre nombre.

Il est clair que l'*unité* est facteur ou diviseur d'un nombre quelconque.

61. Principe I. — *Tout produit est divisible par l'un quelconque de ses facteurs.*

Ainsi le produit

$$2 \times 5 \times 7 \times 12$$

est divisible par 5.

On peut en effet (n° 42) écrire ce produit

$$5 \times 2 \times 7 \times 12 \quad \text{ou} \quad 5 \times (2 \times 7 \times 12),$$

et l'on voit qu'il se compose d'un nombre exact de fois 5.

62. Principe II. — *Tout diviseur commun à plusieurs nombres divise leur somme.*

En effet, chacun des nombres proposés est égal à un nombre exact de fois le diviseur, leur somme est donc aussi un multiple du diviseur.

Par exemple, 18, 30 et 24, sont divisibles par 6 ; leur somme

$$18 + 30 + 24 = 72$$

sera la réunion des parties égales à 6, et par suite sera divisible par 6.

63. Principe III. — *Tout diviseur commun à deux nombres divise leur différence.*

Ainsi 48 et 18 sont divisibles par 6; leur différence
$$48 - 18 = 30$$
est divisible par 6.

En effet, pour obtenir 30 il faut ôter de 48 un nombre exact de fois 6, la différence ne peut être qu'un multiple de 6.

64. Conséquence. — Quand une somme est composée de deux parties, tout nombre qui divise l'une d'elles sans diviser l'autre ne divise pas la somme; sans quoi, d'après le principe précédent, la seconde partie serait aussi divisible par le nombre, ce qui est contraire à la supposition.

65. Principe IV. — *Tout nombre qui en divise deux autres divise le reste de leur division.*

Soient par exemple les deux nombres 810 et 36, tous deux divisibles par 9; le quotient de la division de 810 par 36 est 22, et le reste est 18. Je dis que 9 divise 18; en effet, on a l'égalité
$$810 - 36 \times 22 = 18;$$
mais 9 divise 810, il divise aussi 36 et par suite 36×22; donc il doit diviser la différence 18 (n° 63).

66. Principe V. — *On n'altère pas le reste d'une division en retranchant du dividende un multiple exact du diviseur.*

En effet, soit à diviser 59 par 7; le quotient est 8, le reste 3, et l'on a
$$59 = 7 \times 8 + 3.$$
Si l'on retranche des deux membres de cette égalité
$$7 \times 2 \text{ ou } 14,$$
on obtiendra la nouvelle égalité
$$45 = 7 \times 6 + 3;$$
elle montre que l'on obtiendra encore 3 pour reste, en divisant 45 par 7.

CARACTÈRES DE DIVISIBILITÉ.

On a souvent à chercher si un nombre est exactement divisible par un autre et, lorsqu'il ne l'est pas, quel est le reste de la division. Nous allons voir que, pour les diviseurs simples 2, 5, 4, 25, 8, 125, 9, 3 et 11, il existe des règles peu compliquées, et préférables à la division directe.

Divisibilité par 2 et 5, 4 et 25, 8 et 125.

67. PROPOSITION I. — *Un nombre est divisible par 2 quand il est terminé par un zéro ou par un chiffre pair* (*); il n'est pas divisible par 2 dans le cas contraire.

En effet, une dizaine étant divisible par 2, un nombre quelconque de dizaines le sera aussi; or un nombre de plusieurs chiffres peut être partagé en deux parties: ses dizaines et le chiffre de ses unités. La première est toujours divisible par 2; si donc le chiffre des unités est divisible par 2, tout le nombre le sera (n° 62). Si le chiffre des unités est impair, le nombre ne sera pas divisible par 2 (n° 64).

68. PROPOSITION II. — *Un nombre terminé par 5 ou par un zéro est divisible par 5.*

Même démonstration que pour 2.

Conséquence. — On trouve le reste de la division d'un nombre par 2 ou 5 en divisant le chiffre des unités par 2 ou 5 (n° 66).

69. PROPOSITION III. — *Un nombre est divisible par 4 ou 25 quand le nombre formé par les deux chiffres de droite est un multiple de 4 ou de 25.*

En effet, une centaine étant divisible par 4 ou par 25, un nombre quelconque de centaines le sera aussi; or un nombre de plus de deux chiffres peut être décomposé en deux parties: les centaines et le nombre formé par les deux derniers chiffres de droite. La partie des centaines est tou-

---

(*) Un nombre est pair lorsqu'il est divisible par 2. Ainsi les chiffres pairs sont 2, 4, 6 et 8. On considère aussi zéro comme un chiffre pair.

jours divisible par 4 ou par 25, si donc (n° 62) la partie formée par les unités et les dizaines l'est aussi, le nombre entier sera divisible exactement par 4 ou par 25 ; dans le cas contraire le nombre ne sera pas divisible par 4 ou 25 (n° 64).

Conséquence. — Le reste de la division d'un nombre par 4 ou 25 s'obtient en divisant par 4 ou 25 le nombre formé par les deux derniers chiffres de droite (n° 66).

70. PROPOSITION IV. — *Un nombre est divisible par 8 ou par 125 quand le nombre formé par les trois derniers chiffres de droite est divisible par 8 ou par 125 ;* il ne l'est pas dans le cas contraire.

En effet 1000 est égal à 8 fois 125, et par suite les mille d'un nombre forment toujours un multiple de 8 ou de 125.

Conséquence. — On obtient très-vite le reste de la division d'un nombre considérable par 8 ou 125, en divisant le nombre formé par les trois chiffres de droite par 8 ou 125 (n° 66).

Divisibilité par 9 et 3.

71. PROPOSITION I. — *Un nombre est divisible par 9 lorsque la somme de ses chiffres est divisible par 9.*

Démonstration. — Un nombre quelconque est un multiple de 9 augmenté de la somme de ses chiffres. En effet :

1° *Considérons une puissance de* 10 ; nous pouvons écrire

$$10 = 9 + 1,$$
$$100 = 99 + 1,$$
$$1000 = 999 + 1;$$

or les nombres 9, 99, 999,... sont uniquement composés de 9 et par conséquent sont divisibles par 9. Donc une puissance de 10 est un multiple de 9 plus 1.

2° *Considérons un nombre formé d'un chiffre significatif, suivi de zéros;* par exemple 7 000 ; d'après ce qui précède

$$1000 = m.\ 9 + 1\ (*),$$

donc un groupe de 7 mille unités renfermera un nombre

(*) Un multiple de 9 se désigne très-souvent ainsi : m. 9.

exact de fois 9 (7 fois plus grand que le précédent), plus 7 unités.

3° *Soit maintenant un nombre quelconque,* par exemple le nombre 7584 ; on peut le décomposer ainsi

$$7584 = 7000 + 500 + 80 + 4;$$

mais on vient de voir que

$$7000 = \text{m. } 9 + 7,$$
$$500 = \text{m. } 9 + 5,$$
$$80 = \text{m. } 9 + 8,$$
$$4 = \ldots\ldots 4;$$

l'on aura donc, en ajoutant toutes ces égalités, l'égalité suivante

$$7584 = \text{m. } 9 + (7 + 5 + 8 + 4).$$

Cette égalité montre qu'un nombre quelconque est égal à un multiple de 9 plus la somme de ses chiffres.

Cette remarque conduit immédiatement au caractère de divisibilité énoncé ci-dessus. En effet, considérons le nombre 458172, nous pouvons écrire

$$458172 = \text{m. } 9 + (4 + 5 + 8 + 1 + 7 + 2);$$

si la somme des chiffres entre parenthèses est divisible par 9, le nombre tout entier le sera comme étant formé de deux parties divisibles toutes deux par 9.

Conséquence. — Si la somme des chiffres d'un nombre n'est pas un multiple de 9, en divisant cette somme par 9 on obtiendra le même reste qu'en divisant le nombre tout entier (n° 66).

Par exemple 435073 divisé par 9 donne 4 pour reste, car

$$4 + 3 + 5 + 0 + 7 + 3 = \text{m. } 9 + 4.$$

REMARQUE. Pour aller plus vite, on retranche 9 au fur et à mesure qu'on le peut en faisant la somme des chiffres. Ainsi, dans l'exemple précédent, on dira : 4 et 3, 7 ; 7 et 5, 12, ôté 9 reste 3 ; 3 et 7, 10, ôté 9 reste 1 ; 1 et 3, 4. On obtient ainsi le reste 4 trouvé plus haut, car il revient au même d'ôter d'une seule fois un multiple de 9, ou bien d'ôter les uns après les autres, et chaque fois qu'ils se présentent, des groupes de 9 unités.

72. Proposition II. — *Un nombre est divisible par 3 lorsque la somme de ses chiffres est divisible par 3.*

Démonstration. — Puisque tout nombre est un multiple de 9 plus la somme de ses chiffres, on peut dire aussi que tout nombre est un multiple de 3 plus la somme de ses chiffres. Si donc cette somme de chiffres est divisible par 3, le nombre le sera.

Conséquence. — Si la somme des chiffres d'un nombre n'est pas un multiple de 3, en la divisant par 3 on obtiendra le même reste qu'en divisant le nombre proposé (n° 66).

Divisibilité par 11.

73. Proposition. — *Un nombre est divisible par 11 quand la différence entre la somme des chiffres de rang impair et celle des chiffres de rang pair, en partant de la droite, est divisible par 11.*

Démonstration. — 1° *Toute puissance impaire de 10 est un multiple de 11 moins un, et toute puissance paire de 10 est un multiple de 11 plus 1.*

En effet, l'on a
$$10 = 11 - 1;$$
en multipliant par 10 les deux membres de cette égalité, l'on obtient
$$10^2 = (11 - 1) \times 10 = 11 \times 10 - 10;$$
au lieu de retrancher 10 on peut retrancher 11 et ajouter 1; par suite l'égalité précédente peut s'écrire
$$10^2 = 11 \times 10 - 11 + 1 = m.\,11 + 1.$$

De même, en multipliant les deux membres de cette égalité par 10, on a
$$10^3 = (m.\,11 + 1) \times 10 = m.\,11 + 10,$$
ou bien en remplaçant 10 par $11 - 1$
$$10^3 = m.\,11 - 1;$$

DIVISIBILITÉ.

l'on arriverait ainsi, de proche en proche, aux résultats suivants :

$$10 = m.\ 11 - 1, \qquad 100 = 10^2 = m.\ 11 + 1,$$
$$1\,000 = 10^3 = m.\ 11 - 1, \qquad 10\,000 = 10^4 = m.\ 11 + 1,$$
$$100\,000 = 10^5 = m.\ 11 - 1. \qquad 1\,000\,000 = 10^6 = m.\ 11 + 1.$$

2° *Tout nombre est un multiple de* 11 *augmenté de la somme des chiffres de rang impair* (en partant de la droite), *et diminué de la somme des chiffres de rang pair.*

Soit par exemple le nombre 5 674 328, on le décompose en unités de divers ordres et l'on obtient

$$8 = \ldots\ldots\ldots\ldots\ldots\ldots\ldots\ldots 8,$$
$$20 = \ldots\ldots 10 \times 2 = (m.\ 11 - 1) \times 2 = m.\ 11 - 2,$$
$$300 = \ldots\ldots 100 \times 3 = (m.\ 11 + 1) \times 3 = m.\ 11 + 3,$$
$$4\,000 = \ldots 1\,000 \times 4 = (m.\ 11 - 1) \times 4 = m.\ 11 - 4,$$
$$70\,000 = \ldots 10\,000 \times 7 = (m.\ 11 + 1) \times 7 = m.\ 11 + 7,$$
$$600\,000 = .\,100\,000 \times 6 = (m.\ 11 - 1) \times 6 = m.\ 11 - 6,$$
$$5\,000\,000 = 1\,000\,000 \times 5 = (m.\ 11 + 1) \times 5 = m.\ 11 + 5;$$

ajoutant toutes ces égalités, l'on trouve

$$5\,674\,328 = m.\ 11 + (8 + 3 + 7 + 5) - (2 + 4 + 6).$$

3° Ceci posé, on voit tout de suite que le nombre 5 674 328 sera divisible par 11, si la différence des deux sommes entre parenthèses est divisible par 11 ; il ne le sera pas dans le cas contraire. Ici cette différence se réduit à

$$23 - 12 = 11\,;$$

le nombre proposé est un multiple de 11.

Remarque I. Si la somme des chiffres de rang pair était plus grande que celle des chiffres de rang impair, on augmenterait cette dernière d'un multiple de 11 assez grand pour que la soustraction fût possible ; ainsi le nombre 7 635 241 peut s'écrire

$$7\,635\,241 = m.\ 11 + (1 + 2 + 3 + 7) - (4 + 5 + 6 +\,$$
u $\qquad 97\,635\,241 = m.\ 11 + (13 - 24)\,;$

soustraction indiquée entre parenthèses est impossible ; ais en diminuant d'une fois 11 le multiple de 11 mis en vidence, on peut écrire

$$97\,635\,241 = m.\ 11 + (11 + 13 - 24) = m.\ 11\,;$$

car en faisant le calcul indiqué entre parenthèses, on trouve zéro pour résultat.

Conséquence. — On obtient le reste de la division d'un nombre par 11 en divisant par 11 la différence entre la somme des chiffres de rang impair et celle des chiffres de rang pair (n° 66); lorsque la première somme est moindre que la seconde, on la rend plus grande ou égale en y ajoutant un multiple de 11 convenable.

Exemples :

1° $91\,732 = m.\,11 + (2+7+9) - (3+1) = m.\,11 + 14$
$= m.\,11 + 3.$

2° $1\,040\,953 = m.\,11 + (3+9+4+1) - 5 = m.\,11 + 12$
$= m.\,11 + 1.$

3° $94\,827\,163 = m.\,11 + (3+1+2+4) - (6+7+8+9)$
$= m.\,11 + 10 - 30 = m.\,11 + (22 + 10 - 30)$
$= m.\,11 + 2.$

APPLICATIONS.

Preuve par 9 de la multiplication.

74. Règle pratique. — *Pour s'assurer de l'exactitude d'une multiplication, on détermine les restes des divisions par 9 du multiplicande, du multiplicateur et du produit ; on divise par 9 le produit des deux premiers restes, et l'on doit trouver un 4ᵉ reste égal au 3ᵉ.*

Démonstration. — Soit à vérifier si le produit 47×61 est bien égal à 2867. En divisant par 9 chacun des facteurs, on trouve pour restes 2 et 7 ; ainsi le premier nombre est un multiple de 9 augmenté de 2, le second un multiple de 9 augmenté de 7. Le produit exact s'obtiendra en faisant la multiplication

$$(45 + 2) \times (54 + 7).$$

Pour l'effectuer, il faut d'abord répéter 54 fois le multiplicande, puis le répéter 7 fois ; or

$$(45 + 2) \times 54 = 45 \times 54 + 2 \times 54,$$

DIVISIBILITE.

puisqu'il faut prendre 54 fois chacune des parties du multiplicande. De même

$$(45 + 2) \times 7 = 45 \times 7 + 2 \times 7.$$

Le véritable produit se compose donc de la somme de 4 parties :

$$45 \times 54 + 2 \times 54 + 45 \times 7 + 2 \times 7;$$

or chacune des trois premières est divisible par 9, donc le produit exact est un multiple de 9 plus 2×7, ou bien un multiple de 9 plus 5. Le produit présumé 2867 doit être de la même forme, et par conséquent le reste de sa division par 9 doit être égal à 5. De là résulte la règle précédente.

REMARQUE. On dispose souvent les quatre restes dans les angles que présente une croix renversée.

```
    6734
     534
   ─────
   26936
   20202
   33670
   ─────
  3595956
```

$$\begin{array}{c} 6 \\ 2 \times 3 \\ 6 \end{array}$$

Cette preuve n'indique pas l'erreur, si l'on s'est trompé d'un multiple de 9 exactement.

Preuve par 9 de la division.

75. RÈGLE PRATIQUE. — *Pour faire la preuve de la division, on détermine les restes des divisions par 9 du dividende, du diviseur et du quotient; on multiplie les deux derniers restes l'un par l'autre et l'on en retranche 9 autant de fois que possible; on ajoute le reste ainsi obtenu aux chiffres du reste de l'opération à vérifier; cette somme divisée par 9 doit donner un reste égal au premier.*

Soit à vérifier la division de 1348708 par 498; le quotient présumé est 2708 et le reste 124.

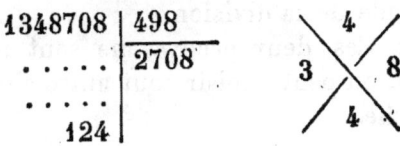

Je cherche les restes des divisions par 9 du dividende, du diviseur et du quotient; ils sont respectivement 4, 3 et 8; le produit des restes 3 et 8 est 24, qui divisé par 9 donne le reste 6; j'ajoute 6 aux chiffres du reste 124, ce qui donne 13; je retranche 9 de 13 et j'ai un dernier reste 4, précisément égal au 1er. On dispose souvent ces restes dans les angles d'une croix comme on l'a fait page 67.

Démonstration. — Si la division précédente est exacte, on doit avoir

(1) $$1\,348\,708 = 498 \times 2\,708 + 124,$$

et les deux membres de cette égalité, divisés par 9, doivent donner le même reste.

Pour le premier, l'on a :

$$1\,348\,708 = m.\,9 + 4;$$

quant au second, il est formé de deux parties

$$498 \times 2\,708 \text{ et } 124;$$

or, d'après ce qui précède (n° 74),

$$498 \times 2\,708 = m.\,9 + 3 \times 8 = m.\,9 + 6,$$

et, comme d'autre part

$$124 = m.\,9 + 7,$$

le second membre est de la forme

$$m.\,9 + 6 + 7 = m.\,9 + 4.$$

Il s'ensuit que les deux membres de l'égalité (1) divisés par 9 donnent le même reste. Il n'en faut pas conclure que cette égalité est vérifiée, et que la division est nécessairement exacte, car les deux membres pourraient différer d'un multiple exact de 9 sans que la vérification précédente l'indiquât. Mais une pareille coïncidence est peu probable, et si la preuve par 9 réussit, on peut compter sur l'exactitude de la division.

REMARQUE. Ces deux preuves ne sont pas particulières au chiffre 9, on peut choisir tout autre chiffre et suivre la même marche.

Voici pourquoi on préfère le chiffre 9 : 1° le reste de la division d'un nombre par 9 s'obtient très-vite ; 2° le caractère de divisibilité par 9 porte sur tous les chiffres significatifs du nombre, tandis que les caractères de divisibilité des chiffres 2, 4, 8,..., 5, 25,... ne dépendent que des chiffres de droite ; par suite la preuve par l'un de ces diviseurs ne pourrait indiquer une erreur faite sur les chiffres de gauche des nombres à vérifier.

CHAPITRE II.

NOMBRES PREMIERS.

76. Un nombre est *premier* lorsqu'il n'est divisible que par lui-même et par l'unité. Ainsi

1, 2, 3, 5, 7, 11, 13, 17, 19, 23, 29, 31, 37,....

sont des nombres premiers.

77. Proposition I. — *Un nombre qui n'est pas premier admet un diviseur premier.*

Démonstration. — Soit le nombre 48 ; puisqu'il admet d'autres diviseurs que lui-même et l'unité, il est le produit de deux facteurs 6 et 8 plus petits que lui. Si l'un de ces facteurs est premier, la proposition est démontrée ; s'il ne l'est pas, il est le produit de deux facteurs plus petits, auxquels on appliquera le raisonnement ci-dessus ; on continuera de la sorte jusqu'à ce qu'on arrive à un diviseur premier. Il est certain que cette décomposition aura un terme, parce que 48 ne peut être le produit d'un nombre illimité de facteurs plus grands que 1.

78. Proposition II. — *La suite des nombres premiers est illimitée.*

Démonstration. — Soit le nombre premier, 11 ; je dis

qu'il en existe un plus grand. En effet, en ajoutant l'unité au produit de tous les nombres premiers, jusqu'à 11 inclusivement, on obtient

$$1.2.3.5.7.11 + 1,$$

nombre que, pour abréger, nous désignerons par N.

1° Si N est premier, le théorème est démontré ; car N est plus grand que 11.

2° S'il n'est pas premier, il admet un diviseur premier. Mais ce diviseur premier ne se trouve pas dans la suite 1, 2, 3, 5, 7, 11 ; sans quoi ce nombre premier divisant N et le produit 1.2.3.5.7.11, devrait diviser la différence 1, ce qui est absurde. Donc le nombre N admet un diviseur premier plus grand que 11.

Donc il existe des nombres premiers plus grands que 11 et, en général, plus grands que tout nombre donné quelque grand qu'il soit.

REMARQUE. Les nombres

$$\begin{aligned}
1.2 + 1 &= 3, \\
1.2.3 + 1 &= 7, \\
1.2.3.5 + 1 &= 31, \\
1.2.3.5.7 + 1 &= 211, \\
1.2.3.5.7.11 + 1 &= 2311,
\end{aligned}$$

sont des nombres premiers ; mais le nombre

$$1.2.3.5.7.11.13 + 1 = 30031$$

est le produit des facteurs premiers 59 et 509, tous deux plus grands que 13. Il faut donc distinguer deux cas dans la démonstration qui précède.

79. PROBLÈME. — *Former une table de nombres premiers depuis 1 jusqu'à une limite donnée.*

Solution. — On écrit à la suite des nombres 1, 2, tous les nombres impairs 3, 5, 7, 9, 11,... jusqu'à la limite donnée, 100 par exemple ; il ne reste plus qu'à effacer dans cette liste les nombres qui sont des multiples d'autres nombres.

1, 2, 3, 5, 7, 9, 11, 13, 15, 17, 19,
21, 23, 25, 27, 29, 31, 33, 35, 37, 39,
41, 43, 45, 47, 49, 51, 53, 55, 57, 59,
61, 63, 65, 67, 69, 71, 73, 75, 77, 79,
81, 83, 85, 87, 89, 91, 93, 95, 97, 99.

Pour cela, à partir de 3 que l'on conserve, on barre les nombres de trois en trois et l'on efface ainsi tous les multiples de 3. En effet, un rang après 3 il vient 3 plus 2, deux rangs après 3 on trouve 3 plus 2 fois 2, et trois rangs après 3 on trouve 3 plus 3 fois 2, c'est-à-dire un multiple de 3 ; en partant alors de ce multiple de 3 on voit de même que trois rangs après on en rencontrera un nouveau.

De même en partant de 5 que l'on conserve, on barrera tous les nombres de cinq en cinq, c'est-à-dire tous les multiples de 5 ; on effacera ensuite tous les nombres divisibles par 7, 11, 13.... *Les nombres qui resteront sont premiers*.

REMARQUE I. Lorsque l'on efface tous les nombres de 7 en 7, par exemple, à partir de 7, le premier nombre à barrer sera 49, carré de 7. En effet, les multiples de 7 inférieurs sont des multiples des nombres premiers 3, 5 : on les a effacés déjà.

Il résulte de là que, pour obtenir tous les nombres premiers inférieurs à 100, on doit s'arrêter après avoir effacé les multiples de 7 ; les nombres qui restent alors seront premiers.

En effet
$$7^2 = 49 \quad \text{et} \quad 11^2 = 121 ;$$

le premier multiple de 11 à effacer, serait donc 121, qui est supérieur à la limite de la table. Ainsi l'opération est terminée quand on est arrivé à barrer les multiples d'un nombre premier dont le carré surpasse la limite de la table à construire.

REMARQUE II. Les nombres premiers dont on efface les multiples sont fournis par l'opération elle-même.

80. Problème II. — *Reconnaître si un nombre donné est premier.*

Règle pratique. — *On divise ce nombre par les nombres premiers* 2, 3, 5, 7, 11,..., *jusqu'à ce qu'on trouve un quotient moindre que le dernier diviseur essayé ; si aucune de ces divisions ne s'est faite exactement, le nombre est premier.*

En effet, si le nombre proposé était divisible par un nombre plus grand que le dernier diviseur employé, il serait aussi divisible par un plus petit, ce qu'on a reconnu impossible.

Ex. On trouvera de cette manière que les nombres

$$1\,213,\ 2\,383,\ 9\,767$$

sont premiers ; les derniers diviseurs à essayer sont respectivement 37, 47 et 97.

Le contraire a lieu pour les nombres

$$3\,977,\ 4\,709,\ 6\,821,$$

qui sont respectivement égaux aux produits

$$41 \times 97,\ 17 \times 277,\ 19 \times 359.$$

On a construit des tables de nombres premiers très-étendues ; celles de Véga vont jusqu'à 400 031 et celles de Burckhardt jusqu'à 3 035 993 (*).

81. Définition. — *Deux nombres sont* premiers entre eux, *lorsqu'ils n'ont pas d'autre diviseur commun que l'unité.* Tels sont 18 et 35.

De même 18, 77 et 85 sont trois nombres premiers entre eux.

Conséquence I. — *Deux nombres entiers consécutifs sont toujours premiers entre eux,* car tout diviseur commun à ces deux nombres devrait diviser leur différence 1 ; ceci

---

(*) On trouve, à la fin de la Table de logarithmes de M. Houël, une table des plus petits diviseurs des nombres composés non divisibles par 2, 3, 5, 11 ; cette table suffit dans beaucoup de calculs, et remplace avec avantage les précédentes, qui sont rares et d'un prix élevé.

est impossible, puisque ce diviseur commun est plus grand que l'unité.

Conséquence II. — *Quand un nombre premier absolu ne divise pas un autre nombre, il est premier avec lui.*

Par exemple, si le nombre premier 5 ne divise pas 33, il est premier avec 33. En effet, le nombre 5 n'est divisible que par 1 et par 5 ; donc les nombres 5 et 33 ne peuvent avoir d'autres diviseurs communs que 1 et 5 ; mais 5 ne divise pas 33, donc le seul diviseur commun est l'unité et les deux nombres sont premiers entre eux.

Pour reconnaître si deux ou plusieurs nombres sont premiers entre eux, on cherche leur plus grand diviseur commun ; s'il est égal à l'unité, les nombres sont premiers entre eux.

CHAPITRE III.

PLUS GRAND COMMUN DIVISEUR.

PLUS GRAND COMMUN DIVISEUR DE DEUX NOMBRES.

Cette recherche s'appuie sur le principe suivant :

82. P<small>RINCIPE</small>. — *Si deux nombres ne sont pas exactement divisibles l'un par l'autre, le plus petit d'entre eux et le reste de leur division admettent le même plus grand commun diviseur que les deux nombres proposés.*

Démonstration. — Soient les deux nombres 9 024 et 3 760 ; le quotient de leur division est 2 et le reste est 1 504 ; l'on a donc l'égalité

$$9\,024 = 3\,760 \times 2 + 1\,504,$$

et l'on en déduit les deux remarques suivantes :

1° *Tout diviseur commun à* 9 024 *et à* 3 760 *est aussi diviseur commun à* 3 760 *et à* 1 504.

En effet, nous avons vu (n° 65) que tout nombre qui en divise deux autres, 9 024 et 3 760, divise le reste 1 504 de leur division.

2° *Tout diviseur commun à* 3 760 *et* 1 504 *est aussi diviseur commun à* 9 024 *et à* 3 760. En effet, ce facteur commun divise 3 760 × 2 et par suite les deux parties d'une somme ; il divise donc cette somme 9 024.

Il résulte de là que le tableau des diviseurs communs à 9 024 et 3 760 est le même que celui des diviseurs communs à 3 760 et 1 504 ; tous les nombres de l'un de ces tableaux se retrouvent dans l'autre et par suite les plus grands diviseurs sont les mêmes.

83.— Problème. — *Chercher le plus grand diviseur commun à deux nombres.*

Règle pratique. — *On divise le plus grand nombre par le plus petit, le plus petit par le reste, ce premier reste par le second, et ainsi de suite jusqu'à ce qu'on arrive à une division qui s'effectue exactement. Le diviseur de cette dernière division est le plus grand commun diviseur cherché.*

Démonstration. — Soient les deux nombres 24 647 et 1 519. Si 1 519 divisait 24 647, 1 519 serait le plus grand commun diviseur, car tout nombre se divise lui-même et ne peut être divisé par un nombre qui le surpasse. Cette division donne pour reste 343, donc 1 519 n'est pas le plus grand commun diviseur cherché, et, d'après le principe qui précède, la question revient à chercher le plus grand commun diviseur entre 1 519 et 343.

Si 343 divisait 1 519, le plus grand commun diviseur cherché serait 343, mais cette division ne réussit pas et donne pour reste 147 ; il faut donc chercher le plus grand commun diviseur entre 343 et 147. Pour cela on essaye la division de 343 par 147, le reste est 49 ; 147 n'est donc pas le plus grand commun diviseur cherché, et il faut calculer le plus grand commun diviseur entre 147 et 49.

On divisera 147 par 49; le reste est zéro. Ainsi 49 est le plus grand commun diviseur demandé.

Pour abréger l'écriture, on dispose comme ci-dessous le tableau des divisions successives. Chaque quotient est placé au-dessus du diviseur correspondant ; on conserve ainsi la place nécessaire à la division suivante :

	16	4	2	3
24 647	1 519	343	147	49
9 457	147	49	0	
343				

84. Remarque I. *Lorsque deux restes consécutifs sont premiers entre eux, il en est de même des nombres proposés.*

85. Remarque II. *Lorsqu'on arrive à un reste premier absolu, on n'a plus à effectuer qu'une seule division.* En effet, de deux choses l'une : ou bien ce nombre premier divise le reste précédent, et ce nombre premier est le plus grand commun diviseur cherché ; ou bien il ne le divise pas, il est alors premier avec lui (n° 81) et les deux nombres proposés sont premiers entre eux.

86. Remarque III. Dans la recherche du plus grand commun diviseur, on substitue aux deux nombres proposés des nombres de plus en plus petits ; l'opération se terminera nécessairement. Plus loin nous indiquerons une limite du nombre des opérations que l'on peut avoir à effectuer. (Voir la note page 81.)

87. Remarque IV. Il est quelquefois utile de connaître les quotients de deux nombres par leur plus grand commun diviseur. Le tableau de calcul qui a fourni ce plus grand commun diviseur peut servir à trouver tous ces quotients.

Soit, par exemple, à trouver les quotients de 24 647 et 1519 par leur plus grand commun diviseur 49.

En remontant de la dernière division à la première, on voit que :

$$147 = 49 \times 3,$$
$$343 = 147 \times 2 + 49 = 49 \times 6 + 49 = 49 \times 7,$$
$$1519 = 343 \times 4 + 147 = 49 \times 28 + 49 \times 3 = 49 \times 31,$$
$$24647 = 1519 \times 16 + 343 = 49 \times 496 + 49 \times 7 = 49 \times 503;$$

les quotients cherchés sont donc 503 et 31.

88. Remarque V. Quand on arrive à un reste plus grand que la moitié du diviseur, on peut prendre pour diviseur suivant l'excès du diviseur actuel sur ce reste.

Ainsi l'opération suivante

3157	1	1	1	1	3	4
	1927	1230	697	533	164	41
1230	697	533	164	41	0	

peut être remplacée par celle-ci :

3157	1	2	4	
	1927	697	164	41
1230	533	41	0	

Au lieu de diviser 1927 par le premier reste 1230, on le divise par $1927 - 1230$; on substitue ainsi à la recherche du plus grand diviseur commun à 1927 et 1230 celle du plus grand diviseur commun à 1927 et 697. Ces deux plus grands communs diviseurs sont les mêmes ; en effet, puisque l'on a
$$1927 = 1230 + 697,$$
tout diviseur commun à 1927 et à 1230 divise 697 ; et réciproquement tout diviseur commun à 1927 et à 697 divise 1230.

De cette manière on a une division de moins à inscrire dans le tableau ; de plus, il est clair, d'après l'égalité précédente, que le reste de la division de 1927 par 697 est le même que celui de la division de 1230 par 697.

Propositions relatives au plus grand commun diviseur de deux nombres.

89. Proposition 1. — *Tout nombre qui en divise deux autres divise aussi leur plus grand commun diviseur.*

Démonstration. — Soient 24 647 et 1 519, deux nombres dont le plus grand commun diviseur est 49 ; 7 divise ces deux nombres ; je dis que 7 divise aussi 49. Pour le prouver, reportons-nous au tableau des opérations du n° 83. Puisque les deux termes de la première division sont divisibles par 7, le reste 343 le sera aussi (n° 65) ; comme ce reste devient le diviseur suivant, les deux termes 1519 et 343 de la seconde division sont divisibles par 7, le second reste 147 le sera donc aussi. Ainsi tous les restes successifs sont divisibles par 7 ; le plus grand commun diviseur 49, qui est le dernier de ces restes, sera aussi divisible par 7.

Réciproquement tout nombre qui divise le plus grand commun diviseur de deux nombres divise ces nombres ; ils sont, en effet, des multiples de leur plus grand diviseur commun.

Conséquence. Pour trouver les diviseurs communs à deux nombres, il suffit de chercher les diviseurs de leur plus grand commun diviseur.

90. Proposition II. — *Quand on multiplie deux nombres par un troisième, leur plus grand commun diviseur est multiplié par ce troisième nombre.*

Démonstration. — Soient les nombres 114 et 42 dont le plus grand commun diviseur est 6 ; en les multipliant tous deux par 10, on obtient 1140 et 420 : je dis que le plus grand commun diviseur de ces deux derniers nombres est 60.

En effet (n° 57), lorsqu'on multiplie deux nombres par un troisième, le reste de leur division est multiplié par ce troisième. Il résulte de ce principe que les restes du second tableau d'opérations sont dix fois plus grands que les restes de même rang dans le premier :

114	2	1	2	2
	42	30	12	6
30	12	6	0	

1140	2 420	1 300	2 120	2 60
300	120	60	0	

par suite le second plus grand commun diviseur est dix fois plus grand que le premier.

91. PROPOSITION III. — *Lorsqu'on divise deux nombres par un troisième, leur plus grand commun diviseur est divisé par ce troisième nombre.*

Cette proposition est une conséquence de celle qui précède ; on peut aussi la démontrer directement en s'appuyant sur ce principe (n° 58), que si l'on divise deux nombres par un troisième, le reste de la division des deux premiers nombres est aussi divisé par ce troisième. On fait voir alors, de la même manière que plus haut, que du second tableau de calcul on déduit le premier.

REMARQUE. Cette proposition permet de simplifier quelquefois la recherche du plus grand commun diviseur. Soit à calculer, par exemple, le plus grand diviseur commun aux deux nombres 11400 et 4200, l'un et l'autre divisibles par 200 ; cette recherche revient à celle du plus grand diviseur commun à 57 et 21 : comme on trouve 3 pour ce dernier nombre, le plus grand diviseur commun aux deux nombre proposés est

$$3 \times 200 = 600.$$

92. PROPOSITION IV. — *Lorsqu'on divise deux nombres par leur plus grand commun diviseur, les quotients sont premiers entre eux.*

Démonstration. — Soient 96 et 42 deux nombres dont le plus grand commun diviseur est 6 ; je dis que les nombres

$$96 : 6 = 16 \quad \text{et} \quad 42 : 6 = 7$$

sont premiers entre eux.

En effet, nous venons de voir, n° 91, que le plus grand commun diviseur de ces deux quotients 16 et 7, s'obtient en divisant par 6 le plus grand commun diviseur des nombres 96 et 42 ; il est donc égal à

$$6 : 6 \text{ ou } 1,$$

et les deux quotients sont premiers entre eux.

PLUS GRAND COMMUN DIVISEUR DE PLUSIEURS NOMBRES.

93. Règle pratique. — *Pour trouver le plus grand diviseur commun de plusieurs nombres, on calcule le plus grand diviseur commun des deux premiers, puis le plus grand diviseur commun entre celui qu'on vient d'obtenir et le 3º nombre; ensuite le plus grand diviseur commun entre le second plus grand diviseur commun et le 4º nombre, et ainsi de suite. Le dernier plus grand diviseur commun obtenu sera celui des nombres proposés.*

Démonstration. — Soient les nombres 72, 54 et 30; je calcule le plus grand diviseur commun à 72 et 54 ; il est 18; puis le plus grand diviseur commun à 18 et à 30, il est 6 ; je dis que 6 est le plus grand diviseur commun des trois nombres proposés.

En effet, *tout diviseur commun à* 72, 54 *et* 30 divise 18 qui est le plus grand commun diviseur des deux premiers, il est donc un diviseur commun à 30 et à 18. Réciproquement *tout diviseur commun à* 30 *et à* 18 est un diviseur commun à 72 et 54 qui sont des multiples de 18, il est donc diviseur commun aux trois nombres proposés.

Il résulte de là que les nombres 72, 54, 30 d'une part, et les nombres 30 et 18 d'autre part, ont les mêmes diviseurs et par suite le même plus grand commun diviseur ; donc 6 est le plus grand diviseur cherché.

**Propositions relatives
au plus grand commun diviseur de plusieurs nombres.**

94. Proposition I. — *Tout diviseur commun à plusieurs nombres divise leur plus grand diviseur commun.*

En effet, tout diviseur commun aux deux premiers nombres divise leur plus grand diviseur commun (n° 89); divisant celui-ci et le 3° nombre, il doit diviser leur plus grand diviseur commun et ainsi de suite.

Réciproquement tout nombre qui divise le plus grand diviseur commun à plusieurs autres divise ces nombres.

Conséquence. Pour trouver les diviseurs communs à plusieurs nombres, il suffit de chercher les diviseurs du plus grand diviseur commun à ces nombres.

95. PROPOSITION II. — *Si l'on multiplie ou si l'on divise plusieurs nombres par un autre, leur plus grand commun diviseur est multiplié ou divisé par cet autre.*

Soient les nombres 72, 54 et 30 ; leur plus grand commun diviseur est 6, je dis que le plus grand commun diviseur des nombres 720, 540 et 300 sera 60.

En effet, le plus grand diviseur commun à 720 et 540 sera 18×10 (n° 90). Pour la même raison, le plus grand diviseur commun à 180 et 300 sera 6×10 ou 60 ; mais c'est là précisément le plus grand commun diviseur à 720, 540 et 300 ; donc le plus grand diviseur commun à ces derniers nombres est égal à 10 fois celui des nombres proposés.

96. PROPOSITION III. — *Quand on divise plusieurs nombres par leur plus grand diviseur commun, les quotients sont premiers entre eux.*

Soient les nombres 72, 54 et 30, dont le plus grand commun diviseur est 6 ; en les divisant par 6, on obtient pour quotients

$$12, 9 \text{ et } 5.$$

Je dis que ces trois nombres sont premiers entre eux; en effet, si l'on cherchait leur plus grand diviseur commun, on trouverait (n° 95) pour résultat 6 : 6, c'est-à-dire 1.

Note sur la limite du nombre de divisions à faire pour trouver le plus grand commun diviseur de deux nombres.

PROPOSITION. *Quand on remplace chaque reste supérieur à la moitié du diviseur correspondant par l'excès du diviseur sur ce reste* (n° 88), *le nombre des divisions à faire ne peut surpasser l'exposant de la plus haute puissance de 2 contenue dans le plus petit des deux nombres.*

Soient a et b les deux nombres, r_1, r_2, r_3,..., r_n, les n diviseurs successifs, nous aurons (n° 88)

$$r_1 < \frac{1}{2} b, \quad r_2 < \frac{1}{2} r_1, \quad r_3 < \frac{1}{2} r_2, \ldots \quad r_n < \frac{1}{2} r_{n-1}.$$

En multipliant ces égalités membre à membre, il vient, après la suppression des facteurs communs,

$$r_n < \frac{1}{2^n} b, \quad \text{ou} \quad 2^n < \frac{b}{r_n}.$$

Si $r_n = 1$, la puissance de 2 marquée par le nombre des opérations est moindre que b; le nombre des divisions, n, ne peut donc surpasser l'exposant de la plus haute puissance de 2 contenue dans b.

Si $r_n > 1$, cette conclusion est vraie à plus forte raison.

CONSÉQUENCE. *Si le plus petit des deux nombres a* m *chiffres, il ne peut y avoir à faire* 4 m *divisions.*

En effet, l'on a

$$b < 10^m;$$

mais $10 < 2^4$, et, par suite, $10^m < 2^{4m}$; l'on aura donc, à fortiori,

$$b < 2^{4m}.$$

D'ailleurs, on vient de voir que $2^n < b$, par conséquent

$$2^n < 2^{4m},$$

et cette inégalité entraîne la suivante

$$n < 4m;$$

ainsi le nombre des divisions à faire est moindre que quatre fois le nombre des chiffres du plus petit des deux nombres : cette limite est plus commode dans la pratique.

Propositions relatives aux diviseurs premiers.

97. Proposition I. — *Lorsqu'un nombre divise un produit de deux facteurs et qu'il est premier avec l'un des facteurs, il doit diviser l'autre.*

Démonstration. — Soit le nombre 15 qui divise le produit 92×60 ; il est premier avec 92, je dis qu'il divise 60.

En effet, le plus grand diviseur commun aux nombres 15 et 92 est 1 ; par conséquent celui des nombres 15×60 et 92×60 est 60 (n° 95). Ceci posé, j'observe que 15 divise 92×60 par hypothèse, et 15×60 qui est un multiple de 15 ; or, quand un nombre en divise deux autres, il divise aussi leur plus grand diviseur commun (n° 89) : donc 15 divise 60.

98. Proposition II. — *Tout nombre premier absolu qui divise un produit de plusieurs facteurs divise au moins un facteur de ce produit.*

Démonstration. — Soit 11 un nombre premier absolu qui divise le produit $5 \times 18 \times 66$; je dis que 11 divise l'un des facteurs, par exemple 66.

En effet, le produit proposé peut s'écrire $5 \times (18 \times 66)$; si 11 divise 5, le théorème est démontré ; s'il ne le divise pas, il est premier avec lui (n° 81, conséq. II), et alors, d'après la proposition qui précède, il doit diviser l'autre facteur (18×66).

Raisonnant de même, on dira : Si 11 divise 18, le théorème est démontré ; sinon il est premier avec lui et doit alors diviser 66. C. Q. F. D.

99. Conséquence I. — *Tout nombre premier qui divise une puissance d'un nombre, divise nécessairement ce nombre.*

Si, par exemple, le nombre premier 3 divise 729, qui est le cube de 9, il faut que 3 divise 9.

En effet, 729 est le produit de trois facteurs égaux à 9, le nombre premier 3 divisant ce produit doit diviser l'un des facteurs ; mais ils sont tous égaux à 9, donc 3 divise 9.

100. *Conséquence* II. — *Si deux nombres sont premiers entre eux, leurs puissances sont aussi premières entre elles.*

En effet, tout facteur premier commun aux deux puissances devrait diviser à la fois les deux nombres, ce qui est impossible puisque ces nombres sont premiers entre eux.

101. Proposition III. — *Lorsqu'un nombre est divisible par plusieurs autres nombres premiers entre eux deux à deux, il est divisible par leur produit.*

Démonstration. — Soit le nombre 360, qui est divisible par les facteurs 2, 3, 5, premiers entre eux deux à deux ; je dis que 360 est divisible par leur produit 30.

En effet, puisque 360 est divisible par 2, l'on a

(1) $$360 = 2 \times 180.$$

Comme 3 divise le premier membre de cette égalité, il doit diviser le second, mais il est premier avec le facteur 2, il doit diviser 180. On aura donc

(2) $$180 = 3 \times 60.$$

De même 5 divisant 360 doit diviser le second membre de l'égalité (1). Mais 5 est premier avec 2 ; donc 5 doit diviser 180, et par suite 3×60. Mais 5 et 3 sont premiers entre eux ; donc 5 divise 60, et l'on a

(3) $$60 = 5 \times 12 ;$$

substituant à 60 cette valeur dans l'égalité (2), on obtient

$$180 = 3 \times 5 \times 12,$$

et remplaçant dans l'égalité (1) 180 par ce produit de trois facteurs, on a

$$360 = 2 \times 3 \times 5 \times 12 = 30 \times 12.$$

Donc 360 est divisible par 30. C. Q. F. D.

102. *Conséquence.* — Un nombre sera divisible par 6 s'il l'est à la fois par 2 et par 3. — Il sera divisible par 12 s'il l'est par 3 et par 4.

CHAPITRE IV.

DÉCOMPOSITION D'UN NOMBRE EN FACTEURS PREMIERS.

105. Proposition I. — *Un nombre qui n'est pas premier est le produit de facteurs premiers.*

Démonstration. — Soit 210 un nombre qui n'est pas premier; on a vu (n° 77) qu'il admet nécessairement un facteur premier; soit 2 ce facteur, on aura

$$210 = 2 \times 105.$$

Si 105 est premier, la proposition est démontrée; s'il ne l'est pas, il admet un facteur premier; soit 3 ce facteur, on aura

$$105 = 3 \times 35$$

et par suite

$$210 = 2 \times 3 \times 35.$$

Comme 35 est le produit des facteurs premiers 5 et 7, on aura

$$210 = 2 \times 3 \times 5 \times 7,$$

et la décomposition en facteurs premiers sera terminée.

Il en sera toujours ainsi : après un nombre limité d'opérations, on trouvera comme dernier quotient le produit de deux nombres premiers; sans quoi un nombre fini serait le produit d'un nombre infini de facteurs plus grands que 1, ce qui est absurde.

Remarque. Un même facteur peut se trouver plusieurs fois dans le produit. Ainsi l'on trouve que

$$360 = 2 \times 2 \times 2 \times 3 \times 3 \times 5,$$

ou bien, avec la notation des exposants,

$$360 = 2^3 \times 3^2 \times 5.$$

DÉCOMPOSITION EN FACTEURS PREMIERS.

104. Proposition II. — *Il n'existe qu'un seul produit de facteurs premiers qui soit égal à un nombre donné.*

Démonstration. — Soit 2. 2. 2. 3. 3. 5 un produit de facteurs premiers égal au nombre 360 ; il faut démontrer que tout produit de facteurs premiers

$$a.a.a.a.b.b.c.d.e$$

égal à 360 est identique au précédent.

1° *Ces deux produits contiennent les mêmes facteurs premiers.* En effet l'on a

(1) $\quad 2.2.2.3.3.5 = a.a.a.a.b.b.c.d.e,$

puisque 2 divise le premier membre de cette égalité, il doit diviser le second, et comme 2 est premier, il doit diviser l'un des facteurs, a par exemple. Mais a est lui-même un nombre premier ; s'il est divisible par 2, c'est qu'il est égal à 2.

L'on démontrerait de même que $b=3$, $c=5$; quant aux autres facteurs d, e,..., ils doivent être tous égaux à l'unité.

2° *Un même facteur entre dans les deux produits le même nombre de fois ;* par exemple le facteur 2 entre 3 fois dans chacun des produits. En effet, s'il en était autrement, après avoir divisé trois fois de suite par 2 les deux membres de l'égalité (1), elle se réduirait à

$$3.3.5 = a.b.b.c;$$

le second membre de cette égalité serait divisible par 2 et le premier ne le serait pas, conséquence absurde.

105. Problème. — *Décomposer un nombre en ses facteurs premiers.*

Règle pratique. — *On le divise successivement par les nombres premiers* 2, 3, 5, 7,.... *Le diviseur de la première division qui s'effectue sans reste est un des facteurs du nombre proposé. Pour trouver les autres, on opère sur le quotient comme sur le nombre proposé en commençant les essais au dernier diviseur employé et l'on continue jusqu'à ce que l'on arrive à un quotient premier ; ce dernier quotient et tous les diviseurs des divisions exactes sont les facteurs premiers cherchés.*

Démonstration. — Soit à décomposer 360 en facteurs premiers.

Ce nombre est divisible par 2 et le quotient est 180; comme 180 est divisible par 2, ainsi que le nouveau quotient 90, on voit que 360 admet 3 fois le facteur 2. Le dernier quotient 45 n'étant plus divisible par 2, on essayera le diviseur 3; la division réussit et le quotient est 15; comme ce dernier quotient est égal à 3 fois le nombre premier 5, l'opération est terminée et l'on peut écrire

$$360 = 2.2.2.3.3.5 = 2^3.3^2.5.$$

En effet les divisions successives donnent les égalités

$$360 = 2 \times 180,$$
$$180 = 2 \times 90,$$
$$90 = 2 \times 45,$$
$$45 = 3 \times 15,$$
$$15 = 3 \times 5;$$

en les multipliant membre à membre, on obtient l'égalité :
$360.180.90.45.15 = 2.180.2.90.2.45.3.15.3.5$,
qui se réduit, par la suppression des facteurs 180, 90, 45 et 15 communs aux deux membres, à

$$360 = 2.2.2.3.3.5;$$

ainsi le produit de tous les facteurs premiers obtenus est égal à 360, et comme (n° 104) il n'y a pas deux systèmes de facteurs premiers qui reproduisent le même nombre, on a bien tous les facteurs premiers de 360.

Ordinairement on dispose les quotients successifs en colonne et au-dessous du nombre proposé; les diviseurs sont en regard et à droite d'une barre verticale.

REMARQUE. Si le nombre proposé est premier, on le reconnaît en suivant la marche précédente. Si l'on arrive à un quotient plus petit que le

360	2
180	2
90	2
45	3
15	3
5	5

diviseur employé, sans qu'aucun des essais ait réussi, le nombre est premier (n° 80).

Recherche des diviseurs d'un nombre.

106. PROPOSITION I. — *Pour qu'un nombre soit divisible par un autre, il faut et il suffit :*

1° *Que tous les facteurs premiers du diviseur se trouvent dans le dividende;*

2° *Que chacun d'eux, dans le dividende, entre au moins autant de fois que dans le diviseur.*

Démonstration. — 1° Ces conditions sont nécessaires. Si par exemple 360 est divisible par 12, c'est que 360 est égal à 12 multiplié par un quotient entier, 30. Par suite 360 est égal au produit des facteurs de 12 par ceux de 30, et les deux conditions indiquées sont remplies.

2° Ces conditions sont suffisantes. En effet, quand elles sont remplies on peut toujours former avec les facteurs du dividende un produit égal au diviseur; par suite, le dividende est égal au diviseur multiplié par le produit des facteurs restants, et les deux nombres sont divisibles l'un par l'autre.

107. PROBLÈME. — *Trouver tous les diviseurs d'un nombre donné.*

Soit, par exemple, à trouver les diviseurs de 360. On décompose ce nombre en ses facteurs premiers, et l'on trouve
$$360 = 2^3 \cdot 3^2 \cdot 5;$$
alors, sur une première ligne horizontale, on écrit l'unité et les trois premières puissances du facteur 2; puis, sur une seconde ligne, l'unité et les deux premières puissances du second facteur 3; enfin, sur une troisième, on écrit l'unité et la première puissance de 5. On multiplie successivement tous les nombres de la première ligne par chacun des nombres de la seconde, et l'on range sur une quatrième ligne tous ces produits. En les multipliant suc-

cessivement par chacun des nombres de la **troisième ligne**, on obtient tous les diviseurs cherchés.

(1) $\qquad\qquad\qquad 1, 2, 2^2, 2^3.$
(2) $\qquad\qquad\qquad 1, 3, 3^2.$
(3) $\qquad\qquad\qquad 1, 5.$
(4) $1, 2, 2^2, 2^3, 3, 3 \times 2, 3 \times 2^2, 3 \times 2^3, 3^2, 3^2 \times 2, 3^2 \times 2^2, 3^2 \times 2^3.$
(5) $5, 5 \times 2, 5 \times 2^2, 5 \times 2^3, 5 \times 3, 5 \times 3 \times 2, 5 \times 3 \times 2^2, 5 \times 3 \times 2^3;$
$\qquad 5 \times 3^2, 5 \times 3^2 \times 2, 5 \times 3^2 \times 2^2, 5 \times 3^2 \times 2^3.$

Comme on reproduirait les nombres de la ligne (4) en les multipliant par l'unité, on a seulement écrit leurs produits par 5 ; tous les diviseurs de 360 sont contenus dans les lignes (4) et (5).

Démonstration. — 1° Ces nombres divisent 360. En effet, ils ne renferment que les facteurs 2, 3, 5 avec des exposants qui ne dépassent pas ceux de ces facteurs dans 360.

2° On a obtenu tous les diviseurs de 360, par exemple le diviseur $2 \times 3^2 \times 5$. En effet, dans la première multiplication on a formé le produit 2×3^2, qui se trouve dans la quatrième ligne, et comme dans la multiplication suivante on a fait les produits par 5 de tous les nombres de la quatrième ligne, le diviseur $2 \times 3^2 \times 5$ a été nécessairement obtenu.

REMARQUE. Voici comment, dans la pratique, on dispose le tableau des calculs :

```
360 | 1 | 1
180 | 2 | 2
 90 | 2 | 4
 45 | 2 | 8
 15 | 3 | 3,  6, 12, 24
  5 | 3 | 9, 18, 36, 72
  1 | 5 | 5, 10, 20, 40, 15, 30, 60, 120, 45, 90, 180, 360.
```

Dans les deux premières colonnes, se trouvent les calculs à faire pour décomposer le nombre 360 en ses facteurs premiers ; à la droite de ces colonnes sont tous les diviseurs simples et tous les diviseurs composés de 360.

108. PROPOSITION II. — *Quand un nombre est décomposé en facteurs premiers, on obtient le nombre de ses diviseurs en formant le produit des exposants, chacun augmenté de* **1**.

Démonstration. — Soit N un nombre qui est égal à
$$a^p \times b^q \times c^r,$$
le nombre de ses diviseurs sera
$$(p+1)(q+1)(r+1).$$

En effet, nous avons vu qu'on les obtient tous en formant les trois lignes

$$1, a, a^2, a^3, \ldots, a^p$$
$$1, b, b^2, b^3, \ldots, b^q$$
$$1, c, c^2, c^3, \ldots, c^r$$

qui renferment respectivement $p+1$, $q+1$, $r+1$ termes.

On multiplie ensuite la première ligne par un terme quelconque de la deuxième; chacun de ces produits contiendra $p+1$ termes, donc le produit des deux premières lignes renfermera autant de fois $p+1$ termes qu'il y en a dans la 2ᵉ; le nombre de ses termes sera donc

$$(p+1)(q+1).$$

Maintenant on multiplie le produit des deux premières lignes par un terme quelconque de la 3ᵉ; chacun de ces produits renferme $(p+1)(q+1)$ termes, le produit des trois lignes contiendra donc un nombre de termes marqué par

$$(p+1)(q+1)(r+1),$$

c'est-à-dire par le produit des exposants augmentés chacun d'une unité.

APPLICATIONS.

1° Plus petit multiple commun à plusieurs nombres.

109. Définition. — *Le plus petit multiple commun à plusieurs nombres est le plus petit nombre divisible exactement par chacun d'eux.*

Ex. : 12 est le plus petit multiple commun aux nombres 4 et 6.

110. Proposition. — *Pour trouver le plus petit multiple commun à plusieurs nombres, on les décompose en leurs facteurs premiers, puis on forme un produit où chacun de ces facteurs ne figure qu'une seule fois, mais affecté du plus grand exposant qu'il ait dans les nombres proposés.*

Démonstration. — Soient les nombre 36, 24, 28, 40;

$$36 = 2^2 \times 3^2,$$
$$24 = 2^3 \times 3,$$
$$28 = 2^2 \times 7,$$
$$40 = 2^3 \times 5,$$

le plus petit multiple commun sera

$$2^3 \times 3^2 \times 5 \times 7 = 2520.$$

En effet, 1° ce nombre est divisible par chacun d'eux, puisqu'il remplit les deux conditions indiquées (n° 106); c'est donc un multiple des nombres proposés.

2° C'est le plus petit, car si l'on diminuait l'exposant d'un facteur premier, ou si l'on remplaçait un facteur premier par un autre moindre, le nouveau produit ne serait plus un multiple des nombres donnés.

111. Remarque I. On a souvent à diviser le plus petit multiple commun à plusieurs nombres par chacun d'eux. Pour obtenir un quelconque de ces quotients, il suffit d'effacer dans le plus petit multiple commun tous les facteurs du nombre correspondant; le produit des facteurs non supprimés est le quotient cherché.

Ainsi, dans l'exemple ci-dessus, les quotients de 2520 par 36, 24, 28, 40 sont respectivement

$$2 \times 5 \times 7 = 70, \quad 3 \times 5 \times 7 = 105,$$
$$2 \times 3^2 \times 5 = 90, \quad 3^2 \times 7 = 63.$$

En effet, pour diviser un nombre par un produit, il suffit de le diviser successivement par chacun des facteurs du produit (n° 55).

112. Remarque II. Pour calculer rapidement le produit des facteurs qui forment le plus petit commun multiple, il suffit de multiplier le plus grand des nombres proposés par le produit des facteurs qui lui sont étrangers.

Ainsi dans l'exemple ci-dessus

$$2520 = 40 \times 9 \times 7.$$

2° Du plus grand commun diviseur de plusieurs nombres.

113. Proposition I. — *Si plusieurs nombres sont décomposés en leurs facteurs premiers, pour obtenir facilement leur plus grand commun diviseur, on forme un produit où chaque facteur commun à tous les nombres figure une fois avec le plus petit exposant qu'il ait dans les nombres proposés.*

Démonstration. — Soient les nombres 48, 360, 2024 et 3720 ; comme

$$48 = 2^4 \times 3,$$
$$360 = 2^3 \times 3^2 \times 5,$$
$$2024 = 2^3 \times 11 \times 23,$$
$$3720 = 2^3 \times 3 \times 5 \times 31,$$

leur plus grand commun diviseur sera

$$2^3 \text{ ou } 8.$$

En effet, ce nombre est d'abord un diviseur des nombres proposés, puisqu'il entre comme facteur dans chacun des produits ci-dessus.

Ensuite, c'est le plus grand diviseur, car si l'on augmente l'exposant du nombre 2 d'une unité, ou bien si l'on multiplie 2^3 par un facteur quelconque, on n'aura plus un diviseur commun à tous les nombres proposés.

Remarque. On a souvent besoin des quotients de plusieurs nombres donnés par leur plus grand commun diviseur.

Il suffit, pour les obtenir, d'effacer dans chacun des nombres proposés les facteurs qui entrent dans le plus grand commun diviseur.

Ainsi les nombres 48 et 360 ont pour plus grand commun diviseur $2^3 \times 3$, et en les divisant par $2^3 \times 3$ on obtient pour quotients
$$2 \text{ et } 3 \times 5 \text{ ou } 15.$$

114. Proposition II. — *Pour obtenir le plus petit multiple commun à deux nombres, on peut multiplier l'un d'eux par le quotient de l'autre par le plus grand diviseur commun à ces deux nombres.*

Démonstration. — Soient les deux nombres 600 et 3780 décomposés en leurs facteurs premiers :
$$600 = 2^3 \times 3 \times 5^2,$$
$$3780 = 2^2 \times 3^3 \times 5 \times 7.$$

Disposons sur une même ligne tous les facteurs qui se trouvent dans les deux nombres avec leur plus grand exposant :
$$(1) \qquad 2^3, 3^3, 5^2, 7.$$

Plaçons maintenant sur une seconde ligne les facteurs communs avec leur plus petit exposant :
$$(2) \qquad 2^2, 3, 5.$$

Le produit des facteurs inscrits dans les deux lignes (1) et (2) est précisément égal au produit 600×3780, car aucun facteur de ce produit n'a pu être omis en procédant de cette manière. Mais, d'après le n° 110,
$$\text{le p. p. m. c.} = 2^3 \times 3^3 \times 5^2 \times 7,$$
et, d'après le n° 113,
$$\text{le p. g. c. d.} = 2^2 \times 3 \times 5;$$
l'on aura donc
$$\text{p. p. m. c.} \times \text{p. g. c. d.} = 600 \times 3780.$$

Si l'on divise par le plus grand commun diviseur les

deux membres de cette égalité, on voit que le plus petit multiple commun s'obtiendra en calculant le quotient

$$\frac{600 \times 3780}{\text{p. g. c. d.}},$$

calcul qui revient à celui-ci :

$$3780 \times \frac{600}{\text{p. g. c. d.}},$$

d'après le principe du n° 56.

Autre démonstration. — Soient A et B deux nombres, D leur p. g. c. d., q et q' les quotients obtenus en les divisant par D, de telle sorte que l'on ait

$$A = D \times q, \quad B = D \times q'.$$

Un multiple quelconque de A et de B sera d'abord un multiple de A et par conséquent de la forme

$$m \times D \times q;$$

mais puisque ce nombre est divisible par B ou par $D \times q'$, l'on aura

$$m \times D \times q = m' \times D \times q',$$

ou, en divisant par D les deux membres de cette égalité,

$$m \times q = m' \times q'.$$

Comme le second membre est divisible par q', le premier doit l'être aussi ; mais q est premier avec q', donc m est divisible par q', et l'on doit avoir

$$m = m'' \times q'.$$

Ainsi, un multiple quelconque de A et de B est de la forme

$$m'' \times D \times q \times q',$$

et le plus petit de ces multiples s'obtiendra en faisant

$$m'' = 1;$$

par conséquent le p. p. m. c. est

$$D \times q \times q' = \frac{A \times B}{D};$$

on l'obtient en divisant le produit des deux nombres par leur plus grand commun diviseur.

REMARQUE. Cette proposition fournit un procédé de calcul plus commode pour trouver le plus petit multiple commun à deux nombres lorsque la décomposition en facteurs premiers est difficile et que l'on n'a pas de table de nombres premiers.

Soit, par exemple, à calculer le plus petit multiple commun aux deux nombres

$$1770140 = 2^2 \times 5 \times 67 \times 1321$$

et

$$974898 = 2 \times 3^2 \times 41 \times 1321;$$

leur décomposition en facteurs premiers est assez longue puisqu'il faut continuer les essais jusqu'aux nombres premiers 67 et 41.

En cherchant leur plus grand commun diviseur

	1	5	2	2	10
1770140	974898	179656	76618	26420	2642
795242	76618	26420	23778	0	

on trouvera qu'il est 2642 et que (n° 87)

$$974898 = 2642 \times 369;$$

par conséquent

$$\text{p. p. m. c.} = 1770140 \times 369 = 653181660$$

PROBLÈMES

SUR LA DIVISIBILITÉ.

1. Quand on divise deux nombres par leur différence, les restes sont égaux.

2. Montrer que les puissances successives de 10 sont des multiples de 6 plus 4.

En déduire qu'un nombre est divisible par 6 lorsqu'en ajoutant le chiffre des unités à quatre fois la somme de tous les autres, on obtient un multiple de 6.

3. Un nombre est un multiple de 4, lorsqu'en ajoutant le chiffre des unités au double du chiffre des dizaines, on obtient pour somme un multiple de 4.

4. Un nombre est un multiple de 8, lorsqu'en ajoutant au chiffre des unités le double de celui des dizaines et le quadruple de celui des centaines, on obtient pour somme un multiple de 8.

5. Montrer que les puissances impaires de 1000 sont des multiples de 7, de 11 ou de 13 diminués d'une unité, et que les puissances paires de 1000 sont des multiples de 7, de 11 ou de 13 augmentés de 1.

En déduire le caractère suivant de divisibilité par 7, 11 ou 13 : On divise le nombre proposé en tranches de trois chiffres, à partir de la droite ; on soustrait la somme des tranches de rang pair de la somme des tranches de rang impair ; la différence divisée par 7, 11 ou 13 donne le même reste que tout le nombre proposé.

6. Un nombre est divisible par 73 lorsque, après l'avoir divisé en tranches de 4 chiffres à partir de la droite, la somme des tranches de rang impair diminuée de la somme des tranches de rang pair est divisible par 73.

— Trouver un caractère de divisibilité analogue pour 37.

7. Faire la preuve par 9 de l'addition et de la soustraction.

8. Faire la preuve par 9 d'un produit de plusieurs facteurs.

9. Tout nombre premier supérieur à 3 est un multiple de 6 augmenté de 1, ou bien un multiple de 6 diminué de 1. Faire voir que la formule $m.6 \pm 1$ donne aussi des nombres qui ne sont pas premiers.

10. Parmi les nombres 2401, 2411, 2701, 3323, 3629, 4267, 4609,

4783, 4499, 6617, quels sont les nombres premiers ? Trouver les facteurs des autres ?

R. 2411, 3323, 4783 sont seuls premiers.

11. Trouver le plus grand commun diviseur des nombres

45 366	et	7 024	R.	2
790 920	et	74 256	R.	312
165 048	et	83 076	R.	276
124 146	et	76 440	R.	6
164 928	et	74 256	R.	48
8 545 380	et	38 240	R.	20

12. Connaissant le plus grand commun diviseur de deux nombres, trouver le plus grand commun diviseur de l'un d'entre eux et de leur somme.

13. Trouver le plus grand commun diviseur aux trois nombres 790 920, 74 256, 164 528.

R. 104.

14. Trouver le plus grand commun diviseur aux quatre nombres 49 080, 33 810, 28 420, 4116.

R. 98.

15. Le produit de deux nombres pairs consécutifs est toujours divisible par 8, et le produit de trois nombres pairs consécutifs est toujours divisible par 48.

16. Le produit de trois nombres entiers consécutifs est toujours divisible par 6 et le produit de quatre nombres entiers consécutifs est toujours divisible par 24.

17. Faire voir que si l'on divise le produit de deux nombres consécutifs par 2, le quotient est égal à un multiple de 3 ou bien à un multiple de 3 plus 1.

18. Soit un produit de trois facteurs dont le premier est arbitraire : le second se forme en ajoutant l'unité au premier, et le troisième en ajoutant l'unité au double du premier. Démontrer : 1° que ce produit est toujours divisible par 6 ; 2° que le quotient de cette division est égal à un multiple de 5 ou bien à un multiple de 5 augmenté ou diminué d'une unité.

19. Quels sont les caractères de divisibilité par 18, 33, 45, 55 ?

20. Si deux nombres sont premiers entre eux, démontrer que :

1° Leur somme et leur produit, d'une part, leur différence et leur produit, de l'autre, seront aussi des nombres premiers entre eux ;

2° Leur somme et leur différence n'admettront pas de facteur autre que 2.

PROBLÈMES SUR LA DIVISIBILITÉ.

21. Un nombre impair quelconque et la moitié du nombre entier suivant sont deux nombres premiers entre eux.

22. Décomposer en facteurs premiers les nombres

$$
\begin{array}{ll}
74\,256, & R.\quad 2^4 \times 3 \times 7 \times 17 \times 13 \\
83\,076, & R.\quad 2^2 \times 3 \times 7 \times 23 \times 43. \\
124\,146, & R.\quad 2 \times 3^3 \times 11^2 \times 19. \\
165\,048, & R.\quad 2^3 \times 3 \times 13 \times 23^2. \\
164\,928, & R.\quad 2^6 \times 3 \times 859. \\
164\,528, & R.\quad 2^4 \times 7 \times 13 \times 113. \\
790\,920. & R.\quad 2^3 \times 3^2 \times 5 \times 13^3.
\end{array}
$$

23. Former les tableaux des diviseurs de chacun des nombres ci-dessus et dire d'avance combien chacun de ces nombres admet de diviseurs.

24. Former le tableau de tous les diviseurs communs aux nombres 504, 360 et 1056.
   R. 1, 2, 4, 8, 3, 6, 12, 24.

25. Former le tableau de tous les diviseurs communs aux nombres 539, 833 et 5929.
   R. 1, 7, 49.

26. Trouver le plus petit nombre qui admette 12 diviseurs.
   R. 60.

27. Trouver le plus petit nombre qui admette 24 diviseurs.
   R. 360.

28. Trouver le plus petit multiple commun des nombres 45, 72, 88, 144 et 512.
   R. $2^9 \times 3^2 \times 5 \times 11 = 253\,440$.

29. Calculer n sachant que : $3n(n+1) = 5166$.
   R. $n = 41$.

30. Calculer n sachant que le produit $n(n+1)(2n+1)$ est égal à 75 174.
   R. $n = 33$.

31. Trouver le plus petit multiple commun des nombres 7, 35, 49 et 15.
   R. 735.

32. Trouver le plus petit multiple commun des nombres 360, 2024, 48 et 3720.
   R. P. p. m. c. $= 5\,646\,960$.

33. Trouver le plus petit multiple commun des nombres 27 759 et 343 335.
   R. $343\,335 \times 19 = 6\,523\,365$.

34. Trouver le plus petit multiple commun des nombres 49 980, 33 810, 28 420 et 4 116, puis leur plus grand commun diviseur.

R.   P. p. m. c. = 233 356 620.
     P. g. c. d. = 98.

35. Trouver le plus petit multiple commun des nombres 1001, 2233, 539, 1463, puis leur plus grand commun diviseur.

R.   P. p. m. c. = 3 860 857.
     P. g. c. d. = 77.

36. Trouver le plus petit multiple commun des nombres 833, 1127, 1421, 343, puis leur plus grand commun diviseur.

R.   P. p. m. c. = $7^3 \times 17 \times 23 \times 29$.
     P. g. c. d. = 49.

37. L'étendue d'une commune est à la fois un nombre exact de centaines d'arpent et un nombre exact d'hectares : quelle est cette étendue, sachant que le nombre d'hectares est représenté par un nombre de 4 chiffres et celui des arpents par un nombre de cinq chiffres ; l'arpent vaut 51 072 dixièmes de mètre carré et l'hectare vaut 10 000 mètres carrés.

R.   12 500 arpents et 6 384 hectares.

38. Une somme inconnue mais inférieure à 10 000 fr. peut être payée exactement en *florins* (monnaie allemande), en francs, ou bien avec des pièces d'or anglaises appelées *souverains* : quelle est cette somme, sachant que 1 florin vaut 220 centimes et 1 souverain 2512 centimes.

R.   6 908 fr.

39. Démontrer que le carré du produit de tous les diviseurs d'un nombre est égal à ce nombre élevé à une puissance marquée par le nombre des diviseurs.

40. On marque sur une circonférence m points de division, et on les joint de n en n en tournant toujours dans le même sens.

Démontrer :

1° Que si m et n sont premiers entre eux, on reviendra au point de départ après avoir *rencontré* tous les points de division ; on aura ainsi une ligne brisée de m côtés, et on aura fait n fois le tour de la circonférence ;

2° Que si d est le p. g. c. d. de m et n, on reviendra au point de départ après avoir décrit une ligne brisée dont le nombre des côtés est $(m:d)$, et après avoir fait un nombre de tours marqué par $(n:d)$.

LIVRE III.

FRACTIONS.

PRÉLIMINAIRES.

115. On appelle *fraction* une ou plusieurs parties égales de l'unité.

Si, par exemple, on divise une feuille de papier en 8 parties égales, chaque partie sera un *huitième*, et 5 de ces parties forment les *cinq huitièmes* de l'unité.

116. Le *dénominateur* d'une fraction indique en combien de parties égales on a partagé l'unité.

— Le *numérateur* indique combien on a pris de ces parties.

Dans la fraction précédente, *cinq huitièmes*, *huit* est le dénominateur et *cinq* est le numérateur.

Le numérateur et le dénominateur s'appellent, d'un nom commun, *termes* de la fraction.

117. Pour écrire une fraction, on écrit les deux termes l'un au-dessous de l'autre en les séparant par un trait horizontal; la fraction qui précède s'écrit : $\frac{5}{8}$.

L'unité peut s'écrire sous la forme d'une fraction dont le numérateur est égal au dénominateur.

Ainsi chacune des quantités

$$\frac{5}{5}, \frac{8}{8}, \frac{100}{100}$$

vaut l'unité, puisqu'elle renferme toutes les parties nécessaires pour la former.

118. Pour énoncer une fraction, on lit d'abord le numérateur, puis le dénominateur, en donnant à ce dernier la terminaison *ième;* par exemple, pour énoncer $\frac{7}{15}$, on prononce *sept quinzièmes.*

Il n'y a d'exception que si le dénominateur est 2, 3 ou 4, alors on dit *demi, tiers* ou *quart,* au lieu de dire *deuxième, troisième, quatrième.*

119. On appelle *nombre fractionnaire* un nombre entier plus une fraction. Ex. :

$$2 + \frac{5}{6}, \quad 4 + \frac{3}{11}.$$

La notation qui sert à écrire les fractions peut s'étendre aux nombres fractionnaires.

Soit, par exemple, l'expression $2 + \frac{5}{6}$; 2 unités renferment 2 fois 6 sixièmes, ou 12 sixièmes, qui, ajoutés à 5 sixièmes, donnent 17 sixièmes; on écrira donc

$$2 + \frac{5}{6} = \frac{6 \times 2 + 5}{6} = \frac{17}{6}.$$

Tout nombre fractionnaire mis sous cette forme porte plus spécialement le nom d'*expression fractionnaire.* On peut donc donner la règle suivante :

RÈGLE PRATIQUE. — *Pour mettre un nombre fractionnaire sous la forme d'une fraction, on multiplie l'entier par le dénominateur de la fraction complémentaire, et l'on ajoute au produit le numérateur de cette fraction. La somme est le numérateur de l'expression cherchée ; quant au dénominateur, il est le même que celui de la fraction complémentaire.*

120. Réciproquement, *étant donnée une expression fractionnaire, on peut se proposer d'extraire les entiers qui s'y trouvent contenus.*

RÈGLE PRATIQUE. — *On divisera le numérateur par le dénominateur, le quotient est le nombre d'entiers cherché et le reste est le numérateur de la fraction complémentaire.*

Quant au dénominateur de cette fraction, il est le même que celui de l'expression proposée.

Ainsi : $\quad \dfrac{17}{6} = 2 + \dfrac{5}{6}, \quad \dfrac{23}{5} = 4 + \dfrac{3}{5}.$

CHAPITRE PREMIER.

PRINCIPES SUR LES FRACTIONS.

121. PROPOSITION 1. — *Une fraction représente le quotient de son numérateur par son dénominateur.*

Démonstration. — Soit la fraction $\dfrac{5}{9}$; elle représente le quotient de 5 par 9.

En effet, chaque neuvième répété 9 fois reproduit l'unité, donc cinq neuvièmes répétés 9 fois donneront 5 unités, donc $\dfrac{5}{9}$ est le quotient de 5 par 9.

REMARQUE. Le même raisonnement s'applique à une expression fractionnaire. Ainsi $\dfrac{37}{9}$ est le quotient de 37 par 9.

122. *Conséquence.* — On peut employer les fractions pour compléter le quotient d'une division qui ne s'effectue pas exactement.

Soit 68 à diviser par 7 ; le quotient de cette division est

$$\dfrac{68}{7}$$

ou bien, en extrayant les entiers (n° 120),

$$9 + \dfrac{5}{7}.$$

Ainsi *l'on complète le quotient d'une division en écrivant à sa droite une fraction dont le numérateur est le reste et dont le dénominateur est le diviseur.*

123. Proposition II. — *Quand deux fractions ont le même dénominateur, la plus grande est celle qui a le plus grand numérateur; et quand deux fractions ont le même numérateur, la plus grande est celle qui a le plus petit dénominateur.*

Démonstration. — 1° Soient les fractions $\frac{17}{20}$ et $\frac{13}{20}$; le dénominateur étant le même, ces fractions sont composées de parties égales; mais la première en contient 17 et la deuxième n'en contient que 13; donc la première est plus grande que la deuxième.

2° Soient les fractions $\frac{9}{11}$ et $\frac{9}{13}$; elles présentent le même nombre de parties, mais les parties de la première sont plus grandes que celles de la deuxième; donc la première est plus grande que la deuxième.

Conséquence. — On rend une fraction plus grande ou plus petite, selon qu'on augmente son numérateur ou son dénominateur.

124. Proposition III. — *Si l'on multiplie le numérateur d'une fraction par un nombre entier, elle devient ce nombre de fois plus grande. Si l'on multiplie le dénominateur, elle devient ce nombre de fois plus petite.*

Démonstration. — 1° En multipliant le numérateur de la fraction $\frac{2}{7}$ par 3 on obtient $\frac{6}{7}$, fraction trois fois plus grande que la première; en effet, ces deux fractions sont composées de septièmes de l'unité, et la seconde en renferme trois fois plus.

2° En multipliant le dénominateur de la fraction $\frac{2}{9}$ par 5, on obtient $\frac{2}{45}$, fraction cinq fois plus petite que la

SIMPLIFICATION DES FRACTIONS. 103

première; en effet, cette seconde fraction présente bien le même nombre de parties que la première, mais ces parties sont cinq fois plus petites.

125. PROPOSITION IV. — *Si l'on divise le numérateur d'une fraction par un nombre, elle devient ce nombre de fois plus petite. Si l'on divise le dénominateur, elle devient ce nombre de fois plus grande.*

Démonstration. — 1° En divisant le numérateur de la fraction $\frac{6}{11}$ par 3, on obtient $\frac{2}{11}$, fraction trois fois plus petite que la première; en effet, ces fractions sont toutes deux composées de *onzièmes* et la seconde en renferme trois fois moins.

2° En divisant le dénominateur de la fraction $\frac{8}{45}$ par 5, on obtient $\frac{8}{9}$, fraction cinq fois plus grande que la première; en effet, cette seconde fraction présente le même nombre de parties que la première, mais ces parties sont cinq fois plus grandes.

126. PROPOSITION V. — *Si l'on multiplie les deux termes d'une fraction par un même nombre, elle ne change pas de valeur.*

Démonstration. — Soit, par exemple, la fraction $\frac{5}{7}$; en multipliant ses deux termes par 8, on a $\frac{40}{56}$, qui est une fraction de même valeur que la première; car, si elle présente huit fois plus de parties, ces parties sont huit fois plus petites.

127. PROPOSITION VI. — *Si l'on divise les deux termes d'une fraction par un même nombre, elle ne change pas de valeur.*

Démonstration. — Soit la fraction $\frac{40}{56}$; en divisant ses deux termes par 8 on obtient 75, fraction égale à la première ; en effet, si elle présente 8 fois moins de parties, ces parties sont huit fois plus grandes.

128. Proposition VII. — *Quand on ajoute un même nombre aux deux termes d'une fraction, elle devient plus grande ; tandis qu'une expression fractionnaire devient plus petite.*

Démonstration. — 1° Soit la fraction $\frac{13}{19}$; en ajoutant 8 à chacun de ses termes, on obtient $\frac{21}{27}$, fraction plus grande que la première; en effet, il ne lui manque que $\frac{6}{27}$ pour valoir l'unité, tandis qu'il manque $\frac{6}{19}$ à la première ; or $\frac{6}{27}$ sont moindres que $\frac{6}{19}$; donc il manque moins à la deuxième fraction qu'à la première pour valoir l'unité ; donc la deuxième fraction est plus grande que la première.

2° Soit l'expression fractionnaire $\frac{17}{12}$; en ajoutant 20 à chacun des termes, on obtient $\frac{37}{32}$ qui ne surpasse l'unité que de $\frac{5}{32}$, tandis que l'expression donnée surpasse l'unité de $\frac{5}{12}$; or $\frac{5}{32}$ sont moindres que $\frac{5}{12}$; donc la deuxième expression est plus petite que la première.

Autre démonstration. — Soit $\frac{a}{b}$ une fraction aux deux termes de laquelle on ajoute le même nombre entier m. Il faut comparer les deux expressions

$$\frac{a}{b} \text{ et } \frac{a+m}{b+m},$$

ou bien les expressions équivalentes

$$\frac{a\,(b+m)}{b\,(b+m)} \text{ et } \frac{b\,(a+m)}{b\,(b+m)},$$

qui ont le même dénominateur; il suffira donc de comparer les numérateurs de ces dernières,

$$ab + am \text{ et } ab + bm.$$

Comme ab est une partie commune, il suffira de comparer

$$am \text{ et } bm.$$

ou simplement

$$a \text{ et } b.$$

On voit donc que la nouvelle expression sera plus grande ou plus petite que la première suivant que a sera plus petit que b ou plus grand que b.

SIMPLIFICATION DES FRACTIONS.

129. DÉFINITION I. — *Simplifier une fraction, c'est trouver une fraction équivalente dont les termes soient plus petits.*

DÉFINITION II. — *Une fraction est irréductible ou réduite à sa plus simple expression quand on ne peut trouver une fraction de même valeur dont les termes soient plus petits.*

130. PROPOSITION I. — *Lorsque les deux termes d'une fraction sont premiers entre eux, toute fraction équivalente a pour termes des équi-multiples des termes de la fraction proposée.*

Démonstration. — Soit la fraction $\frac{15}{22}$ dont les termes sont premiers entre eux, et $\frac{a}{b}$ une fraction équivalente; je dis que a et b sont respectivement égaux aux produits de 15 et 22 par un même nombre entier m. En effet, l'on a

$$\frac{15}{22} = \frac{a}{b};$$

si l'on multiplie par b les deux termes de $\frac{15}{22}$, on obtiendra (n° 126) la fraction

$$\frac{15 \times b}{22 \times b} \text{ égale à } \frac{15}{22}.$$

De même, en multipliant par 22 les deux termes de $\frac{a}{b}$, on obtiendra la fraction

$$\frac{22 \times a}{22 \times b} \text{ égale à } \frac{a}{b},$$

on pourra donc écrire

$$\frac{15 \times b}{22 \times b} = \frac{22 \times a}{22 \times b};$$

comme ces deux fractions égales ont le même dénominateur, les numérateurs doivent être égaux ; l'on a donc

(1) $\qquad 15 \times b = 22 \times a.$

Ceci posé, 15 divisant le premier membre doit diviser le second qui est le produit de deux facteurs ; mais 15 est premier avec 22, donc 15 divise a, et l'on peut poser

(2) $\qquad a = 15 \times m.$

En remplaçant a par cette valeur dans l'égalité (1) on obtient

$$15 \times b = 22 \times 15 \times m,$$

qui se réduit à

(3) $\qquad b = 22 \times m.$

Les égalités (2), (3) montrent bien que a et b sont des équi-multiples de 15 et de 22.

131. Conséquence. — *Si les deux termes d'une fraction sont premiers entre eux, cette fraction est irréductible.*

Ainsi la fraction $\frac{4}{9}$ est irréductible, puisque les seules fractions équivalentes sont

$$\frac{8}{18}, \frac{12}{27}, \ldots$$

et leurs termes sont plus grands que ceux de $\frac{4}{9}$.

152. Proposition II. — *Pour réduire une fraction à sa plus simple expression, on divise ses deux termes par leur plus grand commun diviseur.*

Démonstration. — En effet, les deux quotients ainsi obtenus sont premiers entre eux (n° 92), et par suite les deux quotients sont les termes d'une fraction irréductible. De plus cette fraction est équivalente à la fraction proposée (n° 127).

Soit, par exemple, la fraction $\frac{1728}{2592}$; le plus grand diviseur commun aux deux termes est 864; les quotients de ces deux termes divisés par 864 sont respectivement 2 et 3, et la fraction proposée se réduit à $\frac{2}{3}$.

Remarque. Dans la pratique on supprime successivement tous les facteurs communs aux deux termes.

Soit la fraction $\frac{210}{360}$; ses deux termes sont divisibles par 10, elle se réduit donc à $\frac{12}{36}$; les termes de cette dernière fraction sont divisibles par 3, elle se réduit donc à $\frac{7}{12}$ et, comme 7 et 12 sont premiers entre eux, cette dernière fraction est irréductible et de même valeur que la fraction proposée.

Réduction des fractions au même dénominateur.

153. Définition. — *Réduire plusieurs fractions au même dénominateur, c'est trouver des fractions équivalentes aux fractions proposées et qui aient même dénominateur.* Il est important que ce dénominateur commun soit le plus petit possible; voici comment on l'obtient.

154. Règle pratique. — *Pour réduire des fractions au plus petit dénominateur commun, on cherche le plus petit* *multiple commun des dénominateurs et l'on divise ce nombre successivement par les dénominateurs des fractions proposées. Enfin l'on multiplie les deux termes de chaque fraction par le quotient correspondant.*

Ex. : Soient les fractions irréductibles

$$\frac{2}{15}, \frac{7}{9}, \frac{13}{20}, \frac{17}{18}$$

à réduire au même dénominateur ; le plus petit multiple commun aux dénominateurs est 180 ; on divise 180 successivement par 15, 9, 20, 18,... d'après la règle indiquée (n° 111), et les quotients respectifs sont

$$12, 20, 9, 10.$$

Multipliant les deux termes de chaque fraction par le quotient correspondant, on obtient

$$\frac{24}{180}, \frac{140}{180}, \frac{117}{180}, \frac{170}{180};$$

ce sont les fractions demandées.

En effet : 1° Ces fractions sont équivalentes aux proposées : ainsi $\frac{24}{180} = \frac{2}{15}$, parce que, pour l'obtenir, on a multiplié les deux termes de $\frac{2}{15}$ par un même nombre 12.

2° Ces fractions ont toutes même dénominateur, c'est le plus petit multiple commun 180. En effet, quand on multiplie 15, par exemple, par le quotient 12 de 180 par 15, on doit reproduire 180.

3° De plus, ce dénominateur commun est le plus petit possible. Nous avons vu (130) que l'on ne peut obtenir des fractions équivalentes à des fractions irréductibles qu'en multipliant par un même nombre les deux termes de chacune d'elles. Par conséquent, si l'on suppose que ces fractions aient été réduites à un même dénominateur, ce dénominateur commun doit être un multiple des nombres

RÉDUCTION DES FRACTIONS AU MÊME DÉNOMINATEUR 109

15, 9, 20 et 18. En prenant pour dénominateur le plus petit multiple commun de ces nombres, on aura le plus petit dénominateur possible.

Soit, comme second exemple, à réduire au même dénominateur les fractions

$$\frac{3}{8},\ \frac{5}{12},\ \frac{17}{18},\ \frac{13}{20},\ \frac{7}{30}.$$

On dispose les calculs de la manière suivante :

Décomposition en facteurs premiers. $\left\{\begin{array}{l} 8 = 2^3 \\ 12 = 2^2 \cdot 3 \\ 18 = 2 \cdot 3^2 \\ 20 = 2^2 \cdot 5 \\ 30 = 2 \cdot 3 \cdot 5 \end{array}\right\}$ P. P. M. C. $= 2^3 \cdot 3^2 \cdot 5$;

les quotients sont

$$3^2 \cdot 5,\quad 2 \cdot 3 \cdot 5,\quad 2^2 \cdot 5,\quad 2 \cdot 3^2,\quad 2^2 \cdot 3,$$

et l'on a

$$\frac{3}{8} = \frac{3 \times 3^2 \cdot 5}{8 \times 3^2 \cdot 5} = \frac{135}{360},$$

$$\frac{5}{12} = \frac{5 \times 2 \cdot 3 \cdot 5}{12 \times 2 \cdot 3 \cdot 5} = \frac{150}{360},$$

$$\frac{17}{18} = \frac{17 \times 2^2 \cdot 5}{18 \times 2^2 \cdot 5} = \frac{340}{360},$$

$$\frac{13}{20} = \frac{13 \times 2 \cdot 3^2}{20 \times 2 \cdot 3^2} = \frac{234}{360},$$

$$\frac{7}{30} = \frac{7 \times 2^2 \cdot 3}{30 \times 2^2 \cdot 3} = \frac{84}{360}.$$

135. REMARQUE I. *Si les dénominateurs des fractions proposées sont premiers entre eux deux à deux, on multiplie les deux termes de chaque fraction par le produit des dénominateurs de toutes les autres.*

En effet, le plus petit commun multiple des dénominateurs est alors égal à leur produit.

110 RÉDUCTION DES FRACTIONS AU MÊME DÉNOMINATEUR.

Ex. : Les fractions
$$\frac{8}{9}, \frac{2}{7}, \frac{4}{5}$$
sont égales respectivement à
$$\frac{8 \times 7 \times 5}{9 \times 7 \times 5}, \frac{2 \times 9 \times 5}{7 \times 9 \times 5}, \frac{4 \times 9 \times 7}{5 \times 9 \times 7},$$
c'est-à-dire à
$$\frac{280}{315}, \frac{90}{315}, \frac{252}{315}.$$

156. REMARQUE II. *Si le plus grand dénominateur des fractions proposées est divisible par chacun des autres, on effectue ces divisions, et l'on multiplie les deux termes de chaque fraction par le quotient qui lui correspond.*

En effet, ce plus grand dénominateur est le plus petit multiple de tous les dénominateurs.

Ex. : Soient les fractions
$$\frac{7}{12}, \frac{3}{4}, \frac{2}{3}, \frac{5}{6};$$
12 est le plus petit multiple commun, et les quotients sont
$$1, 3, 4, 2;$$
par suite les fractions proposées deviennent
$$\frac{7}{12}, \frac{9}{12}, \frac{8}{12}, \frac{10}{12}.$$

137. *Pour comparer deux fractions, on les réduit au même dénominateur; celle qui, après cette transformation, a le plus grand numérateur est la plus grande.*

Ainsi $\frac{3}{14}$ est plus petit que $\frac{7}{29}$, car
$$\frac{3}{14} = \frac{3 \times 29}{14 \times 29} = \frac{87}{14 \times 29},$$
$$\frac{7}{29} = \frac{7 \times 14}{29 \times 14} = \frac{98}{14 \times 29}.$$

REMARQUE. Quelquefois ce calcul préliminaire est inutile. Ainsi, la fraction $\frac{7}{11}$ est plus grande que $\frac{3}{15}$, car elle contient plus de parties et ces parties sont plus grandes.

Soient encore les deux fractions $\frac{12}{13}$ et $\frac{17}{18}$; la première est la plus petite, car

$$\frac{17}{18} = \frac{12+5}{13+5},$$

et l'on sait qu'une fraction augmente quand on ajoute un même nombre à ses deux termes (n° 128).

CHAPITRE II.

OPÉRATIONS SUR LES FRACTIONS.

ADDITION.

138. Cette opération se présente dans des questions analogues à celle-ci : on a plusieurs longueurs, l'une égale au tiers du mètre, l'autre égale au quart....; il s'agit de trouver, sans nouvelle mesure, la fraction de mètre obtenue en mettant ces longueurs l'une à la suite de l'autre.

139. RÈGLE PRATIQUE. — 1° *Pour ajouter des fractions qui ont le même dénominateur, il suffit de faire la somme de leurs numérateurs, et de la diviser par le dénominateur commun.* Ex. :

$$\frac{7}{11} + \frac{3}{11} + \frac{8}{11} + \frac{5}{11} = \frac{23}{11} = 2 + \frac{1}{11}.$$

2° *Si les fractions n'ont pas le même dénominateur,*

ADDITION DES FRACTIONS.

on commence par les y réduire; on rentre alors dans le cas précédent.

Ex. 1: Soit à ajouter les fractions

$$\frac{2}{3}, \ \frac{3}{4}, \ \frac{2}{5};$$

en les réduisant au même dénominateur et les séparant par le signe +, on a

$$\frac{40}{60} + \frac{45}{60} + \frac{24}{60} = \frac{40 + 45 + 24}{60} = \frac{109}{60} = 1 + \frac{49}{60}.$$

Ex. II : Soit à trouver la somme des fractions

$$\frac{3}{4}, \ \frac{7}{12}, \ \frac{19}{24}, \ \frac{13}{16}, \ \frac{5}{8};$$

le plus petit multiple commun des dénominateurs est 48, on le prend pour dénominateur commun, et ces fractions deviennent :

$$\frac{36}{48}, \ \frac{28}{48}, \ \frac{38}{48}, \ \frac{39}{48}, \ \frac{30}{48};$$

la somme est

$$\frac{171}{48} = 3 + \frac{27}{48} \text{ ou } 3 + \frac{9}{16}.$$

140. *Pour ajouter plusieurs nombres fractionnaires, on fait d'abord la somme des fractions; de cette somme on extrait les unités qu'on joint aux unités des nombres proposés.*

Ex. I : Soit proposé de trouver la somme des nombres

$$3 + \frac{2}{11}, \ 4 + \frac{7}{11}, \ 9 + \frac{3}{11}, \ 8 + \frac{4}{11};$$

on réunit d'abord les fractions, et l'on a

$$\frac{2}{11} + \frac{7}{11} + \frac{3}{11} + \frac{4}{11} = \frac{16}{11} = 1 + \frac{5}{11};$$

on écrit $\frac{5}{11}$, et l'on ajoute 1 aux entiers, ce qui donne 25; la somme cherchée est donc $25 + \frac{5}{11}$.

Ex. II : Soit à faire la somme des nombres

$$3 + \frac{2}{3}, \quad 9 + \frac{7}{8}, \quad 6 + \frac{1}{4}, \quad 11 + \frac{5}{6}.$$

On réduit les fractions $\frac{2}{3}, \frac{7}{8}, \frac{1}{4}, \frac{5}{6}$ au même dénominateur, et on fait leur somme :

$$\frac{16}{24} + \frac{21}{24} + \frac{6}{24} + \frac{20}{24} = \frac{63}{24} = 2 + \frac{15}{24}.$$

Après avoir écrit $\frac{15}{24}$, on ajoute 2 aux entiers, ce qui donne pour la somme cherchée

$$31 + \frac{15}{24} \text{ ou } 31 + \frac{5}{8}.$$

SOUSTRACTION

141. Cette opération se présente dans des questions analogues à celles-ci : on a deux longueurs, l'une égale au tiers du mètre, l'autre au cinquième ; il s'agit de **trouver, sans nouvelle mesure, la fraction de mètre qui représente la différence de ces deux longueurs**.

142. RÈGLE PRATIQUE. — 1° *Pour trouver la différence de deux fractions ayant même dénominateur, il suffit de calculer la différence de leurs numérateurs et de la diviser par le dénominateur commun.* Ex. :

$$\frac{7}{9} - \frac{4}{9} = \frac{3}{9} = \frac{1}{3}.$$

2° *Si les fractions n'ont pas même dénominateur, il faut les y réduire, et l'on rentre alors dans le cas précédent.* Ex. :

$$\frac{8}{9} - \frac{2}{5} = \frac{40}{45} - \frac{18}{45} = \frac{22}{45}.$$

143. *Pour trouver la différence entre deux expressions fractionnaires, on fait séparément la soustraction des fractions, puis celle des entiers.* Ex. :

$$6 + \frac{5}{7} - \left(2 + \frac{3}{7}\right) = (6-2) + \left(\frac{5}{7} - \frac{3}{7}\right) = 4 + \frac{2}{7}.$$

Remarque. Dans ce dernier cas, lorsque la fraction à soustraire est la plus grande, on ajoute 1 à l'autre fraction et l'on diminue d'une unité le nombre dont on soustrait.

Ex. I : Soit à calculer la différence

$$\left(9 + \frac{5}{14}\right) - \left(4 + \frac{13}{14}\right);$$

comme $\frac{5}{14}$ est plus petit que $\frac{13}{14}$, on écrit

$$9 + \frac{5}{14} = 8 + \frac{14}{14} + \frac{5}{14} = 8 + \frac{19}{14},$$

et la différence est égale à

$$\left(8 + \frac{19}{14}\right) - \left(4 + \frac{13}{14}\right) = 4 + \frac{6}{14} = 4 + \frac{3}{7}.$$

Ex. II : On trouverait de même

$$\left(17 + \frac{2}{3}\right) - \left(12 + \frac{6}{7}\right) = \left(17 + \frac{14}{21}\right) - \left(12 + \frac{18}{21}\right);$$

ce qui peut s'écrire

$$\left(16 + \frac{35}{21}\right) - \left(12 + \frac{18}{21}\right) = 4 + \frac{17}{21}.$$

Ex. III : Soit encore à calculer la différence

$$24 - \left(17 + \frac{4}{13}\right);$$

elle est égale à

$$\left(23 + \frac{13}{13}\right) - \left(17 + \frac{4}{13}\right) = 6 + \frac{9}{13}.$$

MULTIPLICATION

144. Définition. — *La multiplication des fractions a pour but, étant données deux fractions, l'une appelée* MULTIPLICANDE, *l'autre appelée* MULTIPLICATEUR, *d'en trouver une troisième qui soit formée avec le multiplicande de la même manière que le multiplicateur l'est avec l'unité.*

Ainsi multiplier $\frac{2}{7}$ par $\frac{3}{4}$, c'est trouver une fraction qui soit formée avec $\frac{2}{7}$ comme $\frac{3}{4}$ est formée avec l'unité ; *il faut donc prendre trois fois le quart du multiplicande.*

Cette définition renferme celle de la multiplication des nombres entiers ; en l'appliquant au produit 7×4, on dira : multiplier 7 par 4 c'est trouver un nombre qui soit formé avec 7 comme 4 est formé avec l'unité ; or 4 est égal à l'unité répétée 4 fois, le produit doit donc être égal à 4 fois 7.

145. 1ᵉʳ cas. — *Pour multiplier une fraction par un nombre entier, on multiplie le numérateur par ce nombre entier et l'on divise le produit par le dénominateur ; mais avant de faire cette division, il faut supprimer les facteurs communs aux deux termes.*

Soit, par exemple, $\frac{3}{5}$ à multiplier par 4, le produit sera

$$\frac{3 \times 4}{5} = \frac{12}{5};$$

en effet, nous avons vu (n° 124) qu'en multipliant le numérateur d'une fraction par un nombre, on la rendait ce nombre de fois plus grande.

Remarque. Si le dénominateur est un multiple du nombre entier, il suffit de diviser le dénominateur par ce nombre. Ex. :

$$\frac{5}{18} \times 3 = \frac{5}{6},$$

car en divisant par 3 le dénominateur de $\frac{5}{18}$, on rend cette fraction 3 fois plus grande (n° 125).

146. 2ᵉ cas. — *Pour multiplier un nombre entier par une fraction, il faut multiplier ce nombre par le numérateur et diviser le produit par le dénominateur.*

Soit, par exemple, 8 à multiplier par $\frac{3}{5}$; cela veut dire qu'il faut former un produit qui soit composé avec 8 de la même manière que $\frac{3}{5}$ l'est avec l'unité ; mais $\frac{3}{5}$ est égal à 3 fois le cinquième de l'unité, donc le produit sera 3 fois le cinquième de 8 ; or, le cinquième de 8 est $\frac{8}{5}$; multipliant ce résultat par 3, on obtient pour le produit cherché :

$$\frac{8 \times 3}{5} = \frac{24}{5} = 4 + \frac{4}{5}.$$

Autres exemples :

1° $\quad 90 \times \frac{8}{15} = \frac{90 \times 8}{15} = 6 \times 8 = 48;$

2° $\quad 29 \times \frac{3}{4} = \frac{29 \times 3}{4} = \frac{87}{4} = 21 + \frac{3}{4}.$

MULTIPLICATION DES FRACTIONS.

147. 3ᵉ CAS. — *Pour multiplier deux fractions l'une par l'autre, il faut diviser le produit de leurs numérateurs par celui de leurs dénominateurs.*

Soit, par exemple, à multiplier $\frac{4}{5}$ par $\frac{3}{7}$; il faut prendre les $\frac{3}{7}$ du multiplicande. Or le septième du multiplicande est (n° 124) :

$$\frac{4}{5 \times 7};$$

les $\frac{3}{7}$ vaudront 3 fois plus, c'est-à-dire

$$\frac{4 \times 3}{5 \times 7} = \frac{12}{35}.$$

REMARQUE I. Cette dernière règle renferme les précédentes, si l'on considère les facteurs entiers comme des fractions dont le dénominateur est l'unité. Ex. :

$$\frac{8}{9} \times 7 = \frac{8}{9} \times \frac{7}{1} = \frac{56}{9} = 6 + \frac{2}{9}.$$

REMARQUE II. *Si les facteurs sont des nombres fractionnaires, on les met sous la forme de fraction, et l'on applique la règle précédente.* Soit à faire le produit

$$\left(7 + \frac{2}{3}\right) \times \left(3 + \frac{4}{5}\right);$$

on le ramène au suivant

$$\frac{23}{3} \times \frac{19}{5},$$

qui est égal à

$$\frac{23 \times 19}{3 \times 5} = \frac{437}{15} = 29 + \frac{2}{15}.$$

REMARQUE III. Quand on multiplie par une fraction, le produit doit être plus petit que le multiplicande, puisqu'on ne prend du multiplicande qu'une fraction marquée par le multiplicateur.

Ainsi le produit $12 \times \dfrac{5}{6}$ est égal seulement à 10, parce que l'on ne prend que 5 fois la sixième partie de 12.

148. Définition. — *Le produit de plusieurs fractions* s'appelle souvent *fraction de fraction ;* tel est le produit

$$\frac{2}{3} \times \frac{4}{5} \times \frac{3}{7},$$

qui est égal aux $\dfrac{3}{7}$ des $\dfrac{4}{5}$ de $\dfrac{2}{3}$.

De ce qui précède, il résulte que, *pour obtenir le produit de plusieurs fractions, il faut diviser le produit des numérateurs par celui des dénominateurs ; mais avant d'effectuer les calculs, on doit supprimer tous les facteurs communs aux deux termes.*

Par exemple :

$$\frac{2}{3} \times \frac{4}{5} \times \frac{3}{7} \times \frac{13}{16} \times \frac{7}{12} = \frac{2 \times 4 \times 3 \times 13 \times 7}{3 \times 5 \times 7 \times 16 \times 12}.$$

En effet, le produit de $\dfrac{2}{3}$ par $\dfrac{4}{5}$ est égal à $\dfrac{2 \times 4}{3 \times 5}$; en multipliant ce résultat par $\dfrac{3}{7}$ on obtient $\dfrac{2 \times 4 \times 3}{3 \times 5 \times 7}$, et ainsi de suite.

On abrége beaucoup les calculs indiqués en supprimant les facteurs 2, 4, 3, 7, communs aux deux termes ; le produit ci-dessus se réduit à

$$\frac{13}{5 \times 2 \times 12} = \frac{13}{120}.$$

Autres exemples. — 1° Soit à effectuer le produit

$$\left(2 + \frac{3}{4}\right) \times \left(2 + \frac{5}{12}\right) \times \frac{3}{14} \times 21 \times \frac{19}{29} ;$$

il est égal à

$$\frac{11}{4} \times \frac{29}{12} \times \frac{3}{14} \times 21 \times \frac{19}{29},$$

ou bien à

$$\frac{11 \times 29 \times 3 \times 21 \times 19}{4 \times 12 \times 14 \times 29},$$

et, en supprimant les facteurs 3, 7, 29, on trouve

$$\frac{11 \times 3 \times 19}{4 \times 4 \times 2} = \frac{627}{32} = 19 + \frac{19}{32}.$$

2° Soit à trouver les $\frac{2}{3}$ des $\frac{4}{5}$ des $\frac{15}{16}$ des $\frac{4}{7}$ de 49 ; le calcul de cette fraction de fraction revient à effectuer le produit

$$49 \times \frac{4}{7} \times \frac{15}{16} \times \frac{4}{5} \times \frac{2}{3},$$

qui est égal à

$$\frac{49 \times 4 \times 15 \times 4 \times 2}{7 \times 16 \times 5 \times 3}.$$

Avant de faire les calculs, il faut supprimer les facteurs 7, 4, 4, 5 et 3 communs aux deux termes; l'expression se réduit alors à

$$\frac{7 \times 2}{1} = 14.$$

149. Voici l'avantage qui résulte de l'extension donnée au sens du mot produit (n° 144) :

Soit à calculer le prix d'une étoffe dont le mètre coûte 6 fr. ; on obtiendra le prix de 2^m en multipliant 6 par 2, celui d'un tiers de mètre en divisant 6 par 3, celui des $\frac{2}{3}$ d'un mètre en divisant 6 par 3 et répétant 2 fois le quotient de cette division.

Donc, suivant les valeurs particulières des données, il faut faire ici, tantôt une multiplication, tantôt une division, tantôt ces deux calculs à la fois et l'on ne peut formuler de règle simple pour résoudre des questions identiques.

Au contraire, si l'on convient d'appeler multiplication de 12 par $\frac{2}{3}$ le calcul qui donne les $\frac{2}{3}$ de 12, on a cette règle unique pour résoudre tous les problèmes énoncés au n° 40 : il faut multiplier la valeur d'une des unités (ici, le prix d'un mètre d'étoffe) par le nombre de ces unités, que ce nombre soit entier ou fractionnaire.

DIVISION.

La définition de la division des fractions est la même que celle de la division des nombres entiers (n° 47).

150. 1ᵉʳ CAS. — *Pour diviser une fraction par un nombre entier, il faut multiplier son dénominateur par ce nombre entier.*

Soit $\frac{5}{7}$ à diviser par 3, le quotient sera $\frac{5}{7 \times 3} = \frac{5}{21}$.

En effet, nous avons vu (n° 124), qu'on rend une fraction 3 fois plus petite en multipliant par 3 son dénominateur.

REMARQUE. On peut aussi diviser le numérateur par le nombre entier lorsque cette division est possible (n° 125).

Ex. : $\frac{6}{7} : 3 = \frac{2}{7}$.

151. 2ᵉ CAS. — *Pour diviser un nombre quelconque par une fraction, il faut multiplier ce nombre par la fraction diviseur renversée.*

1° Soit 5 à diviser par $\frac{2}{3}$; je dis que le quotient est $5 \times \frac{3}{2}$.

En effet, il faut trouver un nombre qui, multiplié par $\frac{2}{3}$,

DIVISION DES FRACTIONS.

reproduise 5, donc 5 est les $\frac{2}{3}$ du quotient cherché ; le tiers du quotient vaut 2 fois moins, c'est-à-dire $\frac{5}{2}$; et ses 3 tiers, ou ce quotient lui-même, valent 3 fois plus, c'est-à-dire

$$\frac{5 \times 3}{2}.$$

2° Soit $\frac{9}{11}$ à diviser par $\frac{3}{22}$; le quotient est $\frac{9}{11} \times \frac{22}{3}$; en effet, répétant le même raisonnement que ci-dessus, on voit que $\frac{9}{11}$ est les $\frac{3}{22}$ du quotient ; par suite

$$\frac{1}{22} \text{ du quotient est } \frac{9}{11 \times 3},$$

et les $\frac{22}{22}$ du quotient, c'est-à-dire ce quotient, vaudront

$$\frac{9 \times 22}{11 \times 3}.$$

On simplifie cette expression en supprimant les facteurs 11 et 3 communs aux deux termes, et le quotient cherché est égal à

$$3 \times 2 = 6.$$

REMARQUE I. Lorsqu'on divise par une fraction, le quotient est plus grand que le dividende.

En effet, on doit obtenir le dividende en prenant de ce quotient une fraction marquée par le diviseur.

REMARQUE II. *Pour diviser deux nombres fractionnaires l'un par l'autre, on met le dividende et le diviseur sous forme de fraction et l'on applique la règle précédente.*

Ainsi la division

$$\left(7 + \frac{2}{3}\right) : \left(5 + \frac{4}{9}\right)$$

revient à la suivante

$$\frac{23}{3} : \frac{49}{9},$$

et le quotient cherché est

$$\frac{23 \times 9}{3 \times 49} = \frac{23 \times 3}{49} = \frac{69}{49} = 1 + \frac{20}{49}.$$

152. Les propositions énoncées aux n°ˢ 42, 43, 44, 55 et 56 et qui sont relatives à la multiplication et à la division des nombres entiers, peuvent aussi s'étendre aux fractions.

Démontrons, par exemple, que *l'on n'altère pas un produit de plusieurs fractions en intervertissant l'ordre des facteurs*, et que l'on a l'égalité

(1) $$\frac{7}{11} \times \frac{2}{3} \times \frac{5}{7} \times \frac{4}{9} = \frac{4}{9} \times \frac{2}{3} \times \frac{7}{11} \times \frac{5}{7}.$$

En effet, le produit indiqué dans le premier membre de cette égalité est égal à

(2) $$\frac{7 \times 2 \times 5 \times 4}{11 \times 3 \times 7 \times 9}$$

et le produit qui est indiqué dans le second est égal à

(3) $$\frac{4 \times 2 \times 7 \times 5}{9 \times 3 \times 11 \times 7},$$

mais nous avons vu (n° 42) que

$$7 \times 2 \times 5 \times 4 = 4 \times 2 \times 7 \times 5$$

et que

$$11 \times 3 \times 7 \times 9 = 9 \times 3 \times 11 \times 7.$$

Ainsi les numérateurs des expressions (2) et (3) sont égaux, et leurs dénominateurs le sont aussi ; ces deux expressions ont donc la même valeur, et l'égalité (1) est démontrée.

PROBLÈMES

SUR LES FRACTIONS ORDINAIRES.

1. Trouver une fraction équivalente à $\frac{2}{3}$, et dont le dénominateur soit 36.

$$R.\ \frac{24}{36}.$$

2. Trouver une fraction équivalente à $\frac{3}{25}$, et dont le dénominateur soit formé d'un 7 suivi de plusieurs zéros.

$$R.\ \frac{84}{700}.$$

3. Trouver une fraction équivalente à $\frac{5}{7}$, et telle que la somme de ses deux termes soit égale à 108.

$$R.\ \frac{45}{63}.$$

4. Quelle est la fraction équivalente à $\frac{8}{11}$ dont la différence des termes soit 45 ?

$$R.\ \frac{120}{165}.$$

5. La hauteur de la plus élevée des montagnes du globe (un des pics de l'Himalaya) est 8588 mètres. Quelle fraction du rayon de la terre représente cette hauteur, sachant que ce rayon est 6366000 mètres. Trouver de plus deux fractions ayant pour numérateurs l'unité, pour dénominateurs deux nombres entiers consécutifs et qui comprennent entre elles la fraction demandée.

$$R.\ \frac{1}{741}\ \text{et}\ \frac{1}{742}.$$

6. Simplifier les fractions

$$\frac{7}{84},\ \frac{15}{132},\ \frac{140}{315},\ \frac{360}{660},\ \frac{2310}{3570},\ \frac{4620}{39270}.$$

$$R.\ \frac{1}{12},\ \frac{5}{44},\ \frac{4}{9},\ \frac{6}{11},\ \frac{11}{17},\ \frac{2}{17}.$$

7. Simplifier les fractions

$$\frac{52}{91}, \quad \frac{30}{555}, \quad \frac{3510}{8190}, \quad \frac{12236}{94829}, \quad \frac{3679920}{32137968}, \quad \frac{8325}{268380}.$$

R. $\dfrac{4}{7}, \quad \dfrac{2}{37}, \quad \dfrac{3}{7}, \quad \dfrac{4}{31}, \quad \dfrac{15}{131}, \quad \dfrac{185}{5964}.$

8. Réduire au même dénominateur les fractions

$$\frac{2}{3}, \quad \frac{4}{183}, \quad \frac{55}{1182}.$$

R. $\dfrac{48008}{72102}, \quad \dfrac{1576}{72102}, \quad \dfrac{3355}{72102}.$

9. Réduire au même dénominateur les fractions

$$\frac{5}{12}, \quad \frac{13}{20}, \quad \frac{3}{8}, \quad \frac{2}{3}, \quad \frac{7}{30}, \quad \frac{17}{18}.$$

R. $\dfrac{150}{360}, \quad \dfrac{234}{360}, \quad \dfrac{135}{360}, \quad \dfrac{240}{360}, \quad \dfrac{84}{360}, \quad \dfrac{340}{360}.$

10. Un homme adulte fait environ 17 inspirations par minute en introduisant chaque fois les $\dfrac{5}{7}$ d'un litre d'air dans ses poumons; quel est le volume d'air introduit en 24 heures?

R. $17485^{\text{lit}} + \dfrac{5}{7}.$

11. Une règle AB est exactement divisée en millimètres; on veut lui comparer une autre règle A'B' également divisée en parties égales, et connaître en millimètres la valeur d'une des divisions de cette dernière. Pour cela on place les deux règles l'une contre l'autre, et l'on fait coïncider exactement les extrémités A et A' des deux règles; puis on examine à la loupe quels sont les traits qui coïncident.

Un premier observateur juge que la division 164 de AB coïncide avec la division 187 de A'B': un second observateur croit voir que ce sont les divisions 165 et 188 qui coïncident. Quelle est la valeur d'une division de A'B', et quelle est l'erreur possible dans cette évaluation?

R. $\dfrac{164^{\text{mm}}}{187}$; erreur $= \dfrac{23}{187 \times 188}.$

12. Un ouvrier fait 9 mètres d'ouvrage en 4 jours; un deuxième en fait $15^{\text{m}}\dfrac{1}{2}$ en 7 jours; un troisième en fait $11^{\text{m}}\dfrac{2}{3}$ en 4 jours $\dfrac{1}{2}$; et un quatrième en fait 13^m en 5 jours $\frac{1}{4}$. On demande combien ces quatre ouvriers réunis feront de mètres en 36 jours?

R. 343^m $\frac{4}{21}$.

13. Trouver un nombre tel qu'en ajoutant ses $\frac{3}{4}$ et ses $\frac{2}{5}$ au triple de ce nombre, on obtienne 664 pour résultat?

R. 160.

14. Trouver un nombre dont la moitié, les $\frac{2}{3}$, les $\frac{3}{4}$ réunis forment 138.

R. 72.

15. Trouver un nombre tel qu'en lui ajoutant ses $\frac{5}{11}$, on obtienne 272 pour résultat?

R. 187.

16. Une personne se met au jeu et perd dans une première partie les $\frac{2}{5}$ de son argent, puis dans une seconde elle gagne la moitié de ce qui lui restait après la première : sachant qu'elle avait alors 36 fr., combien avait-elle d'argent avant de jouer?

R. 40^f.

17. Une fontaine fournit 35 hectolitres d'eau en 4 heures; une deuxième, 57 hectolitres en 7 h. $\frac{1}{2}$; une troisième, 84 hectolitres $\frac{3}{4}$ en 11 heures; une quatrième, 67 hectolitres $\frac{2}{3}$ en 6 h. $\frac{1}{2}$. Combien ces quatre fontaines réunies emploieraient-elles d'heures pour remplir un bassin de 217 mètres cubes, sachant qu'un mètre cube contient 10 hectolitres?

R. 62^h 57^m 46^s.

18. Un propriétaire veut faire creuser un fossé; un entrepreneur promet de le faire en 30 jours, un second en 28 jours, un troisième en 24 jours. Ce propriétaire fait travailler les trois entrepreneurs à la fois; combien emploieront-ils de jours pour creuser le fossé?

R. 9^j + $\frac{1}{31}$.

19. Quel est le nombre qui, augmenté de 16, devient égal aux $\frac{7}{3}$ de sa valeur primitive?

R. 12.

20. On achète une pièce d'étoffe à raison de 7 fr. les 5 mètres, on la revend 16 francs les 11 mètres et l'on gagne 24 francs. Quelle est la longueur de la pièce d'étoffe?

R. 440 mètres.

21. Partager 520 francs en trois parties telles que la première soit les $\frac{5}{7}$ de la seconde, et que la troisième soit double de la seconde.

R. 100 fr., 140 fr., 280 fr.

22. Un père et son fils creusent un fossé; ensemble ils le termineraient en 15 jours. Après y avoir travaillé tous deux pendant 6 jours, le fils seul achève le fossé en 30 jours. Combien chacune de ces personnes mettrait-elle pour creuser séparément le fossé?

R. Le père, 21 j. $+\frac{3}{7}$; le fils, 50 j.

23. Une balle élastique rebondit chaque fois à une hauteur égale aux $\frac{2}{5}$ de la hauteur d'où elle est tombée. Après avoir rebondi 3 fois, elle s'élève à 24 centimètres, calculer en centimètres la hauteur d'où la balle était tombée primitivement?

R. 375^{cm}.

24. Un tonneau contient 210 litres de vin; on en tire 45 litres que l'on remplace par une quantité égale d'eau; on en tire de même 45 litres que l'on remplace par une quanté égale d'eau; on répète une troisième fois la même opération et l'on demande combien le tonneau contient alors d'eau et de vin?

R. Eau, 108 lit. $+\frac{27}{196}$; vin, 101 lit. $+\frac{169}{196}$.

25. L'année se compose de 365 jours et $\frac{1}{4}$; et une lunaison (intervalle de temps qui sépare deux pleines lunes ou deux nouvelles lunes consécutives) est égale à 29 j. $+\frac{499}{940}$. On demande de déterminer le

plus petit intervalle de temps qui soit à la fois un nombre exact d'années et un nombre exact de lunaisons.

R. 19 ans ou 235 lunaisons.

26. Les deux aiguilles d'une montre sont sur midi, quand se rencontreront-elles de nouveau ?

R. La 1re rencontre a lieu à $1^h 5^m 27^s + \dfrac{3}{11}$.

27. Une montre porte, outre les aiguilles des heures et des minutes, une troisième aiguille qui marque les secondes; elle marque midi. A quelle heure se rencontreront: 1° l'aiguille des heures et celle des secondes; 2° l'aiguille des minutes et celle des secondes; 3° les trois aiguilles ?

R. 1° $1^m + \dfrac{1}{719}$; 2° $1^m + \dfrac{1}{59}$; 3° 12^h.

28. Une règle AB exactement divisée en millimètres est placée entre deux autres A'B' et A"B" divisées en parties égales : les divisions de A'B' sont toutes égales à $\dfrac{15^{mm}}{16}$; celles de A"B" sont toutes égales à $\dfrac{27^{mm}}{28}$. On suppose que les trois extrémités A, A', A" coïncident exactement, et l'on demande : 1° quel est sur AB le premier trait qui sera juste dans l'alignement de deux traits appartenant aux autres règles; 2° quels seraient sur A'B' et A"B" les premiers traits en coïncidence si ces deux règles immédiatement placées l'une contre l'autre avaient une extrémité commune ?

R. 135^{mm}.

29. Démontrer que le plus petit multiple commun de plusieurs fractions irréductibles $\dfrac{a}{b}, \dfrac{c}{d}, \dfrac{e}{f}, \ldots$ est une fraction irréductible dont le numérateur est le plus petit multiple commun des numérateurs $a, c, e, \ldots$ et dont le dénominateur est le plus grand diviseur commun des dénominateurs $b, d, f, \ldots$ des fractions proposées. — Résoudre le problème précédent en faisant usage de cette proposition.

30. Si les dénominateurs de deux fractions irréductibles sont premiers entre eux, la somme ou la différence de ces deux fractions est aussi une fraction irréductible.

CHAPITRE III.

FRACTIONS DÉCIMALES.

153. Définition. Une *fraction décimale* est une fraction dont le dénominateur est une puissance de 10. Ex. :

$$\frac{5}{10}, \quad \frac{251}{1\,000}.$$

On appelle *nombre décimal* la somme d'un nombre entier et d'une fraction décimale. Ex. :

$$4 + \frac{5}{10}.$$

154. Une fraction décimale peut être regardée comme un nombre décimal dont la partie entière est nulle ; aussi, par la suite, nous appellerons indistinctement *nombre décimal* une quantité décimale quelconque plus grande ou plus petite que l'unité.

Les fractions $\frac{1}{10}, \frac{1}{100}, \frac{1}{1000}$ ... qui sont de dix en dix fois plus petites s'appellent *parties décimales* de l'unité.

Notation particulière aux fractions décimales.

155. Proposition I. — *Toute fraction décimale est la somme de parties décimales de l'unité, et le nombre de chacune de ces parties est inférieur à 10.*

Démonstration. — Soit la fraction décimale $\frac{3256}{10\,000}$; elle est égale à

$$\frac{3000}{10\,000} + \frac{200}{10\,000} + \frac{50}{10\,000} + \frac{6}{10\,000};$$

on peut simplifier ces fractions en divisant les deux termes de chacune par une même puissance de 10, et l'on aura

$$\frac{3256}{10000} = \frac{3}{10} + \frac{2}{100} + \frac{5}{1000} + \frac{6}{10000};$$

l'on voit donc que la fraction proposée est la somme de parties décimales et que le nombre de chacune d'elles est inférieur à 10.

156. PROPOSITION II. — *Si l'on étend aux parties décimales de l'unité la convention fondamentale de la numération écrite* (n° 15), *on peut écrire les nombres décimaux sous la même forme que les nombres entiers sans employer un dénominateur.*

Démonstration. — En effet, en généralisant cette convention que tout chiffre placé à la droite d'un autre exprime des unités dix fois plus petites que cet autre, on voit qu'un chiffre placé à la droite du chiffre des unités représentera des *dixièmes*, qu'un chiffre placé à la droite du chiffre des dixièmes représentera des *centièmes*, et ainsi de suite. Il ne reste plus qu'à distinguer les entiers de la partie décimale; pour cela, on laisse entre le chiffre des unités et celui des dixièmes l'intervalle que pourrait occuper un chiffre et l'on y met une virgule. Ex. :

$$3 + \frac{5}{10} = 3,5;$$

$$7 + \frac{251}{1000} = 7 + \frac{2}{10} + \frac{5}{100} + \frac{1}{1000} = 7,251.$$

Si les entiers manquaient dans le nombre décimal, on les remplacerait par un zéro. Ex. :

$$\frac{3256}{10000} = \frac{3}{10} + \frac{2}{100} + \frac{5}{1000} + \frac{6}{10000} = 0,3256.$$

Si quelques parties décimales manquaient, on les remplacerait par des zéros. Ex. :

$$8 + \frac{51}{10000} = 8 + \frac{5}{1000} + \frac{1}{10000} = 8,0051.$$

REMARQUE. — Les chiffres à droite de la virgule sont les *chiffres décimaux;* on les appelle aussi *figures décimales* ou simplement *décimales.*

Conséquence. — Pour écrire une fraction décimale sans employer de dénominateur, on écrit le numérateur de la fraction et l'on sépare sur la droite de ce nombre, par une virgule, autant de chiffres décimaux que le dénominateur renferme de zéros.

S'il y avait des entiers joints à la fraction, on les écrirait à gauche de la virgule. Ex. :

$$\frac{345}{1000} = 0,345 \; ; \quad 7 + \frac{68}{100} = 7,68.$$

Réciproquement. — Pour écrire sous forme d'expression fractionnaire un nombre décimal écrit sans dénominateur, on prend pour numérateur le nombre entier obtenu en effaçant la virgule, et pour dénominateur l'unité suivie d'autant de zéros qu'il y a de chiffres décimaux à droite de la virgule.

Ainsi 7,821 s'écriront

$$\frac{7821}{1000},$$

ou bien, en mettant le nombre entier en évidence,

$$7 + \frac{821}{1000}.$$

157. PROPOSITION III. — *On ne change pas la valeur d'un nombre décimal en écrivant ou en supprimant un ou plusieurs zéros à la droite.*

Démonstration. — Soit la fraction 0,536; en écrivant un zéro à sa droite, on obtient la fraction 0,5360 qui est égale à la première. En effet, ces deux fractions renferment le même nombre de dixièmes, le même nombre de centièmes et le même nombre de millièmes.

158. PROPOSITION IV. — *Si dans un nombre décimal on avance la virgule de un, de deux, de trois,... rangs vers la droite, on multiplie ce nombre par 10, 100, 1 000,...*

Démonstration. — Soit le nombre 4,319 : en avançant la virgule de deux rangs, on obtient 431,9 qui est un nombre cent fois plus grand que le premier ; en effet, le 4 qui exprimait des unités, exprime maintenant des centaines ; or 4 centaines sont cent fois plus grandes que 4 unités ; de même chacun des autres chiffres représente des unités cent fois plus grandes ; donc le nombre est devenu cent fois plus grand.

159. Proposition V. — *Si dans un nombre décimal on avance la virgule de un, de deux, de trois,... rangs vers la gauche, on divise ce nombre par* 10, 100, 1 000,...

Démonstration. — Soit à diviser 0,35 par mille ; on écrit trois zéros à la gauche de ce nombre, puis on transporte la virgule de trois rangs vers la gauche et l'on a 0,00035 pour le quotient cherché. En effet, chacun des chiffres exprime des unités mille fois plus petites.

Ainsi par le seul déplacement de la virgule on multiplie ou l'on divise un nombre par 10, 100, 1 000,... c'est-à-dire par une puissance de 10.

Remarque. — Cette règle s'applique également aux nombres entiers : ainsi pour diviser 254 par 100, il suffit de mettre une virgule au deuxième rang à partir de la droite ; le quotient est 2,54 : on le démontrerait comme tout à l'heure.

De ce qui précède résultent les règles à suivre pour résoudre les problèmes suivants :

160. Problème I. — *Énoncer un nombre décimal écrit sous la forme d'un nombre entier.*

Règle. 1° On énonce la partie entière, puis la partie décimale comme si elle représentait un nombre entier, et l'on prononce le nom de la dernière espèce d'unité décimale.

Soit 8,563 ; on lira 8 unités, 563 millièmes.

De même : 0,563 s'énoncera 0 unité, 563 millièmes ; ou plus simplement : 563 millièmes.

2° On peut aussi réunir la partie entière à la partie décimale; on lit alors le nombre obtenu en faisant abstraction de la virgule, et l'on prononce le nom de la dernière espèce d'unités décimales.

Soit 8,563; on lira 8563 millièmes.

3° Si la partie décimale renferme beaucoup de chiffres, on la sépare, par la pensée, en tranches de trois chiffres. La première tranche, à partir de la virgule, est la tranche des millièmes, la seconde celle des millionièmes,... On lit chaque tranche comme si elle était seule et l'on prononce son nom.

Ex. :   3,141 592 653

s'énonce :

3 unités, 141 millièmes, 592 millionièmes, 653 billionièmes.

Si la dernière tranche ne renferme qu'un ou deux chiffres, on prononce le nom des dernières unités décimales de cette tranche.

Ainsi   3,141 592 6

peut s'énoncer :

3 unités, 141 millièmes, 592 millionièmes, 6 dixièmes de millionième.

Ou bien encore on complète la tranche par des zéros et on lit :

3 unités, 141 millièmes, 592 millionièmes et 600 billionièmes.

161. Problème II. *Écrire sous forme entière un nombre décimal dicté.*

Règle. 1° On écrit d'abord les entiers et une virgule, puis la partie décimale comme s'il s'agissait d'un nombre entier; mais on doit mettre entre la virgule et le premier chiffre significatif décimal assez de zéros pour que le dernier chiffre décimal exprime des unités de l'ordre indiqué.

Soit à écrire :

vingt-trois unités quatre mille treize millionièmes.

On attendra que le nombre ait été dicté entièrement, puis on le répétera à haute voix en faisant, en soi-même, les remarques suivantes : le chiffre des millionièmes occupe le sixième rang, par suite il doit y avoir 6 chiffres décimaux, d'ailleurs il faut quatre chiffres pour représenter quatre mille treize, par conséquent il faut mettre deux zéros entre la virgule et le premier chiffre significatif décimal ; l'on écrira donc

23,004013.

De même,

huit mille cinq cent soixante-trois millièmes
seront représentés par

8,563.

2° Si la partie décimale a beaucoup de figures, il sera plus commode de la dicter par tranches de trois chiffres ; on écrira chaque tranche dès qu'elle aura été dictée et l'on remplacera par des zéros les ordres d'unités qui manquent dans l'énoncé.

CHAPITRE IV.

OPÉRATIONS SUR LES NOMBRES DÉCIMAUX.

Les opérations sur les nombres décimaux ont une grande analogie avec les opérations sur les nombres entiers, parce que *dix* unités décimales d'un ordre quelconque valent *une* unité de l'ordre immédiatement supérieur.

ADDITION.

162. RÈGLE PRATIQUE. — *Pour trouver la somme de*

plusieurs nombres décimaux, on les place les uns sous les autres de manière que les unités de même ordre se correspondent dans la même ligne verticale ; on souligne, puis on fait l'addition comme pour les nombres entiers. Après avoir obtenu le résultat, on y place une virgule sous les virgules des nombres proposés.

Exemple :

$$\begin{array}{r} 79,854 \\ 3,126 \\ 14,25 \\ 52,4575 \\ 2,7 \\ \hline 152,3875 \end{array}$$

On pose d'abord 5 dix-millièmes au total ; la colonne des millièmes en contient 17 qui valent 1 centième plus 7 millièmes, on écrit les 7 millièmes, le centième s'ajoute à la colonne des centièmes ; les 18 centièmes qu'on trouve valent 8 centièmes, qu'on écrit, plus 1 dixième qu'on ajoute à la colonne des dixièmes ; etc.

SOUSTRACTION.

163. Règle pratique. — *Pour soustraire un nombre décimal d'un autre, on écrit le nombre à soustraire au-dessous de l'autre, de manière que les unités de même ordre se correspondent, puis on fait la soustraction comme celle des nombres entiers. La virgule du résultat se place sous les virgules des nombres proposés.*

Soit à retrancher 79,73 de 172,85, on dispose l'opération comme ci-dessous :

$$\begin{array}{r} 172,85 \\ 79,73 \\ \hline \text{Reste. } 93,12 \end{array}$$

La démonstration est la même que pour les nombres entiers.

OPÉRATIONS SUR LES NOMBRES DÉCIMAUX.

Si l'un des deux nombres a moins de chiffres décimaux que l'autre, on peut écrire des zéros à sa droite afin que les deux termes de la différence présentent le même nombre de chiffres décimaux ; mais cette préparation n'est pas indispensable. Exemples :

$$
\begin{array}{ccc}
74{,}53700 & 35{,}6245 & 385{,}000 \\
9{,}52724 & 7{,}8900 & 59{,}875 \\
\hline
65{,}00976 & 27{,}7345 & 325{,}125
\end{array}
$$

MULTIPLICATION.

164. Règle pratique. — *On multiplie deux nombres décimaux comme deux nombres entiers, sans avoir égard aux virgules ; puis à la droite du produit on sépare, par une virgule, autant de chiffres décimaux qu'il y en a dans les deux facteurs.*

Démonstration. — Soit 3,417 à multiplier par 2,15 ; il faut opérer comme si l'on avait 3417 à multiplier par 215, et, à la droite du produit 734655, on sépare cinq chiffres décimaux. En effet, la multiplication proposée revient à celle-ci :

$$\frac{3417}{1000} \times \frac{215}{100},$$

et l'on sait (n° 147) que ce produit est égal à

$$\frac{3417 \times 215}{100\,000} = \frac{734\,655}{100\,000};$$

ce que l'on écrit, d'après la notation particulière aux nombres décimaux,

$$7{,}34655.$$

Autre exemple. Soit à multiplier 0,013 par 0,215 ; on trouve que

$$13 \times 215 = 2795.$$

et, comme il faut séparer six chiffres décimaux, on écrira deux zéros à la gauche de ce nombre. Ainsi :

$$0,013 \times 0,215 = 0,002795.$$

Remarque I. Pour multiplier un nombre décimal par un nombre entier, on applique également la règle pratique précédente. Ainsi :

$$42,36 \times 19 = \frac{4236 \times 19}{100} = \frac{80\,484}{100} = 804,84.$$

Remarque II. On suit encore la même règle pratique pour trouver le produit de plusieurs nombres décimaux. Ainsi :

$$0,7 \times 0,0011 \times 0,19 = \frac{7 \times 11 \times 19}{10 \times 10\,000 \times 100}$$
$$= \frac{1463}{10\,000\,000} = 0,0001463.$$

DIVISION.

La division de deux nombres décimaux se ramène facilement à la division de deux nombres entiers.

165. 1ᵉʳ cas. — *Le diviseur est entier.*

Règle pratique. — *Pour diviser un nombre décimal par un nombre entier, on effectue la division comme si le dividende était un nombre entier ; puis, à la droite du quotient, on sépare par une virgule autant de chiffres décimaux qu'il y en a dans le dividende.*

Démonstration. — Soit 4,356 à diviser par 3. Comme le dividende renferme 4 356 millièmes, le quotient renfermera un nombre de millièmes égal au quotient de 4 356 millièmes par 3, c'est-à-dire 1 452 millièmes. Pour indiquer que ce nombre représente des millièmes, il faudra séparer trois chiffres à droite. Ainsi :

$$4,356 : 3 = 1,452.$$

Autre exemple. Soit à diviser 0,14309 par 349. Le quotient de 14309 par 349 est 41, donc le quotient de 14309 cent millièmes par 349 sera 41 cent millièmes ; l'on aura donc

$$0,14309 : 349 = 0,00041.$$

166. 2° CAS. — *Le diviseur est un nombre décimal.*

RÈGLE PRATIQUE. — *On avance la virgule du dividende d'autant de rangs vers la droite qu'il y a de chiffres décimaux au diviseur ; on efface la virgule du diviseur et l'on est ainsi ramené au cas précédent.*

Démonstration. — 1° Soit à diviser 19125 par 0,09 ; cette division revient à la suivante :

$$19125 : \frac{9}{100} ;$$

le quotient (n° 151) est égal à

$$\frac{19125 \times 100}{9} = \frac{1912500}{9} = 212500 ;$$

on est donc ramené à une division de nombres entiers.

2° Soit à faire la division

$$191,25 : 0,09 ;$$

elle revient à la suivante

$$191,25 : \frac{9}{100},$$

et le quotient est égal à

$$\frac{191,25 \times 100}{9} = \frac{19125}{9} = 2125.$$

3° De même :

$$191,25 : 0,9 = 191,25 : \frac{9}{10} = \frac{191,25 \times 10}{9},$$

et le quotient est égal à

$$\frac{1912,5}{9} = 212,5.$$

4° Enfin

$$1912{,}5 : 0{,}009 = 1912{,}5 : \frac{9}{1000},$$

et l'on trouve pour quotient

$$\frac{1912{,}5 \times 1000}{9} = \frac{1912500}{9} = 212500.$$

Recherche du quotient de deux nombres avec une approximation décimale donnée.

167. Définition. — *Lorsque deux nombres ne sont pas exactement divisibles l'un par l'autre, on appelle* QUOTIENT APPROCHÉ A MOINS DE $\frac{1}{10}$, DE $\frac{1}{100}$, DE $\frac{1}{1000}$,... PRÈS *le plus grand nombre de dixièmes, de centièmes, de millièmes,... qui, multiplié par le diviseur, donne un produit inférieur au dividende.*

Ainsi le quotient de 6 par 7 est, à un millième près, 0,857, parce que

$$0{,}857 \times 7 = 5{,}999,$$

produit inférieur à 6; tandis que

$$0{,}858 \times 7 = 6{,}006,$$

produit plus grand que 6.

La fraction $\frac{1}{1000}$ indiquant ici l'ordre des plus petites unités du quotient approché, s'appelle *fraction qui marque l'approximation*, ou bien encore *fraction d'approximation*.

168. Problème I. — *Trouver à moins de* $\frac{1}{10}$, *de* $\frac{1}{100}$,...*le quotient de la division d'un nombre quelconque par un nombre entier.*

Règle pratique. — *On multiplie le dividende par le*

dénominateur de la fraction d'approximation, et l'on divise la partie entière de ce produit par le diviseur proposé. Ayant obtenu ce quotient à moins d'une unité, on le divise par le dénominateur de la fraction d'approximation et l'on a le quotient demandé.

Démonstration. — 1° Soit à calculer à moins de $\frac{1}{100}$ le quotient

$$317 : 19.$$

On multipliera 317 par 100 et l'on calculera à une unité près le quotient

$$31\,700 : 19$$

qui est 1668 ; il représente le nombre de centièmes du quotient et l'on aura, avec une erreur moindre qu'un centième,

$$317 : 19 = 16,68.$$

En effet, puisque 1668 est le quotient à moins d'une unité de 31 700 par 19, l'on a

$$19 \times 1\,668 < 31\,700$$

et

$$19 \times 1\,669 > 31\,700.$$

En divisant par 100 les deux membres de ces égalités, l'on obtient

$$19 \times \frac{1\,668}{100} < 317,$$

$$19 \times \frac{1\,669}{100} > 317;$$

donc 1668 est le plus grand nombre de centièmes qui, multiplié par le diviseur, donne un produit inférieur au dividende.

2° Soit à calculer à $\frac{1}{1000}$ près le quotient de la division

$$10,54395 : 608.$$

On multiplie le dividende par 1000, ce qui donne 10543,95 ; en divisant par 608 la partie entière 10543 de ce produit, on obtient 17 ; je dis que le quotient cherché est 0,017.

En effet, l'on a

$$608 \times 17 < 10\,543 \text{ et à fortiori } < 10\,543,95,$$
$$608 \times 18 \geq 10\,544 \text{ et certainement} > 10\,543,95;$$

par suite

$$608 \times \frac{17}{1\,000} < 10,54395,$$

et

$$608 \times \frac{18}{1\,000} > 10,54395.$$

3° Calculer à $\frac{1}{1\,000\,000}$ près le quotient

$$19,4098 : 387.$$

On divisera 19 409 800 par 387 ; en séparant ensuite six chiffres décimaux, on obtiendra pour le quotient demandé

$$0,050154.$$

169. Remarque I. Dans la pratique, on n'écrit pas de zéros à la droite du dividende ; lorsqu'on a abaissé tous les chiffres du dividende proposé, on écrit un zéro à la suite de chacun des restes suivants jusqu'à ce que l'on ait obtenu tous les chiffres décimaux demandés. De plus, lorsqu'on a obtenu le dernier chiffre de la partie entière du quotient, on met tout de suite une virgule à sa droite.

Voici le tableau des calculs relatifs aux exemples précédents :

317	19	10,54395	608
127	16,68	4 463	0,017
130		207	
160			
8			

OPÉRATIONS SUR LES NOMBRES DÉCIMAUX.

```
19,4098  | 387
   598   | 0,050154
  2110
  1750
   202
```

170. REMARQUE II. Si le dernier reste est moindre que la moitié du diviseur, le quotient obtenu est approché *par défaut* à moins d'une demi-unité de l'ordre de son dernier chiffre.

Ainsi, dans le premier exemple ci-dessus, le dernier reste 8 est moindre que la moitié de 19 ; je dis que 16,68 est, à moins de $\frac{1}{200}$ près, le quotient de 317 par 19.

En effet,
$$\frac{31700}{19} = 1668 + \frac{8}{19};$$

l'on a donc, en divisant par 100 les deux membres de cette égalité,
$$\frac{317}{19} = 16,68 + \frac{8}{1900};$$

la fraction complémentaire $\frac{8}{1900}$ est plus petite que $\frac{1}{200}$, car l'on a
$$\frac{8}{1900} = \frac{8}{19} \times \frac{1}{100} < \frac{1}{2} \times \frac{1}{100}.$$

171. REMARQUE III. Si le reste auquel on s'arrête est plus grand que la moitié du diviseur, le quotient obtenu est approché par défaut, et l'erreur commise est plus grande qu'une demi-unité de l'ordre du dernier chiffre.

Ainsi, dans le troisième des exemples précédents, 202 est plus grand que la moitié de 387 ; le quotient 0,050154 est fautif de plus d'un demi-millionième. On le démontrerait comme tout à l'heure.

Dans ce cas, on augmente de 1 le dernier chiffre décimal, et l'on obtient un quotient approché *par excès* dont l'erreur est moindre qu'une demi-unité décimale de l'ordre du dernier chiffre.

Ainsi, le quotient de 19,4098 par 387 est, à moins d'un demi-millionième près, 0,050155 ; mais ce quotient est approché par excès.

172. Problème II. — *Trouver à moins de 0,1, de 0,01, de 0,001,... près le quotient de deux nombres décimaux.*

On ramène cette division à une autre dont le diviseur est entier (n° 166), et l'on applique la règle pratique précédente.

Soit par exemple à calculer à 0,01 près le quotient de la division

$$19{,}4346 : 3{,}54$$

ce quotient est égal à celui de

$$1943{,}46 : 354,$$

qu'il faut calculer à moins de 0,01, ce que nous savons faire déjà. On trouve ainsi que

$$19{,}4346 : 3{,}54 = 5{,}49.$$

CHAPITRE V.

RÉDUCTION DES FRACTIONS ORDINAIRES EN FRACTIONS DÉCIMALES. FRACTIONS DÉCIMALES PÉRIODIQUES.

173. Définition. — *Évaluer une fraction ordinaire à moins de $\frac{1}{10}$, $\frac{1}{100}$, $\frac{1}{1000}$,... près, c'est trouver le plus grand nombre de dixièmes, de centièmes, de millièmes,... qui s'y trouvent contenus.*

Ainsi 0,636 est à un millième près la valeur de la fraction $\frac{7}{11}$, parce que

$$\frac{636}{1000} < \frac{7}{11}$$

$$\frac{637}{1000} > \frac{7}{11}.$$

174. Problème. — *Évaluer une fraction ordinaire à moins d'une unité décimale d'un ordre quelconque.*

Comme une fraction représente le quotient de son numérateur par son dénominateur, la question revient à évaluer en décimales le quotient de ces deux nombres entiers (n° 168). Par conséquent, *on écrit à la droite du numérateur autant de zéros que l'on veut avoir de chiffres décimaux et l'on effectue la division; on sépare ensuite, par une virgule, ce nombre de chiffres décimaux à la droite du quotient.*

Dans la pratique on écrit les zéros séparément à la suite des restes successifs; voici le tableau des calculs à faire pour obtenir la valeur de $\frac{7}{11}$ à moins de $\frac{1}{1000}$ près:

```
 7  | 11
70  |‾0,636
40  |
70  |
 4  |
```

Comme le reste 4 est moindre que la moitié du diviseur, le résultat 0,636 est exact à un demi-millième près.

Pour obtenir des fractions décimales de plus en plus approchées de la fraction $\frac{7}{11}$, il suffirait de continuer ce tableau de calcul en écrivant toujours un zéro à la droite du dernier reste obtenu.

Lorsqu'on arrive à un reste nul, l'opération se termine, et *la fraction ordinaire est exactement réductible en décimales.* Ex. : $\frac{7}{8}$, $\frac{111}{625}$.

```
     7   | 8        111   | 625
    70   | 0,875    1110  | 0,1776
    60              4850
    40              4750
     0              3750
                       0
```

L'on a exactement

$$\frac{7}{8} = 0,875, \qquad \frac{111}{625} = 0,1776.$$

175. Proposition I. — *Pour qu'une fraction ordinaire irréductible puisse être convertie exactement en décimales, il faut et il suffit que son dénominateur ne contienne pas d'autres facteurs premiers que 2 et 5.*

Démonstration. — 1° La condition énoncée est nécessaire. En effet désignons par $\frac{a}{b}$ une fraction dont les termes soient premiers entre eux et qui soit exactement réductible en décimales ; on doit avoir

$$\frac{a}{b} = \frac{c}{10^n}.$$

Or les termes a et b sont premiers entre eux, donc les deux termes de toute fraction équivalente à $\frac{a}{b}$ sont des équimultiples de a et de b (n° 130) ; donc 10^n est un multiple de b. Mais les seuls facteurs de 10^n sont 2 et 5, donc b ne doit renfermer que les facteurs 2 et 5.

2° Cette condition est suffisante. En effet, dès qu'elle est remplie, on peut toujours multiplier les deux termes de la fraction proposée par un facteur tel que le dénominateur devienne une puissance de 10.

Soit, par exemple, la fraction $\frac{7}{8}$ dont le dénominateur est 2^3 ; on peut écrire cette fraction sous la forme

$$\frac{7 \times 5^3}{2^3 \times 5^3} = \frac{7 \times 5^3}{1000} = 0,875,$$

elle est donc exactement réductible en décimales.

REMARQUE. Lorsqu'une fraction ordinaire irréductible peut être évaluée exactement en décimales, le nombre des chiffres décimaux est égal au plus grand des exposants de 2 ou de 5 dans le dénominateur. Ainsi

$$\frac{7}{64} = 0,109\,375,$$

et il y a 6 chiffres décimaux parce que

$$\frac{7}{64} = \frac{7}{2^6} = \frac{7 \times 5^6}{2^6 \times 5^6} = \frac{109\,375}{10^6}.$$

176. PROPOSITION II. — *Si l'on convertit en décimales une fraction irréductible dont le dénominateur contient d'autres facteurs que 2 ou 5, on obtient un quotient décimal périodique.*

Démonstration. — Soit la fraction $\frac{6}{7}$ à convertir en décimales; la division ne se terminera jamais, c'est une conséquence du théorème précédent.

De plus, le quotient sera *périodique*, c'est-à-dire que certains chiffres reparaîtront toujours et dans le même ordre.

En effet, les restes sont tous inférieurs à 7; donc après 6 divisions, au plus, on aura certainement un reste déjà trouvé; à partir de là on écrira une suite de quotients et de restes trouvés précédemment, et le quotient sera périodique.

```
     6    | 7
    60    |─────────
    40    | 0,857 142...
    50
    10
    30
    20
     6
```

On trouverait de même :

$$\frac{3}{11} = 0,272727 \ldots, \qquad \frac{5}{6} = 0,83333 \ldots,$$

$$\frac{7}{24} = 0,2916666\ldots, \qquad \frac{16}{37} = 0,432432\ldots.$$

177. Définition I. — *Dans une fraction décimale périodique on appelle* PÉRIODE *le groupe de chiffres qui se reproduit.*

Dans les exemples qui précèdent les périodes sont

857142, 27, 3, 6, 432.

Ainsi, le nombre de divisions à faire pour trouver la fin de la période est souvent beaucoup plus petit que le dénominateur.

Définition II. — *On dit qu'une fraction périodique est* SIMPLE, *lorsque la période commence immédiatement après la virgule.*

Ainsi 0,261261..... est une fraction périodique simple dont la période a trois chiffres.

Définition III. — *Une fraction périodique est* MIXTE, *lorsque la période ne commence qu'après un ou plusieurs chiffres décimaux.*

Telles sont les fractions 0,8 36 36..., 0,279 54 54..., dont les périodes sont 36 et 54. Le chiffre 8 dans la première, et, dans la seconde, les chiffres 2, 7 et 9 s'appellent *chiffres irréguliers;* on dit encore qu'ils forment les parties *non périodiques.*

Définition IV. — *La fraction ordinaire génératrice d'une fraction décimale périodique est la fraction ordinaire qui, réduite en décimales, donnerait naissance à cette fraction périodique.*

Définition V. — *On appelle* LIMITE *d'une quantité variable, une quantité fixe dont elle s'approche indéfiniment sans jamais pouvoir l'atteindre.* — Ceci veut dire que *la différence entre la grandeur variable et sa limite peut devenir moindre que tout nombre donné, si petit qu'il soit, sans être jamais rigoureusement nulle.*

La fraction ordinaire génératrice d'une fraction périodique est la limite des fractions décimales que l'on obtient en prenant successivement 1, 2, 3,.... périodes.

Soit, par exemple, la fraction décimale périodique

$$0,524\,524\,524\ldots;$$

si l'on ne prend que la première période on obtient le nombre décimal limité

$$0,524$$

qui ne diffère pas de la fraction proposée de $\dfrac{1}{1000}$.

Si l'on prend deux périodes on obtient

$$0,524\,524,$$

et l'erreur commise est moindre que $\dfrac{1}{1000^2}$; ainsi de suite.

Il résulte de là que la fraction décimale illimitée $0,524\,524\ldots$, et par conséquent sa fraction ordinaire génératrice est la limite des résultats décimaux limités

$$0,524,\quad 0,524\,524,\quad 0,524\,524\,524\ldots,\text{ etc.},$$

qui renferment 1, 2, 3,.... périodes.

Fraction ordinaire génératrice d'une fraction périodique.

178. PROPOSITION I. — *La fraction ordinaire génératrice d'une fraction périodique simple a pour numérateur la période, et pour dénominateur un nombre formé d'autant de 9 qu'il y a de chiffres dans la période.*

Démonstration. — Soit la fraction périodique simple

$$0,47\,47\,47\ldots;$$

désignons par f le nombre décimal limité que l'on obtient en négligeant toutes les périodes qui suivent la première et posons par conséquent

(1) $\qquad f = 0,47;$

en multipliant par 100 les deux membres de cette égalité, nous aurons

(2) $\qquad 100f = 47.$

Retranchons maintenant membre à membre l'égalité (1) de l'égalité (2), nous aurons

$$99f = 47 - \frac{47}{100};$$

d'où

$$f = \frac{47}{99} - \frac{47}{100 \times 99}.$$

Soit maintenant f' le nombre décimal limité obtenu en négligeant toutes les périodes qui suivent la seconde, nous obtiendrons de la même manière :

$$f' = 0{,}47\,47,$$
$$100f' = 47{,}47,$$
$$99f' = 47 - \frac{47}{100^2};$$

en effet $\frac{47}{100}$ se trouve à la fois dans les deux termes de la différence et disparaît; il ne reste donc plus à retrancher que $\frac{47}{100^2}$. Par suite

$$f' = \frac{47}{99} - \frac{47}{100^2 \times 99}.$$

En désignant par f'' le nombre décimal limité

$$f'' = 0{,}47\,47\,47,$$

on verrait de même qu'on peut le mettre sous la forme

$$f'' = \frac{47}{99} - \frac{47}{100^3 \times 99},$$

et ainsi de suite.

Si l'on compare maintenant les valeurs de f, f', f'',...., on voit qu'elles sont formées : 1° d'une partie *fixe* $\frac{47}{99}$; 2° d'un terme soustractif qui diminue à mesure que l'on prend plus de périodes, et qui deviendra rigoureusement nul quand on les prendra toutes. On aura donc alors exactement

$$0{,}47\,47\ldots\ldots = \frac{47}{99}.$$

179. Remarque. La fraction ordinaire génératrice obtenue ainsi n'est pas toujours irréductible ; par ex.

$$0{,}7839\,7839\ldots\ldots = \frac{7839}{9999} = \frac{871}{1111},$$

parce que le facteur 9 est commun aux deux termes.

Mais comme un nombre formé de 9 n'admet ni le facteur 2 ni le facteur 5, *on peut affirmer, qu'après la suppression des facteurs communs aux deux termes de la fraction ordinaire génératrice d'une fraction décimale périodique simple, le dénominateur de cette fraction ordinaire simplifiée n'admettra aucun des facteurs 2 ou 5.*

180. Proposition II. — *La fraction ordinaire génératrice d'une fraction périodique mixte a pour numérateur la différence entre le nombre formé par les chiffres irréguliers suivis de la première période et la partie non périodique ; elle a pour dénominateur un nombre formé d'autant de 9 qu'il y a de chiffres périodiques, lesquels 9 sont suivis d'autant de zéros qu'il y a de chiffres irréguliers.*

Démonstration. — Soit la fraction périodique mixte

$$0{,}78\,342\,342\,342\,342\ldots\ldots$$

Désignons par f la fraction décimale limitée que l'on obtient en négligeant toutes les périodes qui suivent la première, nous aurons

(1) $\qquad f = 0{,}78342.$

Comme il y a ici 2 chiffres irréguliers, multiplions par 100 les deux membres de cette égalité ; la partie non périodique se trouvera ainsi isolée :

(2) $\qquad 100f = 78{,}342.$

Comme la période a ici 3 chiffres, nous multiplierons par 1000 les deux membres de cette seconde égalité, et nous aurons

(3) $\quad 100000f = 78\,342$;

retranchant membre à membre (2) de (3) il vient

$$99\,900f = 78\,342 - 78 - \frac{342}{1000},$$

d'où

(4) $\quad f = \dfrac{78\,342 - 78}{99\,900} - \dfrac{342}{1000 \times 99\,900}.$

Soit maintenant f' la fraction décimale limitée que l'on obtient en négligeant toutes les périodes qui suivent la seconde, on trouverait de même

$$f' = 0,78\,342\,342,$$
$$100f' = 78,342\,342,$$
$$100\,000f' = 78\,342,342,$$
$$99\,900f' = 78\,342 - 78 - \frac{342}{1000^2};$$

(5) $\quad f' = \dfrac{78\,342 - 78}{99\,900} - \dfrac{342}{1000^2 \times 99\,900};$

si l'on prenait trois périodes on trouverait

(6) $\quad f'' = \dfrac{78\,342 - 78}{99\,900} - \dfrac{342}{1000^3 \times 99\,900}.$

En comparant maintenant les valeurs f, f', f'',....., qui ont pour limite la fraction génératrice cherchée, on voit, par les égalités (4), (5) et (6), qu'elles se composent :

1° D'une partie *fixe* : $\dfrac{78\,342 - 78}{99\,900}$;

2° D'une partie *variable*, qui diminue à mesure qu'on prend plus de périodes, et qui sera rigoureusement nulle quand on les prendra toutes.

On aura donc alors exactement

$$0,78\,342\,342\ldots = \frac{78\,342 - 78}{99\,900}.$$

Remarque I. La fraction ordinaire génératrice obtenue en appliquant la règle précédente peut souvent se réduire; ainsi

$$\frac{78\,342 - 78}{99\,900} = \frac{78\,264}{99\,900} = \frac{19\,566 \times 4}{999 \times 5^2 \times 4},$$

et, en supprimant les facteurs 4 et 9, l'on a

$$0{,}78\,342\ldots = \frac{19\,566}{999 \times 5^2} = \frac{2\,174}{111 \times 5^2}.$$

181. Remarque II. *Le numérateur d'une fraction ordinaire équivalente à une fraction périodique mixte ne peut jamais être terminé par un zéro.*

En effet, pour qu'il le fût, il faudrait que le dernier chiffre périodique fût égal au dernier chiffre non périodique; mais alors ce dernier chiffre serait le premier de la période, de sorte qu'on n'aurait pas fait commencer la période à l'endroit où elle commence réellement.

Conséquence. — Quand on supprime les facteurs communs aux deux termes de cette fraction génératrice, on ne peut supprimer à la fois le facteur 2 et le facteur 5.

Par suite, *le dénominateur de la fraction ordinaire irréductible qui correspond à une fraction périodique mixte, renferme les facteurs 2 ou 5 et souvent ces deux facteurs élevés à certaines puissances.*

182. Proposition III. — *Toute fraction irréductible dont le dénominateur ne renferme ni le facteur 2 ni le facteur 5 donne naissance, lorsqu'on la convertit en décimales, à un quotient périodique simple.*

Démonstration. — Soit la fraction $\frac{4}{21}$; elle donnera naissance à un quotient illimité (n° 175), et par suite périodique (n° 176). Il suffit donc de prouver que ce quotient ne saurait être périodique mixte.

En effet, s'il l'était, en remontant à la fraction ordinaire génératrice de ce quotient périodique mixte, on trouverait, après simplification, une fraction ayant un dénominateur divisible par 2 ou 5 (n° 181); cette fraction irréductible devrait être précisément $\frac{4}{21}$; donc 21 devrait être divisible par 2 ou par 5, ce qui n'est pas. Donc $\frac{4}{21}$ donne, quand on convertit cette fraction en décimales, un quotient périodique simple.

183. Proposition IV. — *Toute fraction irréductible dont le dénominateur contient les facteurs 2 ou 5 avec d'autres, donne naissance, quand on la convertit en décimales, à un quotient périodique mixte.*

Démonstration. — Soit la fraction $\frac{23}{30} = \frac{23}{2 \times 5 \times 3}$; elle donnera naissance nécessairement à un quotient illimité (n° 175), et par suite périodique (n° 176); il reste à prouver que ce quotient ne saurait être périodique simple.

En effet, s'il l'était, en remontant à la fraction ordinaire génératrice de ce quotient périodique simple, on trouverait, après simplification, une fraction ordinaire dont le dénominateur serait premier avec 10 (n° 179). Or cette fraction irréductible devrait être précisément $\frac{23}{30}$; donc 30 devrait être premier avec 10, ce qui n'est pas. Donc, en développant en décimales la fraction $\frac{23}{30}$, on obtiendra un quotient périodique mixte.

184. Proposition V. — *Si une fraction ordinaire irréductible conduit à un quotient périodique mixte, le nombre des chiffres irréguliers est égal au plus grand des exposants des facteurs 2 ou 5 du dénominateur.*

Démonstration. — Soit la fraction $\frac{29}{48} = \frac{29}{2^4 \times 3}$; en la développant en fraction décimale, on trouvera 4 chiffres irréguliers.

En effet, supposons qu'il y en ait 5, la fraction ordinaire

génératrice correspondante à ce quotient aurait un dénominateur de la forme

$$999\ldots 900\,000,$$

mais nous savons que son numérateur ne peut être terminé par un zéro (n° 181); donc, après simplification, le dénominateur renfermerait encore 2^5 ou 5^5. Or cette fraction simplifiée devrait être précisément $\frac{29}{48}$; il s'ensuivrait donc que 48 serait divisible par 2^5, ce qui n'est pas.

Ainsi, le nombre des chiffres irréguliers ne peut être égal ou supérieur à 5; comme on démontrerait de même qu'il est plus grand que 3, il faut que la partie non périodique ait 4 chiffres, c'est-à-dire autant que d'unités dans le plus grand des exposants de 2 et de 5 au dénominateur.

PROBLÈMES

SUR LES FRACTIONS DÉCIMALES.

1. Une personne a acheté : 12^m,15 d'étoffe à 5^f,35 le mètre ; plus 23^m,3 à 7^f,55 ; plus 9^m,45 à 3^f,15. Combien a-t-elle dépensé ?
R. 270^f,685.

2. Un spéculateur a acheté 91^{Ha},62 de bois à raison de 2225^f,35 l'hectare, et 57^{Ha},25 de vignes à raison de 1950^f l'hectare. Il a revendu l'hectare de bois 2530^f et l'hectare de vigne 2125^f,50. Combien a-t-il gagné ?
R. 37959^f,41.

3. Combien aura-t-on de mètres d'étoffe pour 500^f, si le mètre coûte 14^f,75 ?
R. 33^m,90.

4. Deux robinets ont rempli une cuve de 4^{mc},532 en 18 heures, et le premier a fourni pendant ce temps 3732 litres de plus que le second. On demande combien chacun des robinets fournit de litres d'eau par heure.
R. Le premier fournit 229^l,55 et le second 22^l,22.

5. Deux fontaines coulant dans un bassin, l'ont rempli en 127 heures. On sait que le bassin contenait 565 mètres cubes qui valent chacun 10 hectolitres ; on sait de plus, que l'une des fontaines fournissait 93^{m},8 en 5 heures. On demande combien l'autre donnait par heure.
R. 25^m,73.

6. Un ouvrier reçoit 4^f,50 chaque jour qu'il travaille, et dépense 2^f,75 par jour. Au bout de 1 mois 10 jours, il lui manquait 1^f,50 pour faire la dépense de 4 jours. Combien a-t-il travaillé de jours ?
R. 26j,55.

7. 25 ouvriers ont extrait d'une carrière 1327^{mc},45 de pierres de taille en 9 semaines : chaque mètre cube leur a été payé 9^f,60. On demande combien chacun de ces ouvriers a gagné par semaine, sachant que 6 d'entre eux doivent avoir chacun un tiers de plus qu'un des autres.
R. 52^f,44, et 69^f,92.

8. La betterave donne environ 6 pour 100 de son poids de sucre ;

l'hectare de terrain produit 32 000 kilogrammes de betteraves que l'on vend au prix de 14 fr. les 1000 kilog. 1° Quelle étendue de terrain faut-il ensemencer pour fournir des betteraves à une fabrique de sucre qui produit 75 000 kilogrammes de sucre par an ?

2° Quelle sera la valeur de la récolte obtenue ?

R. 39^{Ha},0625 et 17 500 fr.

9. Le poids de cendre provenant de la combustion du bois de chêne est les 0,03 du poids de ce bois, et le poids de carbonate de potasse contenu dans la cendre est la quinzième partie du poids de cette cendre. Calculer, avec ces données, le poids de carbonate de potasse que l'on retirera des cendres obtenues en brûlant 1170 kilogrammes de bois.

R. 2^{Kg},34.

10. L'eau salée que l'on retire du fond d'une mine de sel gemme renferme les 0,09 de son poids de sel pur. Quel poids d'eau salée faudra-t-il évaporer pour obtenir 4734 kilogrammes de sel ? Combien faudra-t-il brûler de kilogrammes de houille sous les chaudières d'évaporation, sachant que l'on obtient 7 kilogrammes de vapeur par kilogramme de houille brûlée.

R. 52 600^{Kg} d'eau et 6 838^{Kg} de houille.

11. De Paris à Nantes il y a 431 kilomètres ; de Paris à Nancy 353 kilomètres ; le transport des céréales coûte 0^f,15 par 1000 kilogrammes et par kilomètre. L'hectolitre de froment pèse 75 kilogrammes et coûte 30 francs à Nantes. Combien doit-il coûter à Nancy pour que l'on gagne en expédiant du blé de Nancy à Nantes ? Le transport s'effectue en passant par Paris.

R. Le prix doit être inférieur à 21^f,18.

12. La circonférence de la terre contient 40 003 424 mètres, et 6 377 398 mètres valent 3 272 077 toises. On demande : 1° combien il y a de toises dans le tour de la terre ; 2° quelle est la valeur d'une lieue géographique en mètres et en toises, sachant que la circonférence de la terre renferme 360 degrés et qu'un degré vaut 25 lieues géographiques.

R. Le tour de la terre renferme 20 524 716^t.

1 lieue géogr. vaut 4444^m,825 ou 2280,524.

13. La poste se charge des envois d'argent moyennant une rétribution égale au centième des sommes qu'elle transmet, plus 0^{fr},25 pour droit de timbre. Si l'on a versé à la poste une somme de 2520^{fr},15, quel est le montant du mandat ?

R. 2495 fr.

14. On veut connaître le chemin qu'a parcouru une voiture à quatre roues, sachant que la roue de devant, qui a 1732^{mm},5 de tour,

a fait 2000 tours de plus que la roue de derrière, dont la circonférence est de 2351^{mm},2 (*).

R. 13168^m.

15. Démontrer, en s'appuyant sur les propositions relatives aux fractions périodiques, les égalités suivantes :

1° $\dfrac{5858}{9999} = \dfrac{58}{99}$;

2° $\dfrac{4\,975\,454 - 497}{9\,999\,000} = \dfrac{49\,754 - 497}{99\,000}$;

3° $\dfrac{497\,545 - 4\,975}{990\,000} = \dfrac{49\,754 - 497}{99\,000}$.

Faire voir aussi directement que ces fractions ordinaires sont égales.

16. Un nombre entier quelconque n est toujours diviseur d'un nombre formé de 9, ou bien d'un nombre formé de 9 suivis de zéros, suivant qu'il est ou qu'il n'est pas premier avec 2 ou 5.

17. Si l'on développe en décimales la fraction ordinaire $\dfrac{1}{17}$, on obtient une fraction périodique simple dont la période a 16 chiffres ; faire voir que la seconde moitié de la période s'obtient en retranchant de 9 les chiffres de la première moitié. — Il en est toujours ainsi lorsque la période de la fraction périodique simple est *complète*, c'est-à-dire formée d'un nombre de chiffres égal au dénominateur de la fraction ordinaire génératrice diminué de 1.

18. Étant données deux fractions $\dfrac{3}{11}$ et $\dfrac{8}{11}$ de même dénominateur et dont la somme est égale à l'unité, on propose de démontrer que si on les réduit en décimales, la somme des chiffres de même ordre dans le quotient sera toujours égale à 9 et la somme des restes de même ordre toujours égale au dénominateur 11.

Comment modifier cet énoncé si les fractions proposées sont exactement réductibles en décimales?

(*) On voit facilement que dans une voiture à deux roues la distance horizontale parcourue par la voiture après un tour des roues est égale à la circonférence de la roue développée. Dans une voiture à quatre roues, à cause de la liaison qui existe entre les pièces de la voiture, les petites roues sont obligées de tourner plus vite pour faire le même chemin que les grandes.

LIVRE IV.

SYSTÈME MÉTRIQUE DÉCIMAL.

PRÉLIMINAIRES.

185. On entend par *système métrique décimal* ou *système légal des poids et mesures,* l'ensemble des mesures déduites du mètre et seules autorisées en France depuis le 1ᵉʳ *janvier* 1840.

Nous ferons connaître successivement les mesures de longueur, de surface, de volume, de poids et de monnaies.

186. Entre les mesures d'une même espèce, on a suivi le système de division décimale, c'est-à-dire qu'après avoir choisi, pour chaque espèce de grandeur, une unité principale, on a formé des mesures 10, 100, 1000,... fois plus grandes ou plus petites que cette unité.

187. Les noms de ces mesures s'obtiennent d'une manière simple et uniforme : on a donné d'abord un nom particulier à la mesure de chaque espèce qui sert d'unité principale ; quant aux mesures supérieures à l'unité, leurs noms se forment en plaçant devant le nom de cette unité les mots

déca, hecto, kilo, myria,

tirés du grec, et qui signifient respectivement

dix, cent, mille, dix mille.

Les noms des mesures inférieures à l'unité se forment en plaçant devant le nom de cette unité les mots

déci, centi, milli,

abréviations de mots latins, et qui signifient respectivement

dixième, centième, millième.

CHAPITRE PREMIER.

§ Ier.

MESURES DE LONGUEUR.

188. L'unité de longueur est le *mètre* (*). Le mètre est la *dix-millionième partie de la distance du pôle à l'équateur comptée sur un méridien* (**).

Les autres mesures de longueur sont :

Le *décamètre*, qui vaut..	10^m	Le *décimètre*, qui vaut...	0^m,1
L'*hectomètre*............	100	Le *centimètre*..........	0 ,01
Le *kilomètre*...........	1000	Le *millimètre*...........	0 ,001
Le *myriamètre*..........	10000		

Pour montrer qu'un nombre représente des mètres on écrit à sa droite, et un peu au-dessus, la lettre initiale *m ;* les multiples du mètre se désignent en abrégé par les initiales

Dm,   Hm,   Km,   Mm,

et les sous-multiples par

dm,   cm,   mm.

189. Le mètre, le décimètre, le centimètre et le millimètre servent à mesurer de petites longueurs, par exemple les dimensions d'un parquet, d'une boiserie.

En physique on a souvent besoin d'estimer le dixième et

(*) Mètre vient du mot grec μέτρον, qui signifie *mesure*.

(**) Lorsqu'en 1790 l'Assemblée constituante ordonna l'établissement d'un système de mesures uniformes pour toute la France, Delambre et Méchain, astronomes français, furent chargés de mesurer l'arc de méridien compris entre Dunkerque et Barcelone ; de cette opération et de mesures analogues faites au Pérou par Bouguer et La Condamine, ils conclurent la longueur du quart du méridien ; sa dix-millionième partie reçut le nom de *mètre*. Un étalon en platine a été déposé aux Archives le 22 juin 1799 ; à la température de la glace fondante, il donne la longueur légale du mètre.

le centième de millimètre ; ainsi la hauteur d'un baromètre peut s'estimer au dixième de millimètre près. Pour ces mesures d'une extrême précision, il faut des appareils spéciaux, tels que *verniers, vis micrométriques, comparateurs*, décrits dans les traités de physique.

Le décamètre sert à mesurer les dimensions des terrains ; la chaîne d'arpenteur est un décamètre.

L'hectomètre, le kilomètre et le myriamètre servent à estimer les longueurs des chemins ; ce sont les mesures *itinéraires* actuellement en usage.

Remarque. Lorsqu'une longueur est exprimée au moyen d'une des unités ci-dessus, on l'évalue très-facilement à l'aide d'une quelconque des autres unités ; il suffit de multiplier ou de diviser le premier nombre par une puissance de 10. Ex. :

$$0^m,235 = 2^{dm},35 ;$$
$$514^m,567 = 514567^{mm}.$$

§ II.

MESURES DE SURFACE.

190. On appelle *carré* une figure qui a quatre côtés égaux et quatre angles droits.

191. *L'on prend pour unité de surface le carré construit sur l'unité de longueur que l'on a choisie ;* par conséquent les unités de surface rangées par ordre de grandeur décroissante sont :

Le myriamètre carré.	(Mmq)	le mètre carré.....	(mq)
Le kilomètre carré..	(Kmq)	le décimètre carré.	(dmq)
L'hectomètre carré..	(Hmq)	le centimètre carré.	(cmq)
Le décamètre carré..	(Dmq)	le millimètre carré.	(mmq) (*)

192. *Chacune de ces unités vaut* 100 *fois celle qui la suit immédiatement ;* ainsi le mètre carré vaut 100 décimètres carrés.

En effet, soit AB une longueur de 1 mètre ; divisons-la en

(*) Vis-à-vis de chaque unité se trouve l'abréviation usitée.

dix parties égales, et sur chacun de ces décimètres plaçons un décimètre carré, A*aef*; nous obtiendrons ainsi une bande

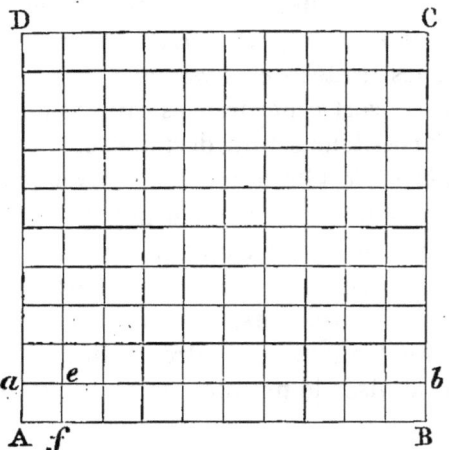

AB*ab* ayant 1 mètre de long et 0ᵐ,1 de hauteur et qui renfermera 10 décimètres carrés; pour avoir un carré ABCD de 1 mètre de côté il faudra superposer 10 bandes égales à AB*ab*, c'est-à-dire assembler un nombre de décimètres carrés égal à

$$10 \times 10 = 100.$$

Il résulte de cette démonstration que

1^{Dm}	=	100^{mq}	1^{dmq}	=	0^{mq},01
1^{Hmq}	=	10 000^{mq}	1^{cmq}	=	0^{mq},0001
1^{Kmq}	=	1 000 000^{mq}	1^{mmq}	=	0^{mq},000001

REMARQUE I. Il ne faut pas confondre le dixième, le centième et le millième d'un mètre carré, avec le décimètre carré, le centimètre carré et le millimètre carré, puisqu'un mètre carré vaut 100 décimètres carrés, le dixième d'un mètre carré renferme dix décimètres carrés, et le centième d'un mètre carré est un décimètre carré.

REMARQUE II. Les unités inférieures au mètre carré servent seulement lorsqu'il s'agit de mesurer de très-petites surfaces, la section d'une barre ou d'un fil métallique, par exemple.

Le mètre carré est employé pour des surfaces plus étendues, telles que la surface d'un plafond, d'une boiserie, l'emplacement sur lequel on doit bâtir une maison.

Le décamètre carré et l'hectomètre carré servent à mesurer les champs, les bois ; ce sont les mesures *agraires*, nous en reparlerons plus loin.

Le kilomètre carré et le myriamètre carré sont employés pour mesurer l'étendue d'un département ou d'une contrée ; ce sont les mesures *topographiques*.

Remarque III. Lorsqu'une surface est exprimée au moyen d'une des unités ci-dessus, on l'évalue facilement à l'aide d'une autre ; il suffit de multiplier ou de diviser le premier nombre par une puissance de 100. Ex. :

$0^{mq},3567 = 35^{dmq},67 = 3567^{cmq} = 356700^{mmq}.$

Mesures agraires.

193. Le décamètre carré est l'unité principale des mesures agraires ; pour abréger on l'appelle *are* (*). Le seul multiple de l'are qui soit usité est l'*hectare* ; il vaut cent ares et n'est autre chose que l'hectomètre carré. Le mètre carré ou la centième partie de l'are porte le nom de *centiare*.

Le centiare, l'are et l'hectare ne sont donc pas de nouvelles unités, et pour réduire en mètres carrés, décimètres carrés, etc., une surface exprimée en hectares, ou bien, pour résoudre la question inverse, il suffit encore de multiplier ou de diviser par une puissance de 100.

Exemples : Réduire

en mètres carrés. . . . $54^{Ha} 35^{a} 18^{ca}$. $R.\ 543\,518^{mq}$
en kilomètres carrés . $4589^{Ha} 35^{a}$. $R.\ 45^{Kmq},8935.$

§ III.

MESURES DE VOLUME.

194. On appelle *cube* un volume qui a la forme d'une boîte dont le fond est carré et dont la hauteur est égale au côté de ce carré. Un dé à jouer a la forme d'un cube.

(*) Le nom est tiré du mot latin *area*, qui signifie *aire*, *surface*.

195. *On prend pour unité de volume le cube construit sur l'unité de longueur qui a été choisie.* Par conséquent les unités de volume rangées par ordre de grandeur décroissante sont :

Le myriamètre cube.	(Mmc)	le mètre cube.......	(mc)
Le kilomètre cube...	(Kmc)	le décimètre cube...	(dmc)
L'hectomètre cube..	(Hmc)	le centimètre cube..	(cmc)
Le décamètre cube..	(Dmc)	le millimètre cube...	(mmc)

196. *Chacune de ces unités vaut* MILLE *fois celle qui la suit imédiatement.* Ainsi le mètre cube vaut 1000 décimètres cubes.

En effet, soit ABCD un carré de 1 mètre de côté ; divi-

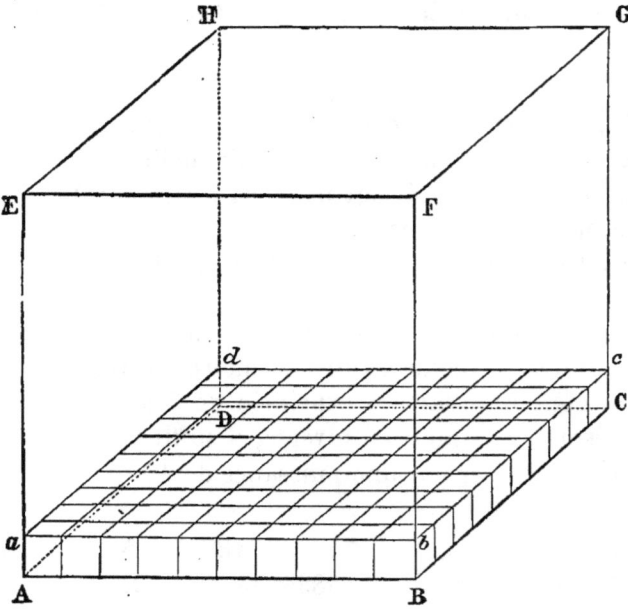

sons-le en 100 décimètres carrés et plaçons sur chacun de ces carrés un décimètre cube. Nous formerons ainsi une tranche ABCD*abcd* ayant 1 mètre carré de base et $0^m,1$ de hauteur et qui renfermera 100 décimètres cubes. Pour obtenir un mètre cube, ABCDEFGH, il faudra superposer 10 de ces tranches, c'est-à-dire assembler un nombre de décimètres cubes égal à

$$100 \times 10 = 1000.$$

MESURES DE VOLUME.

Il résulte de cette démonstration que

1^{Dmc}	$= 1\,000^{mc}$		1^{dmc}	$= 0^{mc},001$
1^{Hmc}	$= 1\,000\,000^{mc}$		1^{cmc}	$= 0^{mc},000\,001$
1^{Kmc}	$= 1\,000\,000\,000^{mc}$		1^{mmc}	$= 0^{mc},000\,000\,001$

REMARQUE I. Il ne faut pas confondre le dixième, le centième..., de mètre cube avec le décimètre cube, le centimètre cube.... En effet, le dixième d'un mètre cube renferme 100 décimètres cubes, et le centième en vaut dix.

REMARQUE II. Le mètre cube et ses sous-multiples sont les mesures le plus souvent employées ; on n'estime en kilomètres cubes que des volumes très-considérables, ceux de la terre, des planètes, par exemple.

REMARQUE III. Lorsqu'un volume est exprimé au moyen d'une des unités ci-dessus, on l'évalue facilement à l'aide d'une quelconque des autres ; il suffit de multiplier ou de diviser le premier nombre par une puissance de 1000.

Ex. : $0^{mc},895\,654 = 895^{dmc},654 = 895\,654^{cmc}$.

Mesures pour le bois de chauffage.

197. L'unité de mesure pour le bois de chauffage est le mètre cube ; il prend alors le nom de *stère* (στέρεος, solide).

198. Pour mesurer un stère de bois, on se sert d'un châssis en bois ou en fer composé de trois membrures de

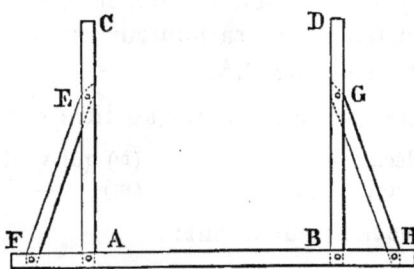

chacune 1 mètre ; l'une AB est horizontale et les deux autres AC, BD sont verticales ; on y couche des bûches de

1 mètre et, quand il est plein, on a un mètre cube de bois.

Si les bûches avaient plus de 1 mètre de longueur, $1^m,33$ par exemple, il faudrait, pour former un stère, donner à la pile de bois une hauteur moindre. Cette hauteur est facile à calculer si l'on admet cette proposition de géométrie, que la mesure du volume ainsi obtenu est égale au produit de ses trois dimensions. En effet, le produit des trois dimensions de la pile doit être égal à 1 ; mais deux d'entre elles sont $1^m,33$ et 1 mètre et leur produit est 1,33, il faut donc trouver un nombre qui multiplié par 1,33 donne 1 pour produit. Ce nombre est

$$\frac{1}{1,33} = 0^m,752.$$

199. Les autres mesures de volume, pour le bois de chauffage, sont : le *décastère*, qui vaut dix stères, et le *décistère*, qui vaut un dixième de stère.

Mesures de capacité.

200. L'unité de capacité est le *litre* (*). Le litre est un vase dont la capacité équivaut à un décimètre cube ; quand il est destiné à la mesure des liquides on lui donne la forme d'un cylindre dont la hauteur intérieure est le double du diamètre de la base, et alors il est en étain ; sa hauteur a 172 millimètres et son diamètre 86. Quand il doit servir à mesurer les grains, le sel, l'huile, le lait, etc., on le fait en bois ou en fer-blanc ; sa hauteur est alors égale à son diamètre qui est de $108^{mm},4$.

201. Les mesures supérieures au litre sont :

Le décalitre............ (Dl) qui vaut 10^l
L'hectolitre............ (Hl)   — 100^l

Les mesures inférieures sont :

Le décilitre............ (dl) qui vaut $0^l,1$
Le centilitre............ (cl)   — $0^l,01$

(*) Vient de λίτρα, nom d'une mesure chez les Grecs.

202. Le litre et le décilitre servent à mesurer les liquides ou les graines quand on les vend en détail. Le décalitre et l'hectolitre servent à mesurer les grains, tels que le blé, l'orge, etc.; l'hectolitre sert aussi à mesurer les liquides; on l'emploie également pour la chaux et le charbon.

Le centilitre et le millilitre servent quelquefois pour mesurer de très-petites quantités de liquide.

On a aussi autorisé l'usage de mesures doubles ou moitiés des précédentes.

REMARQUE. Ces mesures de capacité ne diffèrent pas des unités de volume indiquées au n° 195; au lieu de dire *décimètre cube* on dit *litre*, pour abréger.

Comme 1 mètre cube vaut 10 hectolitres, on convertit très-facilement un nombre d'hectolitres en mètres cubes ou inversement.

Ex. : 1° Un tonneau contient $2^{Hl},28$; pour exprimer sa contenance en mètres cubes on divisera par 10 le nombre précédent et l'on aura

$$0^{mc},228.$$

2° Un bassin qui renferme $19^{mc},457$ contient 194 hectolitres et 57 litres.

§ IV.

MESURES DE POIDS.

203. L'unité de poids est le *gramme* (*). Le gramme est *le poids, dans le vide, d'un centimètre cube d'eau distillée et prise à la température 4 degrés du thermomètre centigrade.*

On a pris de l'eau distillée, afin qu'elle fût bien pure, c'est-à-dire débarrassée des substances terreuses ou salines qu'elle contient ordinairement en plus ou moins grande

---

(*) Vient du mot latin *gramma*, qui désignait un poids chez les Romains.

quantité. En outre on l'a prise à une température déterminée, parce que, son volume variant avec la température, des expériences faites à des températures différentes ne donneraient pas des résultats identiques. On a choisi la température 4°, parce qu'à cette température l'eau possède son maximum de densité, c'est-à-dire qu'elle pèse le plus à volume égal.

204. Les autres poids sont :

Le *décagramme*...	(Dg)	10^{gr}	Le *décigramme*....	(dg)	0^{gr},1
L'*hectogramme*...	(Hg)	100	Le *centigramme*...	(cg)	0 ,01
Le *kilogramme*...	(Kg)	1000	Le *milligramme*...	(mg)	0 ,001
Le *myriagramme*..	(Mg)	10000			

On emploie aussi des poids doubles ou des poids moitiés des précédents.

205. Le gramme et les poids inférieurs servent à faire des pesées qui exigent une grande précision ; ils sont d'un usage fréquent dans les laboratoires de physique et de chimie, dans les pharmacies pour les médicaments très-actifs, chez les orfèvres pour peser l'or et l'argent.

Le kilogramme, l'hectogramme et le décagramme servent à faire les pesées ordinaires. Le mot myriagramme est peu employé ; on dit : dix kilogrammes, vingt kilogrammes,... au lieu de 1 myriag., 2 myriag....

206. On appelle *quintal métrique* le poids de 100 kilogrammes.

1 000 kilogrammes servent d'unité quand il s'agit d'estimer le chargement d'un navire. Ce poids a reçu le nom de *tonneau*; ainsi un navire de 500 tonneaux peut être chargé de 500 000 kilogrammes.

Remarque. Il existe entre les unités de volume et les unités de poids une correspondance remarquable qui est un des principaux avantages du système métrique :

1 millimètre cube d'eau pèse	1 milligramme.
1 centimètre cube	—	1 gramme.
1 décimètre cube	—	1 000 gr. = 1 kilogr.
1 mètre cube	—	1 000 kil. = 1 tonneau.

Par suite, lorsque l'on prend pour unités de volume et pour unités de poids les unités correspondantes du tableau précédent, le poids d'une certaine quantité d'eau et son volume sont exprimés à la fois par le même nombre. Ainsi le poids de $432^{litres},25$ d'eau pure est $432^{Kg},25$.

207. Définition I. — *On appelle* densité *d'un corps le quotient du poids d'un certain volume de ce corps par le voids d'un volume égal d'eau.*

Ainsi la densité du fer est 7,8 parce qu'un décimètre cube de fer pèse $7^{Kg},8$, tandis qu'un décimètre cube d'eau ne pèse que 1 kilogramme.

On trouvera dans l'*Annuaire du Bureau des longitudes* des tables de densité.

Définition II. — *On appelle* poids spécifique *d'un corps le poids de l'unité de volume de ce corps.*

Le poids spécifique est représenté par le même nombre que la densité, seulement ce nombre exprime des grammes, des kilogrammes ou des tonnes suivant que l'unité de volume est le centimètre cube, le décimètre cube ou le mètre cube. Ainsi le poids spécifique du fer sera, suivant les cas, $7^g,8$ ou $7^{Kg},8$ ou $7^t,8$.

208. *Pour obtenir le poids d'un certain volume d'un corps, il faut multiplier le poids spécifique de ce corps par le nombre d'unités de volume.* Ainsi le volume de 5^{dmc} de plomb est égal à

$$11^{Kg},35 \times 5 \quad \text{ou} \quad 56^{Kg},75.$$

Remarque. La simplicité du calcul précédent tient à la correspondance entre les unités de volume et les unités de poids du système métrique.

En employant les mesures anglaises, le calcul serait beaucoup plus compliqué; l'unité de volume est, en Angleterre, le pied cube ($28^{dmc},317$) et l'unité de poids est la livre ($373^{gr},24$). Le poids, en livres, de 5 *pieds cubes* de plomb s'obtiendrait en multipliant par 5, puis par 11,35 le poids du pied cube d'eau pure. Or ce dernier poids exprimé en livres n'est pas un nombre simple, c'est 75 livres plus une fraction compliquée.

On voit par cet exemple le grand avantage que présente le système métrique; il est adopté en Belgique, en Suisse, en Italie, en Portugal et par les savants en Allemagne. Un acte du Parlement vient d'en autoriser l'usage en Angleterre, et de décider que les contrats peuvent être faits en termes du système métrique.

§ V.

MONNAIES.

209. Les monnaies françaises sont en or, en argent ou en bronze.

Les monnaies d'or et les monnaies d'argent ne sont pas fabriquées avec des métaux purs, les alliages que l'on emploie contiennent 0,9 de leur poids de métal précieux et 0,1 de cuivre; ils s'usent beaucoup moins vite par le frottement que l'or ou l'argent pur.

210. On appelle *titre* d'un objet d'or ou d'argent le quotient du poids du métal précieux contenu dans l'objet par le poids total de l'objet : ainsi en fondant ensemble 9 grammes d'argent et 1 gramme de cuivre on aura 10 grammes d'alliage au titre de 0,9.

Ordinairement on suppose que la masse d'alliage a été divisée en 1 000 parties ou *millièmes*, et, pour désigner le titre, on indique combien il entre de millièmes d'or ou d'argent dans le poids total de l'objet. Ainsi les monnaies d'or et d'argent sont en France au titre de 900 millièmes.

Ce titre a deux avantages : 1° il est en harmonie avec notre système de numération ; 2° il se rapproche beaucoup de l'alliage au douzième, qui est le plus dur et résiste le mieux au frottement.

211. L'unité de monnaie est le *franc;* le franc est une pièce d'argent au titre de 0,9, pesant 5 grammes et portant certains signes déterminés par la loi.

MONNAIES.

Les multiples du franc n'ont pas reçu de noms particuliers ; on dit 10 francs, 100 francs....

Les sous-multiples du franc sont le *décime*, qui vaut 0,1 de franc, et le *centime*, qui vaut 0,01 de franc.

212. Voici les poids et les diamètres des seules pièces qui soient maintenant en circulation.

Comme il est impossible d'obtenir des pièces ayant rigoureusement le poids légal, on accorde à l'entreprise des monnaies une tolérance dans le poids ; on lui accorde de même une tolérance dans le titre. Ainsi le poids d'une pièce de 20 francs doit être compris entre $6^{gr},46451$ et $6^{gr},43871$; son titre doit être compris entre 0,902 et 0,898.

NATURE ET COMPOSITION DES PIÈCES.	NOMS.	POIDS EXACT.	TOLÉRANCE EN MILLIÈMES		DIAMÈTRE.	NOMBRE DE PIÈCES par kilog.
			du poids.	du titre.		
OR. $\frac{9}{10}$ or, $\frac{1}{10}$ cuivre.	100^{fr} 50 20 10 5	32,^{gr}2580 16,1290 6,4516 3,2258 1,6129	1 2 2,5 3	2	35 28 21 19 17	31 62 155 310 620
ARGENT (*). $\frac{9}{10}$ d'argent, $\frac{1}{10}$ de cuivre.	5^{fr} 2 1 0,50 0,20	25,^{gr} 10 5 2,50 1	3 5 7 10	2	37 27 23 18 15	40 100 200 400 1000
BRONZE. $\frac{95}{100}$ de cuivre, $\frac{4}{100}$ d'étain et $\frac{1}{100}$ de zinc.	10^c 5 2 1	10^{gr} 5 2 1	10 15	10 pour cuivre. 5 pour autres métaux.	30 25 20 15	100 200 500 1000

(*) D'après la loi du 25 mai 1864, les pièces de 2 fr., de 1 fr., de 50 centimes et de 20 centimes ne sont plus qu'au titre de 835 millièmes. Les pièces qui étaient en circulation ont été refondues et employées à la fabrication des nouvelles pièces. — Ces nouvelles pièces ont

213. Cette série de monnaies est bien conforme au système de division décimale ; en effet, on y distingue d'abord les pièces de 1 centime, 10 centimes, 1 franc, 10 francs, 100 francs, c'est-à-dire toutes les monnaies décimales que l'on peut avoir dans l'intervalle de 1 centime à 100 francs. De plus on y trouve le double et la moitié de ces pièces fondamentales ; on a vu que la même chose a lieu pour les poids et les mesures de capacité.

Remarque. Ces monnaies peuvent servir de poids ; elles peuvent aussi servir de mesures de longueur ; ainsi 19 pièces de 5 francs en argent et 11 pièces de 2 francs, ou bien 20 pièces de 2 francs et 20 pièces de 1 franc mises en contact sur une même droite forment exactement 1 mètre.

214. *La monnaie d'or vaut, à poids égal 15,5 fois autant que la monnaie d'argent.*

On voit en effet, à l'aide du tableau précédent, que le kilogramme de monnaie d'or vaut 3100 francs, tandis que le même poids d'argent monnayé ne vaut que 200 francs, et le quotient de ces deux nombres est

$$3100 : 200 = 15,5.$$

Cette remarque permet de retrouver facilement le poids des pièces d'or.

215. *La monnaie de bronze vaut, à poids égal, 20 fois moins que la monnaie d'argent.* En effet, 5 centimes pèsent 5 grammes, et une pièce de 1 franc pèse aussi 5 grammes.

216. Valeur du kilogramme d'or pur. — Un lingot d'or au titre de 0,900 et pesant 1 kilogramme ne vaut 3100 francs qu'après sa transformation en pièces de monnaie. Par chaque kilogramme de monnaie d'or, le gouver-

---

même poids, même diamètre que les anciennes ; on accorde sur le titre, 0,835, une tolérance de 3 millièmes en plus ou en moins. Cette modification est regrettable au point de vue de la régularité de notre système monétaire ; on espère empêcher ainsi la disparition de notre menue monnaie qui, par suite de son titre plus élevé, était transportée aux Indes de préférence aux monnaies étrangères, ou bien refondue par nos voisins.

nement accorde 6ᶠ,70 à l'entreprise des monnaies pour frais de fabrication ; donc un lingot d'or à 900 millièmes et pesant 1 kilogramme ne vaut que

$$3100^f - 6^f,70 = 3093^f,30 ;$$

et comme ce lingot ne contient que 900 grammes d'or pur, la valeur du gramme d'or est

$$3093^f,30 : 900 = 3^f,437.$$

La valeur du kilogramme d'or pur est donc 3437 francs; c'est la somme que toucherait, au change des monnaies, le porteur d'un lingot d'or pur pesant 1 kilogramme.

217. Valeur du kilogramme d'argent pur. — Un lingot d'argent au titre de 0,900 et pesant 1 kilogramme ne vaut 200 francs qu'après sa transformation en pièces de 5 francs ou de 2 francs. Or l'on accorde 1ᶠ,50 à l'entreprise des monnaies par chaque kilogramme de monnaie d'argent pour frais de fabrication ; donc un lingot d'argent au titre de 0,900 et du poids de 1 kilogramme ne vaut que

$$200^f - 1^f,50 = 198^f,50 ;$$

comme il ne renferme que 900 grammes d'argent pur, la valeur du gramme d'argent est

$$198^f,50 : 900 = 0^f,22056,$$

et le kilogramme d'argent pur se paie au change des monnaies 220ᶠ,56.

Remarque. Dans les questions relatives à la valeur des monnaies on néglige toujours la valeur du cuivre; ainsi nous avons admis plus haut que 1000 grammes d'alliage renfermant 900 grammes d'or ont la même valeur que les 900 grammes d'or qu'ils contiennent.

Du titre des objets d'or et d'argent.

218. La loi du 19 brumaire an VI (9 novembre 1797) autorise deux titres pour les ouvrages d'argent :

Le 1ᵉʳ à 950 *millièmes*; le 2ᵉ à 800 *millièmes.*

Cette loi autorise trois titres pour les ouvrages d'or :

Le 1ᵉʳ à 920 *millièmes*; le 2ᵉ à 840 *millièmes*; et le 3ᵉ à 750 *millièmes* (*).

Ces titres ne sont pas les mêmes que ceux des monnaies, afin que les orfèvres n'aient aucun avantage à fondre des pièces de monnaie pour en faire divers objets.

Il est interdit de fabriquer des objets d'or et d'argent dont les titres soient inférieurs à 0,750 pour l'or et à 0,800 pour l'argent. Un objet d'or au titre de 0,960 n'est pas brisé au contrôle, mais poinçonné à 0,920, qui est le titre légal immédiatement inférieur.

219. Problème. — *Étant donné le poids et le titre d'un alliage d'or ou d'argent, en trouver la valeur.*

On multiplie le poids du lingot par le titre et l'on obtient ainsi le poids de métal précieux qu'il renferme. Il suffit de multiplier ensuite la valeur du gramme d'or pur ou du gramme d'argent pur par le nombre de grammes d'or ou d'argent contenus dans l'alliage.

Soit à calculer, par exemple, la valeur intrinsèque d'un objet d'or au titre de 920 millièmes, pesant $10^{gr},567$. Cet objet renferme un poids d'or pur égal à

$$10^{gr},567 \times 0,920 = 9^{gr},72164;$$

sa valeur intrinsèque est donc

$$3^f,437 \times 9,72164 = 33^f,41.$$

CHAPITRE II.

ANCIENNES MESURES DE FRANCE.

Avant l'établissement du système métrique (23 septembre 1801), on faisait usage en France de mesures très-va-

---

(*) La loi tolère 3 millièmes d'erreur sur le titre d'un ouvrage d'or, et 5 sur celui d'un ouvrage d'argent.

ANCIENNES MESURES DE FRANCE.

riées; il est utile d'en connaître les principales et de savoir les convertir en mesures métriques.

§ I. Mesures de longueur.

220. 1° La *toise* se composait de 6 *pieds;* le pied se divisait en 12 *pouces;* le pouce en 12 *lignes*, et la ligne en 12 *points*.

L'arc de méridien de France et celui du Pérou ont été mesurés avec la *toise*, et l'on a déduit de ces mesures que la distance du pôle à l'équateur contient 5 130 740^t.

Ainsi
$$10\,000\,000^m = 5\,130\,740^t,$$

d'où l'on déduit que

$$1^t = \frac{10\,000\,000}{5\,130\,740} = 1^m,949\,036\,;$$

par suite

$$1^p = \frac{1^m,949\,036}{6} = 0^m,324\,839,$$

$$1^p = \frac{0,324\,839}{12} = 0^m,027\,070,$$

$$1^l = \frac{0,02\,707}{12} = 0^m,002\,256.$$

2° L'*aune* avait 3 pieds 7 pouces 10 lignes et 10 points; elle servait à mesurer les étoffes.

3° La *perche* (qui servait à mesurer les dimensions des terrains) variait de 18 à 28 pieds. A Paris elle avait 18 pieds. Dans toute la France on mesurait les forêts à la perche de 22 pieds.

Les mesures itinéraires étaient :

La *lieue terrestre* (la 25e partie du degré) de 2280^t,33 ou 4444^m,44.

La *lieue marine* (la 20e partie du degré) de 2850^t,4 ou 5556 mètres.

La *lieue de poste* de 2000 toises ou 3898 mètres.

Les marins emploient encore, pour évaluer les distances, le *mille*, dont trois forment la lieue marine. Un mille est la soixantième partie du degré ou la minute de l'équateur; il vaut 1852 mètres.

Le *nœud* est la $\frac{1}{120}$ partie du *mille marin*, c'est-à-dire 15^m,433; voici l'origine de cette mesure.

La ligne employée à la mer pour mesurer la vitesse d'un navire est munie de nœuds en drap distants de 15^m,433 les uns des autres; l'extrémité de la ligne est attachée à un triangle de bois lesté de plomb à sa base, de façon qu'il se tienne verticalement dans l'eau; ce triangle s'appelle *loch*. Chaque fois que la vitesse du navire paraît changer, on jette le loch à la mer en laissant la ligne se dévider librement; comme la planchette est verticale, l'eau oppose à son mouvement une grande résistance, et le loch est sensiblement stationnaire lorsqu'il est éloigné d'une distance égale à la longueur du navire; le remou ne le dérange plus. A partir de cet instant on compte le nombre de nœuds qui passent en 30 secondes ou $\frac{1}{120}$ d'heure; autant de nœuds en 30 secondes, autant de milles à l'heure. Ainsi 12 nœuds filés en 30 secondes indiquent une marche de 12 milles ou de 4 lieues marines par heure.

Les marins emploient encore:
La *brasse* de 5 pieds (1^m,624);
L'*encâblure* de 100 toises (194^m,904);
La *nouvelle encâblure* de (200 mètres).

221. TABLE DE CONVERSION. — Pour faciliter la conversion des toises, pieds, pouces, lignes, en mètres, on a construit la table suivante; elle renferme les valeurs en mètres de 1, 2,..., 9 toises; de 1, 2,..., 9 pieds et pouces. On y trouve aussi les valeurs en millimètres de 1, 2,..., 9 lignes.

TABLE POUR LA RÉDUCTION DES TOISES, PIEDS, POUCES EN MÈTRES
ET FRACTIONS DÉCIMALES DU MÈTRE.

Toises.	Mètres.	Pieds.	Mètres.	Pouces.	Mètres.	Lignes.	Millimètres.
1	1,94904	1	0,32484	1	0,02707	1	2,256
2	3,89807	2	0,64968	2	0,05414	2	4,512
3	5,84711	3	0,97452	3	0,08121	3	6,767
4	7,79615	4	1,29936	4	0,10828	4	9,023
5	9,74518	5	1,62420	5	0,12535	5	11,279
6	11,69422	6	1,94904	6	0,16242	6	13,535
7	13,64326	7	2,27388	7	0,18949	7	15,791
8	15,59229	8	2,59872	8	0,21656	8	18,047
9	17,54133	9	2,92355	9	0,24363	9	20,302

222. *Usage de cette table.* — Pour convertir en mesures métriques une longueur exprimée en toises, pieds, pouces et lignes, on n'a plus à faire que de simples additions (*).

Exemple I. — *Trouver la valeur de l'aune en mètres et décimales du mètre ; on sait que* $1^{au} = 3^p\ 7^p\ 10^l\ \frac{5}{6}$.

$$
\begin{aligned}
3^P &= 0^m,974\ 52 \\
7^p &= 0\ ,189\ 49 \\
10^l &= 0\ ,022\ 56 \\
\tfrac{5^l}{6} &= 0\ ,001\ 88 \\
\text{Valeur de l'aune} &\ldots\ldots\ 1^m,188\ 45
\end{aligned}
$$

Exemple II. — *Réduire en mètres* $2534^t\ 4^P\ 7^p\ 10^l$; on dispose le calcul de cette manière :

$$
\begin{aligned}
\text{Pour } 2000^t &\ldots\ldots\ 3898^m,07 \\
500^t &\ldots\ldots\ 974\ ,518 \\
30^t &\ldots\ldots\ 58\ ,471 \\
4^t &\ldots\ldots\ 7\ ,796 \\
4^P &\ldots\ldots\ 1\ ,299 \\
7^p &\ldots\ldots\ 0\ ,189 \\
10^l &\ldots\ldots\ 0\ ,022 \\
\hline
2534^t\ 4^P\ 7^p\ 10^l &\quad\ 4940^m,365
\end{aligned}
$$

(*) Pour abréger, on désigne les mots toise, pied, pouce et ligne respectivement par les initiales t, P, p et l placées à droite et un peu au-dessus du nombre.

La valeur de 2000 toises prise dans la table précédente n'est exacte qu'à un demi-centimètre près ; dès lors il n'est pas utile d'inscrire les autres termes de la somme avec 4 ou 5 chiffres décimaux, et l'on s'est arrêté au chiffre des millimètres.

L'erreur commise dans la somme des six derniers nombres est par défaut et moindre que 3 millimètres ; d'ailleurs l'erreur de 3898^m,07 est moindre que 5 millimètres ; la somme 4940^m,365 n'est donc pas en erreur de 10 millimètres et 4940^m,37 est exact à un centimètre près.

§ II. Mesures de superficie.

223. On prenait pour unités de surface les carrés construits sur les unités de longueur.

La principale unité des mesures de surface était la *toise carrée*, qui se subdivisait en 36 *pieds carrés* ; le pied carré renfermait 144 *pouces carrés*, etc.

TABLE POUR LA RÉDUCTION DES ANCIENNES MESURES DE SURFACE EN MESURES MÉTRIQUES.

Toises carrées.	Mètres carrés.	Pieds carrés.	Mètres carrés.	Pouces carrés.	Centimètres carrés.	Lignes carrées.	Millimètres carrés.
1	3, 7987	1	0, 1055	1	7, 3278	1	5, 089
2	7, 5975	2	0, 2110	2	14, 6556	2	10, 178
3	11, 3962	3	0, 3166	3	21, 9835	3	15, 266
4	15, 1950	4	0, 4221	4	29, 3113	4	20, 355
5	18, 9937	5	0, 5276	5	36, 6391	5	25, 444
6	22, 7925	6	0, 6331	6	43, 9669	6	30, 533
7	26, 5912	7	0, 7386	7	51, 2948	7	35, 621
8	30, 3899	8	0, 8442	8	58, 6226	8	40, 710
9	34, 1887	9	0, 9497	9	65, 9504	9	45, 799

224. La mesure agraire la plus commune était l'*arpent*, composé de 100 perches carrées ; quant à la longueur de la perche, elle variait selon les localités. L'arpent se subdivisait en *quartiers* et en 12 *boisselées*.

VALEURS DES ANCIENNES MESURES AGRAIRES.

NOMS DE CES MESURES.	PIEDS CARRÉS.	TOISES CARRÉES.	MÈTRES CARRÉS.
Perche des eaux et forêts....	484	13,44	51,07
Arpent des eaux et forêts....	48400	1344,44	5107,20
Perche de Paris............	324	9,00	34,19
Arpent de Paris............	32400	900,00	3418,87

§ III. Mesures de volume.

225. On employait pour unités de volume les cubes construits sur les unités de longueur.

La principale unité de volume était donc la toise cube qui se subdivisait en 216 pieds cubes; le pied cube renfermait 1728 pouces cubes, etc.

TABLE POUR LA CONVERSION DES MESURES DE VOLUME.

TOISES CUBES.	MÈTRES CUBES.	PIEDS CUBES.	MÈTRES CUBES.	POUCES CUBES.	CENTIMÈTRES CUBES.	LIGNES CUBES.	MILLIMÈTRES CUBES.
1	7,4039	1	0,03428	1	19,836	1	11,48
2	14,8078	2	0,06855	2	39,673	2	22,96
3	22,2117	3	0,10283	3	59,509	3	34,44
4	29,6156	4	0,13711	4	79,345	4	45,92
5	37,0195	5	0,17139	5	99,182	5	57,40
6	44,4233	6	0,20566	6	119,018	6	68,88
7	51,8272	7	0,23994	7	138,855	7	80,36
8	59,2311	8	0,27422	8	158,691	8	91,84
9	66,6350	9	0,30850	9	178,527	9	103,31

226. Pour les bois de chauffage l'unité était la *corde*, qui avait 8 pieds de couche sur 4 de hauteur; la longueur du bois variait de 2 pieds à 4 pieds $\frac{1}{2}$; mais pour la *corde* *des eaux et forêts*, la longueur du bois était fixée à 3 pieds $\frac{1}{2}$.

La *voie*, encore en usage à Paris, est la moitié de la corde.

Une corde des eaux et forêts vaut $3^{st},8390$.

Une corde de bois de 4 pieds vaut $4^{st},3875$ (*).

227. L'unité des bois de charpente était la *solive*, ayant 12 pieds de longueur sur 6 pouces d'équarrissage; elle valait par conséquent 3 pieds cubes.

228. La principale mesure de capacité était la *pinte de Paris* ($0^l,931318$); elle se divisait en 2 *chopines*.

Les autres étaient : 1° la *velte*, valant 8 pintes; 2° le *muid de Bourgogne*, valant 36 veltes ou 288 pintes; il se divisait en 2 *feuillettes* ou en 4 *quartauts* (**).

229. Pour les grains on avait : 1° le *boisseau de Paris* ($13^l,008697$), qui se divisait en 16 litrons; 2° le *setier*, qui valait 12 boisseaux; 3° le *muid*, qui valait 12 setiers.

§ IV. Mesures de poids.

230. L'unité de poids était la *livre*; elle se divisait en 2 *marcs*, le marc en 8 *onces*, l'once en 8 *gros*, et le gros en 3 *deniers* ou 72 *grains*. Le *quintal* valait 100 livres.

(*) La corde est encore une mesure employée dans plusieurs départements, mais ses dimensions ont augmenté, parce que le pied usuel, qui est le tiers du mètre, a été substitué à l'ancien pied; en tenant compte de cette modification, on trouve facilement que

Si le bois a 2^P,	la corde vaut	$2^{st},370$
— 2,5	—	2,963
— 3	—	3,556
— 3,5	—	4,148
— 4	—	4,741
— 4,5	—	5,333

(**) Le fût appelé *poinçon* est encore en usage dans plusieurs départements du Centre : il contient 228 litres.

TABLE DE CONVERSION POUR LES POIDS.

NOMBRES.	LIVRES EN KILOGRAMMES.	ONCES EN GRAMMES.	GROS EN GRAMMES.	GRAINS EN GRAMMES.
1	0,48951	30,59	3,824	0,053
2	0,97901	61,19	7,649	0,106
3	1,46852	91,78	11,473	0,159
4	1,95802	122,38	15,297	0,212
5	2,44753	152,97	19,121	0,266
6	2,93703	183,56	22,946	0,319
7	3,42654	214,16	26,770	0,372
8	3,91605	244,75	30,594	0,425
9	4,40555	275,35	34,418	0,478

§ V. Monnaies.

231. L'unité monétaire était la *livre tournois;* elle se subdivisait en 20 *sous;* le sou en 4 *liards* et le liard en 3 *deniers*.

Pour comparer la valeur de la livre tournois et celle du franc on compare les poids d'argent pur renfermés dans ces deux monnaies. On trouve ainsi que 81 livres tournois valent à très-peu près 80 fr. Donc

$$1^{liv} = \frac{80^f}{81} = 0^f,987651.$$

REMARQUE. Avec ces anciennes mesures les questions les plus simples donnaient lieu à de longs calculs, que l'on appelait avec raison *calculs sur les nombres complexes;* ces opérations se présentent rarement depuis l'introduction du système métrique. Nous ne développerons que celles qui sont relatives au *temps* et au *arcs de cercle,* parce que ce sont les seuls nombres complexes encore en usage.

CHAPITRE III.

DU TEMPS ET DE LA CIRCONFÉRENCE.

232. MESURES DE DURÉE. — Les principales unités de temps sont données par les mouvements de la terre.

233. La terre fait des révolutions d'égale durée sur son axe, et l'on appelle *jour sidéral* la durée d'une de ces révolutions ; cette unité n'est guère usitée qu'en astronomie.

On emploie de préférence le *jour solaire moyen,* qui est l'intervalle de temps qui s'écoule entre deux *midis* consécutifs ; il est plus long que le jour sidéral de 4 minutes environ.

Chacune de ces espèces de jour se subdivise en 24 heures, l'heure en 60 minutes, la minute en 60 secondes. Quand un intervalle de temps est moindre qu'une seconde, on l'estime en fraction décimale de seconde. Une durée égale à 3 jours moyens 7 heures 51 minutes 17 secondes et 3 dixièmes de seconde s'écrit ainsi :

$$3^{jm}\ 7^h\ 51^m\ 17^s,3.$$

234. La terre a un autre mouvement qu'elle exécute autour du soleil. On appelle *année* le temps qu'elle emploie à faire, autour de cet astre, une révolution complète ; une année renferme $365^{jm}\frac{1}{4}$ environ.

Les années qui servent pour indiquer les dates doivent nécessairement se composer d'un nombre exact de jours ; c'est pour cette raison qu'on a substitué à l'année astronomique une année de convention dite *année civile,* qui renferme exactement 365 ^{jm}. — Il résulte de là que quatre années solaires valent un jour de plus que quatre années civiles; pour rétablir l'accord, on ajoute un jour à chaque quatrième année civile, qui est appelée *bissextile*. Ainsi trois années civiles consécutives sont de 365 jours et la quatrième est de 366 jours.

255. DIVISION DE LA CIRCONFÉRENCE. — La circonférence se divise en 360 parties égales appelées degrés; chaque degré, en 60 parties égales appelées minutes; chaque minute, en 60 parties égales appelées secondes.

Un arc de 25 degrés 42 minutes 37 secondes et 8 dixièmes de seconde s'écrit :

$$25° \; 42' \; 37'',8.$$

De cette manière on ne peut pas confondre les minutes et les secondes d'arc avec les minutes et les secondes de temps.

Les calculs relatifs au temps et aux arcs de cercle ont entre eux beaucoup d'analogie; voici les questions qui se présentent le plus souvent.

256. PROBLÈME I. — 1° *Étant donné un intervalle de temps*, 365^j 5^h 48^m 47^s,46, *exprimé en jours, heures, minutes et secondes, le convertir en secondes.*

2° *Étant donné un arc*, 13° 57' 42'',3, *trouver le nombre de secondes qu'il renferme.*

Solution. — 1° On multipliera par 24 le nombre de jours, 365, et l'on ajoutera 5 heures au produit; pour réduire en minutes le nombre d'heures ainsi trouvé, on le multipliera par 60; on ajoutera ensuite les 48 minutes au produit, etc.

2° On multipliera par 60 le nombre de degrés, 13, et l'on ajoutera 57 minutes au produit; pour réduire en secondes le nombre de minutes ainsi trouvé, on le multipliera par 60; on ajoutera ensuite au produit les 42'',3.

Voici le tableau de ces deux calculs :

182   DU TEMPS ET DE LA CIRCONFÉRENCE.

$$365^j$$
$$24$$
$$\overline{1460}$$
$$730$$
$$\overline{8760^h}$$
$$5^h$$
$$\overline{8765^h} \qquad\qquad 13°$$
$$60 \qquad\qquad\quad 60$$
$$\overline{525900^m} \qquad\quad \overline{780'}$$
$$48^m \qquad\qquad\quad 57'$$
$$\overline{525948^m} \qquad\quad \overline{837'}$$
$$60 \qquad\qquad\quad 60$$
$$\overline{31556880^s} \qquad \overline{50220''}$$
$$47^s,46 \qquad\qquad 42'',3$$
$$\overline{31556927^s,46} \quad\; \overline{50262'',3}$$

237. Problème II. — 1° *Étant donné un intervalle de temps,* 2 551 453 *secondes, exprimé en secondes, l'évaluer en jours, heures, minutes et secondes.*

2° *Connaissant le nombre de secondes,* 1 261 623'', *que renferme un arc, l'évaluer en degrés, minutes et secondes.*

Solution. — 1° Il y a dans 2 551 453 secondes un nombre de minutes marqué par le quotient

$$2\,551\,453 : 60,$$

c'est-à-dire 42 524 minutes, plus un nombre de secondes égal au reste 13 de cette division.

De même, dans 42 524 minutes il y a un nombre d'heures égal au quotient

$$42\,524 : 60,$$

c'est-à-dire 708 heures, plus un nombre de minutes égal au reste 44 de cette division.

Enfin 708 heures renferment un nombre de jours égal au quotient

$$708 : 24,$$

c'est-à dire 29 jours, plus un reste égal à 12 heures.

Ainsi : 2 551 453^s = 29^j 12^h 44^m 13^s.

Voici le tableau des calculs :

$$
\begin{array}{r|l}
2\,551\,453^s & 60 \\
13 & \overline{42\,524^m} \mid 60 \\
44 & \overline{708^h} \mid 24 \\
& 228 \mid \overline{29^j} \\
& 12 \mid
\end{array}
$$

Pour effectuer la première division par 60 on a pris (page 42) le sixième de 255145 et, à la suite du reste 1 de cette division on a abaissé le chiffre 3. La division par 24, seule, a été inscrite complétement.

2° Pour réduire 1 261 623 secondes en degrés, minutes et secondes d'arc on suit une marche analogue

$$
\begin{array}{r|l}
1\,261\,623'' & 60 \\
3'' & \overline{21\,027'} \mid 60 \\
& 27' \mid \overline{350°}
\end{array}
$$

et l'on trouve
$$1\,261\,623'' = 350° \; 27' \; 3''.$$

258. PROBLÈME III. — *Étant donné un intervalle de temps* $27^j,321\,661\,423$, *exprimé en jours et fraction décimale de jour, l'exprimer en jours, heures, minutes et secondes.*

Solution. — Le nombre d'heures que renferme $0^j,321\,661\,423$ est égal à la partie entière du produit

$$24^h \times 0,321\,661\,423 = 7^h,719\,874\,152.$$

Le nombre de minutes que renferme $0^h,719\,874\,152$ est égal à

$$60^m \times 0,719\,874\,152 = 43^m,19\,244\,912.$$

Le nombre de secondes que renferme
$$0^m,19\,244\,912$$
est égal à
$$60^s \times 0,19\,244\,912 = 11^s,547.$$

En ajoutant ces résultats on trouve que
$$27^j,321\,661\,423 = 27^j \; 7^h \; 43^m \; 11^s,547.$$

259. PROBLÈME IV. — *Étant donné un intervalle de*

temps $0^j\,14^h\,52^m\,35^s,1$, *exprimé en heures, minutes et secondes, l'exprimer en fraction décimale du jour.*

Solution. — On réduit en secondes $14^h\,52^m\,35^s,1$ et l'on trouve
$$14^h\,52^m\,35^s,1 = 53555^s,1.$$

Comme 1 jour renferme 86400 secondes, la fraction de jour demandée est égale au quotient
$$\frac{53555,1}{86400},$$

que l'on convertit en décimales; l'on trouve ainsi que
$$0^j\,14^h\,52^m\,35^s,1 = 0^j,649851.$$

240. Problème V. — *Ajouter plusieurs intervalles de temps ou plusieurs arcs.*

Règle pratique. — *On dispose les nombres proposés les uns au-dessous des autres, de manière que les unités de même espèce se correspondent; puis on trace une ligne horizontale au-dessous du dernier nombre. Alors on additionne chaque colonne en commençant par celle des plus petites unités; si la somme d'une colonne contient des unités de l'ordre immédiatement supérieur, on les retient pour les ajouter aux unités de cet ordre; quant aux unités simples, on les écrit au-dessous de la colonne sur laquelle on opère.*

Exemples :

2^j	10^h	42^m	23^s		$25°$	$18'$	$35''$
8	5	24	17		42	31	18
13	15	36	25		13	47	19
23	14	22	18		22	54	39
47^j	22^h	5^m	23^s		$102°$	$150'$	$111''$
				ou	$104°$	$31'$	$51''$

Dans la dernière addition on a inscrit sur une première ligne les sommes partielles obtenues directement, puis sur une seconde le résultat définitif, après réduction.

Pour faire ces réductions on a observé que $111''$ valent $1'\,51''$; on a donc inscrit $51''$ et ajouté 1 à la somme des minutes, ce qui a donné $151'$ ou $2°\,31'$; en ajoutant ces $2°$ à $102°$ on a trouvé pour la somme demandée

DU TEMPS ET DE LA CIRCONFÉRENCE.   185

$$104° \; 31' \; 51''.$$

Avec un peu d'habitude on fait de tête ces dernières opérations, et l'on inscrit tout de suite le résultat définitif; c'est ainsi qu'on a opéré dans le premier exemple.

241. Problème VI. — *Trouver la différence entre deux intervalles de temps ou entre deux arcs de cercle.*

Règle pratique. — *On écrit le plus petit nombre sous le plus grand de manière que les unités de même espèce se correspondent ; on commence ensuite la soustraction par les unités de la plus petite espèce, et l'on inscrit le reste au-dessous. Si l'une de ces soustractions partielles est impossible, on ajoute au grand nombre une unité de l'espèce immédiatement supérieure, mais il faut avoir soin, dans la soustraction partielle suivante, d'ajouter une unité de même ordre au nombre inférieur.*

Exemples :

18^j	14^h	25^m	$58^s,7$		$32°$	$17'$	$48'',6$
7	15	51	$21\,.3$		11	39	$57\,,5$
10^j	22^h	34^m	$37^s,4$		$20°$	$37'$	$51'',1$

Dans la première soustraction il est impossible de retrancher 51 minutes de 25 minutes ; en ajoutant 60 minutes à ce dernier nombre on dira donc : 85 minutes moins 51 minutes donnent 34 minutes pour reste. Mais à la soustraction suivante on retranchera 16 heures pour que le reste ne soit pas altéré. Comme 16 ne peut être ôté de 14, il faut ici ajouter 24 heures, et l'on dira : 38 heures moins 16 heures reste 22, puis 18 jours moins 8 jours donnent pour reste 10 jours.

242. Problème VII. — *Étant donné un intervalle de temps ou bien un arc, le multiplier par un nombre entier.*

Règle pratique. — *On multiplie par le nombre entier chacune des parties du multiplicande en commençant par les unités de la plus petite espèce ; on extrait de chaque produit partiel les unités d'ordre supérieur qu'il peut renfermer, et on les ajoute au produit suivant.*

Exemples :

18ʲ	4ʰ	51ᵐ	25ˢ		32°	17′	48″,47
			8				5
144ʲ	32ʰ	408ᵐ	200ˢ		160°	85′	242″,35
145ʲ	14ʰ	51ᵐ	20ˢ		161°	29′	2″,35

243. Problème VIII. — *Étant donné un intervalle de temps ou bien un arc de cercle, le diviser par un nombre entier.*

Règle pratique. — *On divise successivement par le nombre entier chaque sorte d'unité du dividende, en commençant par la plus grande. On convertit le reste de chacune de ces divisions en unités immédiatement inférieures, et l'on ajoute le résultat à la partie correspondante du dividende.*

Exemples :

```
145ʲ     14ʰ      54ᵐ      20ˢ  | 8
 65                              |─────────────────
  1ʲ ou  24ʰ                     | 18ʲ  4ʰ  51ᵐ  25ˢ
         ───
         38
          6ʰ ou  360ᵐ
                 ───
                 411
                  11
                   3ᵐ ou 180ˢ
                        ────
                        200ˢ
```

```
   161°    29′    35″  | 5
    11                 |──────────────
     1° ou 60′         | 32° 17′ 55″
        ───
        89′
        39
         4′ ou 240″
              ────
              275″
               25
                0
```

PROBLÈMES

SUR LE SYSTÈME MÉTRIQUE

1. Le grand cercle d'un globe géographique a $0^m,80$ de tour. On a mesuré sur ce globe, à l'aide d'un ruban gradué, la distance de deux villes, et on l'a trouvée de $0^m,046$. Quelle est réellement la distance de ces deux villes : 1° en kilomètres, 2° en milles marins ?
$R.\ 2300^{km}$ ou 1242 milles.

2. Dans un volume de $54^{mc},567898$, combien y a-t-il de décimètres cubes, de centimètres cubes et de millimètres cubes?
$R.\ 54567^{dmc},898\ ;\quad 54567898^{cmc}\ ;\quad 54567898000^{mmc}$.

3. Une personne veut faire construire un hangar qui puisse contenir 135 stères de bois ; sachant que la hauteur aura 3 mètres et la largeur 5 mètres, quelle doit être au moins la longueur du hangar ?
$R.\ 9^m$.

4. Combien pourra-t-on remplir de fois un litre avec $3^{mc},243$ d'eau ?
$R.\ 3243$.

5. Quel est le poids en kilogrammes de 17 mètres cubes d'eau distillée ?
$R.\ 17000^{kg}$.

6. Quel est le poids en kilog. de $43^{mc},4578$ d'eau pure ?
$R.\ 43457^{kg},8$.

7. Quel est le volume de $348^{kg},526$ d'eau distillée ?
$R.\ 348^{dmc},526$.

8. Quel est le poids d'un litre de mercure, sachant que sa densité est 13,6 ?
$R.\ 13^{kg},6$.

9. Quel est le poids de 59 litres d'eau de mer, sachant que sa densité est 1,0263 ?
$R.\ 60^{kg},552$.

10. L'expérience montre que l'air pèse 770 fois moins que l'eau, et la densité du mercure par rapport à l'eau est 13,6. Combien faut-il de litres d'air pour peser autant qu'un litre de mercure?
$R.\ 10472^l$.

11. On convertit une masse de plomb pesant 753 kilogrammes en feuilles ayant $0^{mm},1$ d'épaisseur. On demande de calculer, en ares et centiares, la surface que l'on pourrait recouvrir avec les feuilles ainsi obtenues ; la densité du plomb est 11,3.
$R.\ 6$ ares 66 centiares.

12. Une feuille d'étain rectangulaire d'épaisseur uniforme a 85 centimètres de largeur et 1^m,35 de longueur ; elle pèse 208 grammes. Quelle en est l'épaisseur, sachant que la densité de l'étain est 7,3?

R. 0^cm,0032.

13. Une pièce de cinq francs en argent, altérée par l'usage, ne pèse que 24^g,492, combien a-t-elle perdu au moins par le frottement?

R. En poids, 0^g,433, et en valeur 0^f,086.

14. Combien perd une pièce de vingt francs du poids de 6^g,341 ?

R. 0^g,0977, et en valeur elle perd 0^f,30 au moins.

15. Sachant qu'à poids égal, la monnaie d'or a une valeur quinze fois et demie aussi grande que celle de la monnaie d'argent, on propose de calculer le poids d'une ancienne pièce de 40 francs.

R. 12^g,903.

16. Combien recevrait-on au change des monnaies pour le prix d'un objet d'argent au premier titre et qui pèserait 454^g,25 ?

R. 95^f,18.

17. Quelle est la valeur en monnaie française du souverain d'or d'Angleterre? Le titre légal de cette pièce est 0,916 et son poids est 7^g,981.

R. 25^f,13.

18. Trouver la valeur en monnaie française du thaler prussien, sachant que le titre de cette pièce d'argent est 0,750 et que son poids est 22^g,271 ?

R. 3^f,684.

19. Le florin du duché de Bade et de Bavière est une pièce d'argent au titre de 0,900 et pesant 10^g,606. Quelle est sa valeur en francs?

R. 2^f,10.

20. Trouver la densité de l'alliage qui sert à fabriquer les monnaies d'or françaises, sachant que la densité de l'or est 19,26 et que celle du cuivre est 8,85. On suppose qu'il n'y a ni contraction ni dilatation pendant la fusion des métaux.

R. 17,232.

21. Trouver la densité de l'alliage que l'on emploie pour fabriquer en France les monnaies d'argent, sachant que la densité de l'argent est 10,47 et celle du cuivre 8,85.

R. 10,28, si le titre est 0,900 ; 10,21, si le titre est 0,835.

22. Trouver en millimètres cubes le volume d'une pièce de 10 centimes ; les densités du cuivre, du zinc et de l'étain sont respectivement : 8,85 ; 7,2 et 7,3.

R. 1142^mmc,1.

23. Une personne qui vient d'acheter un terrain pour 25750 francs trouve dans ses titres que l'étendue de sa propriété est de 9 arpents

PROBLÈMES SUR LE SYSTÈME MÉTRIQUE. 189

des eaux et forêts. On demande quelle est sa contenance en hectares et à combien lui revient l'hectare.

R. 4^{ha} 59^a 65^{ca} et 5602^f.

24. On a proposé, lors de l'établissement du système métrique, de diviser la circonférence du cercle en 400 parties égales nommées grades, chaque grade en 100 parties égales appelées minutes de grade et chaque minute en 100 secondes. D'après cela, on propose : 1° de réduire en grades 77° 53′ 25″ ; 2° de convertir en degrés, minutes et secondes sexagésimales 54^{gr}, 2433.

R. 86^{gr},54475 et 48° 49′ 8″,3.

25. Un mobile parcourt une circonférence d'un mouvement uniforme et décrit chaque jour un arc de 12° 11′ 26″,7. Calculer, en jours, heures, minutes et secondes, la durée d'une révolution complète.

R. 29^j 12^h 44^m 2^s,7.

26. Paris et Perpignan sont sensiblement sur le même méridien : leurs latitudes sont respectivement

48° 50′ 49″,
42° 41′ 39″ ;

trouver en mètres la distance de ces deux villes.

R. 683642^m.

27. Deux mobiles parcourent une circonférence l'un en 365^j 6^h 3^m 10^s,71, l'autre en 686^j 23^h 30^m 41^s,41. Ils partent du même point et vont dans le même sens. Au bout de combien de temps le premier atteindra-t-il le second ?

R. 779,936 ou 779^j 22^h 28^m.

28. Sur le chemin de Paris à Lyon les deux express (de Paris) de 11 heures du matin et de 8 heures du soir arrivent à Lyon respectivement à 10^h 5^m du soir et à 6^h 55^m du matin. L'express qui part de Lyon à 7^h 45^m du soir pour se rendre à Paris arrive à 5^h 5^m du matin. On demande à quelle heure et à quelle distance de Paris ce dernier train rencontrera les deux autres. La distance de Paris à Lyon est 512 kilomètres.

R. $8^h 49^m$ du soir et à 453^{km},481 de Paris.
Minuit 54^m et à 229^{km},660 de Paris.

EXEMPLES DE SOLUTION DE PROBLÈMES.

Dans les questions un peu difficiles il faut, dans le courant de la solution, ne pas effectuer les calculs numériques à mesure qu'ils se présentent. On dresse le tableau de toutes les opérations à effectuer et on le simplifie autant que possible ; c'est alors seulement qu'on fait les calculs.

Premier problème.

En 121 jours de travail, une machine à vapeur a consommé 851 950 kil. de charbon ; elle travaillait 12 heures par jour. On apporte à sa construction un perfectionnement qui permet de ne brûles que 2960 kilog. de charbon en 37 heures. Trouver l'économie annuelle due à ce perfectionnement, en supposant que la machine fonctionne 330 jours dans l'année et que le charbon coûte 3^f,50 les 100 kilogrammes.

Solution. — La dépense de la machine, en 12 heures, était d'abord
$$\frac{851\,950}{121}.$$
Après les modifications qu'elle a subies, elle dépense dans une heure
$$\frac{2\,960}{37},$$
et en 12 heures,
$$\frac{2\,960 \times 12}{37};$$
la différence des dépenses en un jour de 12 heures de travail est donc
$$\frac{851\,950}{121} - \frac{2\,960 \times 12}{37} = \frac{851\,950 \times 37 - 2\,960 \times 12 \times 121}{121 \times 37};$$
comme
$$2\,960 = 37 \times 80,$$
on voit que l'on peut diviser par 37 chacun des termes de cette fraction ; cette différence se réduit donc à
$$\frac{851\,950 - 80 \times 12 \times 121}{121}.$$
Ici se présente encore une simplification : en effet l'on a
$$851\,950 = 50 \times 17\,039,$$
ou bien encore
$$851\,950 = 50 \times 11 \times 1549 ;$$
le facteur 11 est donc commun aux deux termes de la fraction qui se réduit à
$$\frac{50 \times 1549 - 80 \times 12 \times 11}{11}.$$
Ceci posé, l'économie de charbon en 330 jours sera 330 fois plus grande, et la somme d'argent cherchée sera
$$\frac{3^f,50}{100} \times \frac{50 \times 1549 - 80 \times 12 \times 11}{11} \times 330,$$

SOLUTIONS DE QUELQUES PROBLÈMES.   191

ou bien, en enlevant le facteur 11 commun à 330 et au dénominateur,

$$3^f,50 \times \frac{(50 \times 1549 - 80 \times 12 \times 11) \times 30}{100};$$

ce résultat se réduit d'abord à

$$3^f,50 \times (5 \times 1549 - 8 \times 12 \times 11) \times 3,$$

puis à

$$3^f,50 \times 6689 \times 3.$$

On trouve donc pour l'économie demandée

$$70\,234^f,50.$$

Deuxième problème.

Un terrain de 60 arpents de Paris a été payé à raison de 3000 livres tournois l'arpent avant l'établissement du système métrique; sa valeur a doublé depuis cette époque. On demande quelle est en francs sa valeur actuelle et ce que vaut l'hectare de ce terrain, sachant :

1° Que 80 francs valent 81 livres tournois;
2° Que l'arpent de Paris valait 100 perches carrées dont chacune était un carré de 18 pieds de côté;
3° Que le pied était le sixième de la toise;
4° Enfin que 10 millions de mètres valent 5 130 740 toises (*).

Solution. — Puisque la valeur de l'arpent a doublé depuis que l'on a acheté le terrain, le prix de l'arpent serait actuellement, en livres tournois :

$$3000^{liv} \times 2 = 6000^{liv};$$

sa valeur en francs serait

$$80^f \times \frac{6000}{81} = \frac{80^f \times 2000}{27} = \frac{160\,000^f}{27},$$

car 1 livre tournois vaut les $\frac{80}{81}$ de 1 franc.

Comme la propriété renferme 60 arpents, sa valeur en francs est

$$\frac{160\,000^f}{27} \times 60 = \frac{1\,600\,000 \times 2}{9},$$

ou

$$\frac{3\,200\,000^f}{9} = 355\,555^f,55;$$

c'est la première inconnue de l'énoncé.

(*) Proposé au concours général des lycées de Paris en 1865 (classe de troisième).

Pour calculer la valeur actuelle de l'hectare, il faut chercher d'abord la valeur de l'arpent en hectares. La valeur de la toise en mètres est, d'après l'énoncé,

$$\frac{10\,000\,000^m}{5\,130\,740} \quad \text{ou} \quad \frac{1\,000\,000^m}{513\,074},$$

et la valeur du pied en mètres est six fois plus petite, c'est-à-dire

$$\frac{1\,000\,000}{513\,074 \times 6}.$$

Le côté du carré, appelé perche carrée, est 18 fois plus grand, c'est-à-dire

$$\frac{1\,000\,000 \times 18}{513\,074 \times 6} = \frac{1\,000\,000 \times 3}{513\,074} = \frac{3\,000\,000^m}{513\,074};$$

par conséquent, pour obtenir le nombre de mètres carrés que renferme une perche carrée, il faudra élever au carré le résultat précédent; ainsi la valeur de la perche carrée est

$$\left(\frac{3\,000\,000}{513\,074}\right)^2$$

et la valeur de l'arpent en mètres carrés est

$$\left(\frac{3\,000\,000}{513\,074}\right)^2 \times 100.$$

Pour obtenir la valeur de l'arpent en hectares, il faut diviser par 10 000 le résultat précédent, ce qui donne

$$\left(\frac{3\,000\,000}{513\,074}\right)^2 \times \frac{1}{100} = \left(\frac{300\,000}{513\,074}\right)^2.$$

Si l'on divise la valeur actuelle de l'arpent par le nombre d'hectares que renferme l'arpent, on aura la valeur actuelle de l'hectare du terrain en question.

Cette seconde inconnue de l'énoncé est donc

$$\frac{160\,000}{27} : \left(\frac{300\,000}{513\,074}\right)^2 = \frac{160\,000 \times (513\,074)^2}{27 \times (300\,000)^2},$$

ou

$$\frac{16 \times (513\,074)^2}{27 \times (3000)^2} = \frac{16 \times 263\,244\,929\,476}{27 \times 9\,000\,000},$$

ou

$$\frac{4\,211\,918\,871\,616}{243\,000\,000} = 17\,333^f$$

à un centime près par excès.

LIVRE V.
RACINES.

CHAPITRE PREMIER.

RACINE CARRÉE.

§ Ier. — Principes sur les carrés et la racine carrée.

244. DÉFINITION I. — Nous avons vu que le *carré* d'un nombre est le produit de deux facteurs égaux à ce nombre. Ainsi le carré de 7 est 7×7 ou 49.

Les carrés des dix premiers nombres sont

$$1,\ 4,\ 9,\ 16,\ 25,\ 36,\ 49,\ 64,\ 81,\ 100.$$

DÉFINITION II. — *La racine carrée d'un nombre est un autre nombre qui multiplié par lui-même reproduit le premier.* Ainsi, la racine de 9 est 3, la racine de 25 est 5, la racine de 1 est 1. Pour abréger, on écrit

$$\sqrt[2]{9} = 3, \text{ ou simplement } \sqrt{9} = 3.$$

245. PRINCIPE 1. — *Le carré d'un nombre est égal au produit des carrés de ses facteurs.*

Soit le nombre 35, égal au produit de 5 par 7, je dis que
$$35^2 = 5^2 \times 7^2.$$

En effet
$$35^2 = 35 \times 35 = (5 \times 7) \times (5 \times 7);$$

or (n° 43), pour multiplier un nombre par un produit, il suffit de le multiplier successivement par chacun des facteurs de ce produit; nous multiplierons donc le premier facteur par 5, puis par 7. Mais (n° 44), pour multiplier (5×7) par 5 il suffit de multiplier le facteur 5, ce qui donne $5^2 \times 7$; ce résultat doit être multiplié par 7, ce qui donne, en appliquant encore le principe du n° 44,

$$5^2 \times 7^2.$$

246. Principe II. — *La racine carrée d'un produit est égale au produit des racines carrées de ses facteurs.*

Il faut prouver, par exemple, que

(1) $$\sqrt{16 \times 49} = \sqrt{16} \times \sqrt{49}.$$

Le second membre de cette égalité sera bien la racine carrée de 16×49 si l'on démontre qu'en l'élevant au carré l'on obtient ce produit. Or, d'après le premier principe, l'on a

$$(\sqrt{16} \times \sqrt{49})^2 = (\sqrt{16})^2 \times (\sqrt{49})^2,$$

et comme, par définition,

$$(\sqrt{16})^2 = 16 \text{ et } (\sqrt{49})^2 = 49,$$

l'on a

$$(\sqrt{16} \times \sqrt{49})^2 = 16 \times 49,$$

et l'égalité (1) est démontrée.

247. Principe III. — *On forme le carré d'une fraction en divisant le carré de son numérateur par celui du dénominateur.*

En effet

$$\left(\frac{5}{7}\right)^2 = \frac{5}{7} \times \frac{5}{7} = \frac{5 \times 5}{7 \times 7} = \frac{25}{49}.$$

La même règle s'applique à un nombre fractionnaire, si l'on a eu soin de le mettre sous forme de fraction. Ainsi

$$\left(7 + \frac{2}{3}\right)^2 = \left(\frac{23}{3}\right)^2 = \frac{529}{9}.$$

248. Principe IV. — *La racine carrée d'une fraction*

s'obtient en divisant la racine du numérateur par celle du dénominateur.

Par exemple

$$\sqrt{\frac{121}{225}} = \frac{\sqrt{121}}{\sqrt{225}} = \frac{11}{15}.$$

En effet, nous venons de voir qu'en élevant au carré la fraction $\frac{11}{15}$ on obtient $\frac{121}{225}$.

249. Principe V. — *Si un nombre est décomposé en deux parties, son carré renferme : le carré de la première partie, plus le double de la première partie multiplié par la seconde, plus le carré de la seconde.*

Démonstration. — Soit le nombre 13 égal à la somme des nombres 8 et 5 ;

$$\begin{array}{r} 8 + 5 \\ 8 + 5 \\ \hline 8^2 + 8 \times 5 \\ + 8 \times 5 + 5^2 \\ \hline 8^2 + 2 \times 8 \times 5 + 5^2 \end{array}$$

élever 13 au carré, c'est faire le produit $(8 + 5) \times (8 + 5)$; en multipliant d'abord $8 + 5$ par 8 on trouve $8^2 + 8 \times 5$; ensuite, multipliant $8 + 5$ par 5, on trouve $8 \times 5 + 5^2$; en réunissant ces deux produits partiels on a

$$8^2 + 2 \times 8 \times 5 + 5^2.$$

Conséquence I. — On peut toujours regarder un nombre de plusieurs chiffres comme la somme de ses dizaines et de ses unités, son carré doit donc renfermer : *le carré des dizaines, plus le double des dizaines multiplié par les unités, plus le carré des unités.* Exemple :

$$45^2 = (40 + 5)^2 = 40^2 + 2 \times 40 \times 5 + 5^2.$$

Conséquence II. — Les carrés de deux nombres entiers consécutifs diffèrent du double du petit nombre plus un.

En effet, le carré de 7 ou de $6 + 1$ est

$$(6 + 1)^2 = 6^2 + 2 \times 6 + 1 ;$$

la différence $7^2 - 6^2$ est donc 2 fois 6 plus 1, ou le double du petit nombre plus 1.

On voit donc qu'en ajoutant au carré d'un nombre le double de ce nombre plus un on obtient le carré du nombre entier immédiatement supérieur. Soit par exemple 64, qui est le carré de 8 ; en lui ajoutant 2 fois 8 plus 1, ou 17, on obtient 81, qui est le carré de 9.

§ II. — Racine carrée d'un nombre à moins d'une unité.

250. Définition. — *Lorsqu'un nombre n'est pas un carré parfait, sa racine carrée à moins d'une unité est le plus grand nombre entier dont le carré soit contenu dans le nombre proposé.*

Ainsi, la racine carrée de 67 à moins d'une unité est 8, parce que
$$8^2 < 67 < 9^2.$$

On appelle *reste* de l'opération *l'excès du nombre proposé sur le plus grand carré qu'il renferme :* dans l'exemple précédent le reste est égal à
$$67 - 64 = 3.$$

La racine carrée à une unité près d'un nombre plus petit que 100 s'obtient tout de suite quand on sait par cœur les carrés des 9 premiers nombres. Ainsi la racine de 84 est 9.

251. Problème I. — *Trouver le nombre des chiffres de la racine carrée d'un nombre plus grand que* 100.

Règle pratique. — *Pour déterminer le nombre des chiffres de la racine carrée d'un nombre plus grand que* 100, *on divise ce nombre, à partir de la droite, en tranches de deux chiffres, la dernière tranche à gauche pouvant n'avoir qu'un seul chiffre. Le nombre des chiffres de la racine est égal au nombre des tranches.*

Démonstration. — Les nombres de 3 ou de 4 chiffres en ont 2 à leurs racines, car ils sont compris entre 100 et

10000; par suite, leurs racines sont comprises entre 10 et 100.

Les nombres de 5 ou de 6 chiffres en ont 3 à leurs racines, car ces dernières sont comprises entre les racines de 10000 et de 1000000 qui sont 100 et 1000; ainsi de suite.

L'extraction de la racine carrée d'un nombre supérieur à 100 repose sur le principe suivant.

252. Principe. — *Si l'on extrait la racine carrée à moins d'une unité des centaines d'un nombre, on obtient les dizaines de sa racine carrée.*

Démonstration. — Soit le nombre 1798, qui renferme 17 centaines; sa racine carrée a deux chiffres, et je dis qu'on obtiendra le chiffre des dizaines de cette racine en extrayant la racine de 17 qui est 4.

En effet, 4^2 est inférieur à 17; par suite 40^2 est moindre que 1700, et à plus forte raison moindre que 1798; donc il y a au moins 4 dizaines à la racine. De plus il n'y en a pas 5; en effet, 5^2 étant au moins égal à 18, le carré de 50 est au moins égal à 1800 et dépasse certainement 1798.

Donc la racine de 1798 se compose de 4 dizaines et d'un nombre d'unités moindre que 10.

253. Problème II. — *Extraire la racine carrée d'un nombre supérieur à* 100.

Solution. — *Exemple I.* Soit le nombre 9386 compris entre 100 et 10000; sa racine a deux chiffres, elle renferme donc des dizaines et des unités.

Comme 9386 est égal au carré de sa racine plus le reste, on peut dire que 9386 se compose :

1° Du carré des dizaines de la racine,
2° Du double produit des dizaines par les unités,
3° Du carré des unités,
4° Du reste de l'opération, s'il y en a un.

Le carré des dizaines ne donne pas moins que des centaines, il doit donc se trouver dans les 93 centaines du nombre proposé, et nous avons vu (n° 252) que l'on obtient exactement les dizaines de la racine en extrayant, à moins d'une unité, la racine de 93. Ainsi la racine cherchée renferme 9 dizaines.

```
9386  | 96
  81  | 187 | 186
1286  |   7 |   6
1116
 170
```

En retranchant de 93 centaines le carré de ces 9 dizaines, c'est-à-dire 81 centaines, on obtient pour reste 12 centaines qui ajoutées aux 86 unités laissées de côté donnent 1286. Ce nombre renferme les 3 dernières des parties indiquées ci-dessus et en particulier le double produit de 9 dizaines par les unités, qui est la partie principale; or ce double produit ne peut donner que des dizaines et se trouve par conséquent dans les 128 dizaines de 1286.

Admettons pour un instant que 128 soit précisément égal au double produit du chiffre 9 des dizaines par le chiffre des unités, nous obtiendrons ce chiffre des unités en divisant 128 par 9×2 ou 18; ce quotient est 7.

Mais comme 128 dizaines peuvent aussi contenir des dizaines provenant du carré des unités et du reste, le chiffre 7 ainsi obtenu peut être trop fort, il faudra *l'essayer;* pour cela deux méthodes se présentent :

On peut faire le carré de 97 et voir s'il peut se retrancher de 9386, mais cette marche est trop longue et l'on ne profite pas des calculs déjà faits ;

Ou bien retrancher successivement de 9386 les parties dont se compose le carré de 97^2, qui est

$$(90 + 7)^2 = 90^2 + 2 \times 90 \times 7 + 7^2 ;$$

comme on a déjà retranché le carré de 90, il suffit de voir si le nombre restant 1286 est supérieur à la somme des deux dernières parties du carré. Or cette somme peut s'écrire

$$7 \times (2 \times 90 + 7) = 7 \times (180 + 7) = 187 \times 7 ;$$

comme 187×7 ou 1309 est plus grand que 1286, le chiffre 7 est trop grand.

Essayons donc 6 de la même manière; écrivons pour cela 6 à la suite du double, 18, de la racine, et multiplions par 6 le nombre ainsi obtenu; le produit est 1116, et 1286 diminué de 1116 donne pour reste 170; donc 6 est le chiffre des unités, et l'on a

$$9386 = 96^2 + 170.$$

Exemple II. — Soit à extraire la racine carrée du nombre 72832 compris entre 10000 et 1000000; cette racine a trois chiffres, mais on peut dire encore qu'elle se compose de dizaines et d'unités; seulement le nombre de dizaines est un nombre de deux chiffres.

Comme 72832 est égal au carré de sa racine plus le reste, il renferme :
1° Le carré des dizaines de la racine;
2° Le double produit des dizaines par les unités;
3° Le carré des unités;
4° Le reste s'il y en a un.

Nous obtiendrons (n° 252) les dizaines de la racine en extrayant la racine du nombre 728, qui représente les centaines du nombre proposé; en suivant la marche indiquée dans l'exemple précédent, on trouve que la racine est 26 et le reste 52.

$$\begin{array}{r|l} 728 & 26 \\ 4 & \overline{46} \\ \hline 328 & 6 \\ 276 & \\ \hline 52 & \end{array}$$

Ainsi la racine cherchée renferme 26 dizaines, et quand on a retranché leur carré de 72832, il reste 5232; ce dernier nombre doit renfermer les trois autres parties indiquées précédemment.

Pour trouver le chiffre des unités, on observe que le double produit des dizaines par les unités ne peut donner moins que des dizaines et se trouve par suite dans les 523 dizaines du reste. En divisant 523 par 2×26, c'est-à-dire par le double du nombre de dizaines, on trouvera donc le chiffre des unités ou un chiffre trop fort.

$$\begin{array}{r|l} 7\ 28\ 32 & 269 \\ \hline 52\ 32 & 529 \\ 47\ 61 & 9 \\ \hline 4\ 71 & 4761 \end{array}$$

Pour essayer le chiffre 9 ainsi obtenu, on l'écrit à la suite de 52, et on multiplie 529 par 9; le produit 4761 peut se retrancher de 5232 et le reste est 471; ainsi

$$72\,832 = 269^2 + 471.$$

On réunit ces deux calculs partiels en un seul tableau, et l'on effectue en même temps les multiplications et les soustractions qui se présentent dans les essais successifs. Voici la disposition usitée:

$$\begin{array}{r|c|c} 7\ 28\ 32 & 269 & \\ \hline 3\ 28 & 46 & 529 \\ 52\ 32 & 6 & 9 \\ 4\ 71 & & \end{array}$$

L'extraction d'une racine carrée de 3 chiffres se ramène donc à celle d'une racine ayant deux chiffres.

On verrait de même que le calcul d'une racine ayant 4 chiffres revient à celui d'une racine de 3 chiffres. Par exemple pour obtenir $\sqrt{1868510}$, on calculera d'abord $\sqrt{18685}$. Voici le tableau des opérations:

$$\begin{array}{r|c|c|c} 1\ 86\ 85\ 10 & 1366 & & \\ \hline 86 & 23 & 266 & 2726 \\ 17\ 85 & 3 & 6 & 6 \\ 1\ 89\ 10 & & & \\ 25\ 54 & & & \end{array}$$

On pourra donc extraire la racine carrée d'un nombre quelconque ; l'ensemble des raisonnements qui précèdent conduit à la règle pratique suivante :

Règle pratique. — *Pour extraire la racine carrée d'un nombre, il faut le séparer en tranches de deux chiffres, en allant de droite à gauche ; prendre la racine du plus grand carré contenu dans la première tranche à gauche, et soustraire de cette première tranche le carré du chiffre trouvé.*

A côté du reste on abaisse la seconde tranche, on en sépare le premier chiffre à droite ; puis on divise le nombre à gauche de ce chiffre par le double de la racine déjà trouvée ; le quotient est le deuxième chiffre de la racine ou un chiffre trop fort ; pour l'essayer, on le place à la droite du double de la racine, et l'on multiplie par ce deuxième chiffre le nombre ainsi formé ; si le produit peut se soustraire du premier reste suivi de la seconde tranche, le chiffre est bon.

A côté du reste on abaisse la troisième tranche..... et ainsi de suite, jusqu'à ce que l'on ait employé toutes les tranches.

Remarque I. *Ayant abaissé une tranche et séparé un chiffre sur la droite, on peut trouver à gauche un nombre inférieur au double de la racine obtenue ; il faut alors écrire zéro à la racine, abaisser la tranche suivante, et continuer l'opération.*

Remarque II. *Après le calcul de chacun des chiffres d'une racine carrée, la partie restante du nombre proposé est égale au nombre total diminué du carré de la partie de la racine déjà obtenue.* En effet, pour obtenir ce reste, on a retranché successivement du nombre proposé les diverses parties du carré du nombre obtenu à la racine.

254. *Un chiffre mis à la racine est trop petit lorsque le reste est plus grand que le double de la racine obtenue.*

Soit à extraire la racine carrée de 799 ; on a trouvé 27 pour racine et 70 pour reste ; le chiffre 7 est trop faible, parce que 70 est plus grand que 2×27 ou 54.

En effet, les opérations que l'on a effectuées prouvent que $799 = 27^2 + 70$, et comme

l'on a
$$70 = 2 \times 27 + 1 + 15,$$
$$799 = (27^2 + 2 \times 27 + 1) + 15;$$

les trois premières parties du second membre de cette égalité forment précisément le carré de 28; donc

$$799 = 28^2 + 15$$

et la racine est 28.

255. Preuve de la racine carrée. — 1° *On ajoute au carré de la racine le reste de l'opération, et l'on doit retrouver le nombre proposé.*

2° Preuve par 9. — *On calcule les restes des divisions par 9 du nombre proposé et de la racine obtenue; on fait le carré du second reste et on en retranche 9 autant de fois que possible; le troisième reste ainsi trouvé s'ajoute à la somme des chiffres du reste de l'opération. En divisant le total par 9 on obtient un quatrième reste qui doit être égal au premier.*

Démonstration. — Soit, par exemple, à vérifier le premier calcul de la page 200 ; on a trouvé

(1) $$72\,832 = 269^2 + 471.$$

Les restes des divisions par 9 de 72 832 et de 269 sont respectivement 4 et 8. Le carré de 8 est 64, qui, divisé par 9, donne 1 pour reste ; en ajoutant 1 à la somme des chiffres de 471 et retranchant 9 du total, on trouve 4, reste précisément égal à celui de la division par 9 du nombre proposé.

Ceci doit être quand il n'y a pas eu d'erreur. En effet les deux membres de l'égalité (1) doivent donner le même reste quand on les divise par 9 ; or le second membre est la somme de deux nombres ; il suffira donc d'ajouter les restes des divisions par 9 de chacune des parties. Le reste de la division par 9 de 269^2 s'obtient en faisant le carré du reste, 8, que l'on trouve en divisant 269 par 9 ; d'autre part le reste de 471 est 3, l'on doit donc avoir

$$72832 = m.9 + 64 + 3 = m.9 + 1 + 3 = m.9 + 4,$$

ce que l'on vérifie en divisant par 9 la somme des chiffres de 72832.

256. PROPOSITION. — *Pour extraire à moins d'une unité la racine carrée d'un nombre entier plus une fraction, on peut négliger la fraction et extraire seulement la racine du nombre entier.*

Démonstration. — Soit à extraire à moins d'une unité la racine de 43789,45 ; je dis qu'elle est la même que celle de 43789, c'est-à-dire 209. En effet,

$$209^2 < 43789 < 43789,45 ;$$

d'autre part,

$$210^2 \geqq 43790 \,(^*) \text{ et par suite} > 43789,45 ;$$

209 est donc le plus grand nombre d'unités dont le carré soit contenu dans le nombre proposé.

§ III. — Racine carrée d'un nombre à moins d'une fraction donnée.

257. PROPOSITION. — *Un nombre entier qui n'est pas le carré d'un autre nombre entier n'est pas non plus le carré d'une fraction.*

Soit, par exemple, le nombre 5 qui ne se trouve pas dans une table de carrés ; il n'est pas non plus le carré d'une fraction irréductible, $\dfrac{a}{b}$.

(*) C'est = qu'il faudrait si l'on eût raisonné sur le nombre 44099,45, par exemple. En effet $209^2 < 44099 < 44099,45$; d'autre part, $210^2 = 44100$ et par suite est supérieur à 44099,45.

En effet, si l'on avait
$$5 = \left(\frac{a}{b}\right)^2 = \frac{a^2}{b^2},$$

a^2 serait exactement divisible par b^2. Mais ceci ne peut avoir lieu, parce que, a et b étant premiers entre eux, leurs carrés le sont aussi (n° 100).

Conséquence. — On ne peut obtenir exactement la racine carrée d'un nombre qui n'est pas un carré parfait; mais nous allons voir qu'il est possible de trouver deux nombres fractionnaires dont la différence soit aussi petite que l'on veut et dont les carrés soient l'un plus petit, l'autre plus grand que le nombre proposé.

258. Définition. — *On appelle racine carrée d'un nombre approchée par défaut à moins de 0,1, de 0,01,... le plus grand nombre de dixièmes, de centièmes,... dont le carré soit inférieur au nombre proposé.*

Ainsi la racine carrée de 2 approchée par défaut à moins de 0,01 est 1,41, parce que

$$1,41^2 = 1,9881 < 2$$
et
$$1,42^2 = 2,0164 > 2.$$

Remarque. Le nombre 1,42 est *la racine carrée de 2 approchée par excès à moins de* 0,01. C'est le plus petit nombre de centièmes dont le carré soit supérieur à 2.

259. Problème. — *Étant donné un nombre quelconque, entier ou fractionnaire, trouver sa racine carrée à moins d'une fraction décimale donnée.*

Règle pratique. — *On multiplie le nombre proposé par le carré du dénominateur de la fraction d'approximation; on extrait, à moins d'une unité, la racine carrée de la partie entière de ce produit, puis on divise cette racine par le dénominateur de la fraction d'approximation.*

Démonstration. — Soit à extraire la racine de 2 à $\frac{1}{1000}$ près; en désignant par x le plus grand nombre de millièmes dont le carré soit inférieur à 2, on doit avoir

$$\left(\frac{x}{1000}\right)^2 < 2 < \left(\frac{x+1}{1000}\right)^2;$$

en multipliant par le carré de 1000 tous les termes de ces inégalités, on a les suivantes

$$x^2 < 2\,000\,000 < (x+1)^2;$$

elles indiquent que x est la racine à moins d'une unité de $2\,000\,000$: on trouve ainsi que $x = 1414$, par conséquent

$\sqrt{2}$ à 0,001 près, par défaut, est 1,414.

Cette démonstration et la règle pratique qui s'en déduit sont applicables à un nombre quelconque.

Premier exemple : Extraire $\sqrt{1,05872}$ à 0,0001 près.

On multiplie ce nombre par 10000^2 et l'on extrait la racine de $105\,872\,000$; elle est égale à $10\,289$; donc

$$\sqrt{1,05872} = 1,0289 \text{ à } 0,0001 \text{ près.}$$

2ᵉ exemple : Calculer $\sqrt{30,037\,027}$ à 0,01 près.

Le produit du nombre proposé par 100^2 est $300\,370,27$. Pour obtenir sa racine à moins d'une unité, on néglige (n° 256) la fraction décimale et l'on extrait la racine de $300\,370$; elle est 548, par suite

$$\sqrt{30,037\,027} = 5,48$$

à un centième près par défaut.

3ᵉ exemple : Calculer $\sqrt{\dfrac{3}{7}}$ à $\dfrac{1}{1000}$ près.

En multipliant $\dfrac{3}{7}$ par $1\,000\,000$, on obtient, pour la partie entière de ce produit

$$\frac{3\,000\,000}{7} = 428\,571,$$

et la racine de ce nombre à moins de 1 est 654; donc

$$\sqrt{\frac{3}{7}} = 0{,}654 \text{ à } \frac{1}{1000} \text{ près.}$$

4ᵉ exemple : Calculer à $\frac{1}{1000}$ près $\sqrt{17 + \frac{34}{61}}$.

On a d'abord

$$\left(17 + \frac{34}{61}\right) \times 1000^2 = 17\,000\,000 + \frac{34\,000\,000}{61}$$
$$= 17\,557\,377,$$

et comme

$$\sqrt{17\,557\,377} = 4190,$$

l'on a

$$\sqrt{17 + \frac{34}{61}} = 4{,}190 \text{ à } \frac{1}{1000} \text{ près.}$$

260. REMARQUE I. La fraction qui marque l'approximation peut être une fraction ordinaire aussi bien qu'une fraction décimale; par exemple, calculer $\sqrt{153}$ à moins de $\frac{1}{7}$, c'est trouver le plus grand nombre de septièmes dont le carré soit inférieur à 153.

Le même raisonnement que plus haut conduit encore à la règle pratique précédente; il faut calculer, à moins d'une unité, l'expression

$$\sqrt{153 \times 7^2} = \sqrt{153 \times 49} = \sqrt{7497};$$

cette racine est 86, par conséquent la racine par défaut de 153 à $\frac{1}{7}$ près est $\frac{86}{7}$; la racine par excès est $\frac{87}{7}$.

261. REMARQUE II. *Une racine est fautive de plus ou de moins d'une demi-unité selon que le reste auquel on s'arrête est plus grand ou plus petit que la racine trouvée.*

Soit, par exemple, à extraire la racine de 9386; la racine est 96, le reste est 170, et l'on a l'égalité

(1) $\qquad\qquad 9386 = 96^2 + 170.$

Comme 170 est plus grand que 96, je dis que la racine trouvée, 96, est fautive de plus d'une demi-unité. En effet,

(2) $\left(96 + \frac{1}{2}\right)^2 = 96^2 + 2\times 96 \times \frac{1}{2} + \frac{1}{4} = 96^2 + 96 + \frac{1}{4}.$

Si l'on compare cette égalité (2) à l'égalité (1), on voit que

$$9386 > \left(96 + \frac{1}{2}\right)^2,$$

par conséquent 96,5 et 97 sont deux nombres qui diffèrent d'une demi-unité et dont les carrés comprennent le nombre proposé.

— Si l'on cherche, au contraire, la racine de 1798, on trouve 42 et pour reste 34; l'on a donc

$$1798 = 42^2 + 34.$$

Comme 34 est moindre que 42, la racine n'est pas en erreur d'une demi-unité. En effet

$$\left(42 + \frac{1}{2}\right)^2 = 42^2 + 42 + \frac{1}{4},$$

et par conséquent

$$1798 < \left(42 + \frac{1}{2}\right)^2.$$

Ainsi 42 et 42,5 sont deux nombres qui diffèrent seulement d'une demi-unité et dont les carrés comprennent 1798.

D'après cela il est facile d'obtenir une racine carrée avec une erreur moindre qu'une demi-unité. *Si le reste de l'opération est inférieur à la racine obtenue, on a la racine par défaut; s'il est plus grand, on augmente la racine trouvée d'une unité, et l'on obtient alors une racine par excès. Dans les deux cas l'erreur est moindre qu'une demi-unité.*

262. *Lorsqu'on n'indique pas l'approximation avec laquelle une racine carrée doit être calculée, il faut considérer cette racine comme la limite commune vers laquelle tendent, d'une part, ses valeurs approchées par défaut et, de l'autre,* *ses valeurs approchées par excès à moins de* 0,1, 0,01, 0,001,... *près.*

Ainsi l'expression $\sqrt{2}$ est la limite des valeurs

$$1,4, \quad 1,41, \quad 1,414,...,$$

approchées par défaut à 0,1, 0,01,... près, et des valeurs

$$1,5, \quad 1,42, \quad 1,415,...,$$

approchées par excès.

Il est facile de voir que ces deux séries de nombres tendent vers une *limite* commune (n° 177, définition V).

En effet : 1° les premiers nombres vont tous en augmentant, les seconds vont tous en diminuant; 2° tout nombre de la première ligne est moindre que son correspondant de la seconde; 3° la différence entre ces deux nombres peut devenir aussi petite que l'on veut.

Dès l'instant que ces trois conditions sont remplies, il y a une limite commune pour ces deux séries de nombres : représentons les nombres de la première ligne par des longueurs OA, OA',... comptées, à partir d'une origine fixe O,

sur une même droite OX, et ceux de la seconde par les distances OB, OB',... comptées à partir de la même origine : 1° les extrémités A, A',... iront toujours en s'éloignant de l'origine, tandis que les points B, B',... s'en rapprocheront toujours; 2° les points A, A', A'',... et les points B, B', B'',... ne s'entremêleront jamais; 3° les distances AB, $A'B'$,... peuvent devenir moindres que toute longueur donnée si petite qu'elle soit. Il n'y aura donc pas d'intervalle entre les deux régions de OX sur lesquelles ces points sont comptés, et ces deux séries de points tendent l'une et l'autre vers un point limite I; c'est la distance OI de ce point limite à l'origine qui représentera $\sqrt{2}$.

EXERCICES ET PROBLÈMES

SUR LES CARRÉS ET SUR LA RACINE CARRÉE.

1. Extraire les racines carrées des nombres

        2704,   5476,   7396,   9604.
R.   52,   74,   86,   98.

2. Extraire les racines carrées des nombres

    254016,   389376,   717409,   978121.
R.   504,   624,   847,   989.

3. Extraire les racines carrées des nombres

    5764801,   887503681,   243087455521.
R.   2401,   29791,   493030.

4. Calculer à moins de 0,00001 près les racines carrées des **nombres** entiers non carrés parfaits depuis 2 jusqu'à 20.

R. $\sqrt{2} = 1,41421,$ $\sqrt{3} = 1,73205,$ $\sqrt{5} = 2,23607,$
$\sqrt{6} = 2,44949,$ $\sqrt{7} = 2,64575,$ $\sqrt{10} = 3,16228,$
$\sqrt{11} = 3,31662,$ $\sqrt{13} = 3,60555,$ $\sqrt{14} = 3,74166,$
$\sqrt{15} = 3,87298,$ $\sqrt{17} = 4,12310,$ $\sqrt{19} = 4,35890.$

5. Calculer, à moins de $\frac{1}{13}$ près, $\sqrt{\frac{7}{29}}$.

R. $\frac{6}{13}$.

6. Calculer à moins de 0,01 près les racines carrées des nombres

    84,825596,   0,1897,   28,532.
R.   9,21,   0,43,   5,34.

7. Trouver la surface d'un carré dont le côté a 1534^m,256, et dire combien ce carré contient d'hectares, d'ares et de centiares;

R. 235^{ha}, 39^a 42^{ca}.

8. Trouver le côté d'un carré dont la surface est de 105625 mètres carrés.

R. 325.

9. Le territoire d'une commune a la forme d'un rectangle et contient 810 000 ares; sa longueur vaut 4 fois sa largeur; on demande les dimensions en mètres.

R. 4500 mètres, 18 000 mètres.

10. Trouver le côté d'un carré équivalent à un rectangle de 82^m,72 de longueur sur 36^m,45 de largeur.

R. 54^m,91.

11. Combien faut-il de carrés de 15 centimètres de côté pour carreler une chambre rectangulaire de 5 mètres de longueur sur 4 de largeur?

R. 889.

12. En multipliant la somme de deux nombres par leur différence, on obtient la différence des carrés de ces nombres.

13. La somme de deux nombres est 11, et la différence de leurs carrés est 77. Quels sont ces nombres?

R. 2 et 9.

14. On sait que 987 est la différence entre les carrés de deux nombres entiers consécutifs. Quels sont ces nombres?

R. 493 et 494.

15. Trouver deux nombres entiers dont la différence soit 5 et dont les carrés diffèrent de 8865.

R. 884 et 889.

16. Plus généralement, trouver deux nombres, connaissant leur différence et la différence de leurs carrés.

17. Le carré d'un nombre et le carré de sa dernière figure à droite sont terminés par le même chiffre.

18. Tout nombre entier terminé par un des chiffres 2, 3, 7 et 8 ne peut être un carré parfait.

19. Un nombre terminé par le chiffre 5 ne saurait être un carré parfait si le chiffre des dizaines n'est pas égal à 2.

20. Un nombre impair n'est pas un carré parfait si, après l'avoir diminué de 1, le reste n'est pas divisible par 4.

21. Un nombre entier terminé par un nombre impair de zéros n'est pas un carré parfait, et, plus généralement, un nombre ne peut être un carré parfait s'il contient un facteur premier avec un exposant impair.

22. Tout nombre carré parfait admet un nombre impair de diviseurs, et tout nombre qui n'est pas un carré parfait en admet un nombre pair.

23. Le carré d'un nombre premier autre que 2 et 3 est un multiple de 24 augmenté de 1.

24. Si, en divisant un nombre par 3, l'on obtient 2 pour reste, ce nombre n'est pas un carré parfait.

25. Le produit de deux nombres entiers consécutifs est divisible par 12, lorsque le plus grand des deux nombres est un carré parfait; le produit de trois nombres entiers consécutifs est divisible par 60, lorsque le nombre intermédiaire est un carré parfait.

26. Le carré d'un nombre entier quelconque est un multiple de 5 ou bien un multiple de 5 augmenté de 1 ou diminué de 1.

27. Tout carré pair divisé par 16 donne pour reste 0 ou 4.

28. Si la somme des carrés de deux nombres premiers entre eux est un carré, le produit de ces nombres est divisible par 6.

29. Un corps qui tombe librement du haut d'un édifice parcourt $4^m,9047$ dans la première seconde de sa chute, et $4^m,9047 \times 2^2$, $4,9047 \times 3^2$,... dans les deux, trois,... premières secondes.

On laisse tomber une pierre dans un puits de mine qui a $158^m,5$ de profondeur; trouver à $0^s,01$ près la durée de la chute.

R. $5^s,68$.

30. On laisse tomber une pierre dans un puits de mine; sept secondes après l'on entend le bruit qu'elle fait en atteignant l'eau. On demande de calculer par approximations successives, et à 1 mètre près, la profondeur du puits; on sait que le son parcourt uniformément 340 mètres par seconde, et l'on connaît (*Probl.* 29) la loi de la chute des corps.

R. 201 mètres.

31. Les carrés des temps des révolutions des planètes autour du soleil sont entre eux comme les cubes de leurs distances à cet astre (troisième loi de Képler). Calculer à un jour près la durée de la révolution de la planète Neptune, sachant que sa distance au soleil est représentée par 30,037, si la distance de la terre au soleil est prise pour unité, et que la durée de la révolution de la terre est $365^j\ 6^h\ 9^m$.

R. 164 ans 227 jours.

CHAPITRE II.

RACINE CUBIQUE.

§ Ier. — Principes sur les cubes et la racine cubique.

263. DÉFINITION I. — *Le cube d'un nombre est le produit de trois facteurs égaux à ce nombre, ou, ce qui revient au même, le produit du nombre par son carré.*

Ainsi, le cube de 5 est $5 \times 5 \times 5$ ou 125; les cubes des dix premiers nombres sont :

$$1,\ 8,\ 27,\ 64,\ 125,\ 216,\ 343,\ 512,\ 729,\ 1000.$$

DÉFINITION II. — *La racine cubique d'un nombre est un autre nombre qui élevé au cube reproduit le premier.*

Ainsi, la racine cubique de 64 est 4, la racine cubique de 729 est 9; pour abréger, on écrit

$$\sqrt[3]{64} = 4, \qquad \sqrt[3]{729} = 9.$$

264. PREMIER PRINCIPE. — *Le cube d'un nombre est égal au produit des cubes de ses facteurs.*

Soit le nombre 35 qui est le produit 5×7; je dis que

$$35^3 = 5^3 \times 7^3.$$

En effet,

$$35^3 = (5 \times 7)^2 \times (5 \times 7),$$

et comme nous avons vu que

$$(5 \times 7)^2 = 5^2 \times 7^2,$$

il suffira de faire le produit

$$(5^2 \times 7^2) \times (5 \times 7).$$

Or (n° 43), pour multiplier un nombre ($5^2 \times 7^2$) par le produit 5×7, il suffit de le multiplier successivement par chacun des facteurs; effectuons d'abord le produit,

$$(5^2 \times 7^2) \times 5\,;$$

il s'obtient (n° 44) en multipliant par 5 l'un des facteurs, 5^2, du multiplicande; ce produit est donc

$$5^3 \times 7^2.$$

Il faut encore multiplier ce résultat par 7. En appliquant encore le même principe on trouvera, pour le cube de 35,

$$5^3 \times 7^3.$$

265. PRINCIPE II. — *La racine cubique d'un produit est égale au produit des racines cubiques de ses facteurs.*

Il faut prouver, par exemple, que

(1) $\qquad \sqrt[3]{27 \times 125} = \sqrt[3]{27} \times \sqrt[3]{125}.$

Si l'on démontre qu'en élevant au cube le second membre de cette égalité, on obtient 27×125, il sera bien prouvé que le second membre est la racine cubique du produit ci-dessus. Or, d'après le principe qui précède,

$$(\sqrt[3]{27} \times \sqrt[3]{125})^3 = (\sqrt[3]{27})^3 \times (\sqrt[3]{125})^3,$$

et comme, par définition,

$$(\sqrt[3]{27})^3 = 27, \quad (\sqrt[3]{125})^3 = 125,$$

l'on a

$$(\sqrt[3]{27} \times \sqrt[3]{125})^3 = 27 \times 125,$$

et l'égalité (1) est démontrée.

266. PRINCIPE III. — *Le cube d'une fraction s'obtient en divisant le cube du numérateur par le cube du dénominateur.*

En effet, soit à élever $\dfrac{3}{7}$ au cube; on a

$$\left(\frac{3}{7}\right)^3 = \frac{3}{7} \times \frac{3}{7} \times \frac{3}{7} = \frac{3 \times 3 \times 3}{7 \times 7 \times 7} = \frac{3^3}{7^3}.$$

La même règle s'applique à un nombre fractionnaire, quand on a eu soin de le mettre sous forme de fraction.
Ainsi :
$$\left(2+\frac{5}{7}\right)^3 = \left(\frac{19}{7}\right)^3 = \frac{19^3}{7^3} = \frac{6859}{343} = 19 + \frac{342}{343}.$$

267. Principe IV. — *La racine cubique d'une fraction s'obtient en divisant la racine du numérateur par celle du dénominateur.*

L'on a, par exemple,
$$\sqrt[3]{\frac{512}{729}} = \frac{\sqrt[3]{512}}{\sqrt[3]{729}} = \frac{8}{9}.$$

En effet, d'après le principe précédent, c'est $\frac{8}{9}$ qui, élevé au cube, donne pour résultat $\frac{512}{729}$.

268. Principe V. — *Quand un nombre est décomposé en deux parties, son cube en contient quatre, savoir : le cube de la première partie, plus trois fois le carré de la première multiplié par la seconde, plus trois fois la première multipliée par le carré de la seconde, plus le cube de la seconde.*

Soit le nombre 15 qui est la somme des parties 8 et 7, je dis que
$$15^3 = (8+7)^3 = 8^3 + 3 \times 8^2 \times 7 + 3 \times 8 \times 7^2 + 7^3.$$

En effet le carré de $8+7$ est (n° 249)
$$8^2 + 2 \times 8 \times 7 + 7^2.$$

Pour avoir le cube il faut multiplier ce carré par $8+7$: or le produit par 8 donne
$$8^3 + 2 \times 8^2 \times 7 + 8 \times 7^2,$$
et celui par 7 donne
$$8^2 \times 7 + 2 \times 8 \times 7^2 + 7^3.$$

Réunissant ces deux produits on a pour le cube de 15 :

d'abord 8^3, ou le cube de la première partie; plus $2 \times 8^2 \times 7$, et encore $8^2 \times 7$, en tout $3 \times 8^2 \times 7$, ou trois fois le carré de la première partie multiplié par la seconde; plus 8×7^2 et $2 \times 8 \times 7^2$, en tout $3 \times 8 \times 7^2$, ou trois fois la première partie multipliée par le carré de la seconde; enfin 7^3 qui est le cube de la seconde. Le total est donc

$$8^3 + 3 \times 8^2 \times 7 + 3 \times 8 \times 7^2 + 7^3.$$

Conséquence I. — *Quand un nombre est composé de dizaines et d'unités, son cube contient quatre parties : le cube des dizaines, plus trois fois le carré des dizaines multiplié par les unités, plus trois fois les dizaines multipliées par le carré des unités, plus le cube des unités.* Ainsi :

$(78)^3 = (70+8)^3 = 70^3 + 3 \times 70^2 \times 8 + 3 \times 70 \times 8^2 + 8^3.$

Conséquence II. — *La différence des cubes de deux nombres entiers consécutifs est égale à trois fois le carré du plus petit, plus trois fois le plus petit, plus 1.*

En effet, le cube de 7 ou de $6+1$ est

$$(6+1)^3 = 6^3 + 3 \times 6^2 \times 1 + 3 \times 6 \times 1^2 + 1^3,$$

et par suite

$$7^3 - 6^3 = 3 \times 6^2 + 3 \times 6 + 1.$$

§ II. — Racine cubique d'un nombre à moins d'une unité.

269. DÉFINITION. — *Lorsqu'un nombre n'est pas un cube exact, sa racine cubique à moins d'une unité est le plus grand nombre entier dont le cube soit inférieur au nombre proposé.*

Ainsi le nombre 548 étant compris entre les cubes 512 et 729, sa racine à moins d'une unité est 8.

On appelle *reste de l'opération* l'excès du nombre proposé sur le plus grand cube qu'il renferme; dans l'exemple précédent le reste est 36, parce que

$$548 - 512 = 36.$$

Quand on sait par cœur les cubes des dix premiers nombres, on trouve immédiatement la racine cubique, à moins d'une unité, d'un nombre moindre que 1000.

270. Problème I. — *Étant donné un nombre plus grand que 1000, trouver le nombre de chiffres de sa racine cubique.*

Règle pratique. — *On divise ce nombre, à partir de la droite, en tranches de trois chiffres, la dernière tranche à gauche pouvant n'avoir qu'un ou deux chiffres. Le nombre des chiffres de la racine est égal au nombre des tranches.*

Démonstration. — Il est clair d'abord qu'un nombre moindre que 1000 n'a qu'un chiffre à sa racine cubique, puisque $\sqrt[3]{1000} = 10$.

Maintenant la racine cubique de 1000000 est 100; donc tous les nombres compris entre 1000 et 1000000 n'ont que deux chiffres à leur racine cubique. — De même les nombres compris entre un million et un billion ont trois chiffres à leur racine cubique, et ainsi de suite.

L'extraction de la racine cubique d'un nombre plus grand que 1000 repose sur le principe suivant :

271. Principe. — *Si l'on extrait la racine cubique à moins d'une unité des mille d'un nombre, on obtient les dizaines de sa racine cubique.*

Démonstration. — Soit le nombre 21 952 qui renferme 21 mille; la racine de 21 est 2, je dis qu'il y a 2 dizaines à la racine cubique de 21 952.

En effet, l'on a
$$2^3 < 21,$$
d'où l'on déduit, en multipliant par 1000 les deux membres de cette inégalité,
$$20^3 < 21\,000 < 21\,952;$$
donc il y a au moins 2 dizaines à la racine.

Je dis qu'il n'y en a pas 3; en effet, le cube de 3 est au moins égal à 22, par suite le cube de 30 sera au moins égal à 22 000 et surpassera nécessairement 21 952; donc la racine de 21 952 se compose de 2 dizaines et d'un nombre d'unités moindre que 10.

272. Problème II. — *Extraire la racine cubique d'un nombre compris entre mille et un million.*

Soit le nombre 21 952, sa racine cubique a deux chiffres ; elle se compose de dizaines et d'unités, et comme 21 952 est le cube de sa racine plus le reste, s'il y en a un, on peut dire que 21 952 renfermera les cinq parties suivantes :

1° Le cube des dizaines de sa racine,
2° Le triple produit du carré des dizaines par les unités,
3° Le triple produit des dizaines par le carré des unités,
4° Le cube des unités,
5° Le reste, s'il y en a un.

Le cube des dizaines n'a pu donner moins que des mille, donc ce cube doit se trouver dans les 21 mille, et nous avons vu (n° 271) qu'en extrayant la racine cubique de 21 nous aurons le chiffre exact des dizaines de la racine ; ainsi ce chiffre est 2.

Retranchant de 21 le cube de 2 ou 8, il reste 13, mais ce sont des mille ; en leur ajoutant les 952 unités laissées de côté, on obtient 13 952 qui renferme les 4 dernières des parties citées plus haut. Or le triple carré des dizaines par les unités, ne donnant pas moins que des centaines, doit se trouver dans 139 centaines. Admettons pour un instant que ces 139 centaines ne renferment que les centaines provenant de la seconde partie du cube, en divisant 139 par le triple carré du chiffre des dizaines, qui est 12, nous obtiendrons pour quotient le chiffre des unités ; comme ce chiffre ne peut excéder 9, il faut prendre 9 pour le quotient de 139 divisé par 12.

21 952	28 *Racine cubique.*	
8	$2^2 \times 3 = 12$	
13 952	*Essai*	*Essai*
13 952	*du chiffre* 9.	*du chiffre* 8.
0	1200	1200
	540	480
	81	64
	1821	1744
	9	8
	16389	13952

Mais ce chiffre 9 peut être trop grand, parce que 139 renferme, en outre, des centaines provenant des 3 autres parties énoncées plus haut; il faut donc essayer le chiffre 9.

Pour cela deux méthodes se présentent :

1° Élever 29 au cube et voir si l'on peut retrancher ce cube de 21952; mais ce calcul est un peu plus long, et l'on ne profite pas des calculs déjà faits.

2° On préfère retrancher successivement les parties dont se compose le cube de 29, qui est

$$(20 + 9)^3 = 20^3 + 3 \times 20^2 \times 9 + 3 \times 20 \times 9^2 + 9^3.$$

Comme on a déjà retranché 20^3, il suffit de voir si le reste 13952 est supérieur à la somme des trois autres parties. Or cette somme peut s'écrire

$$9 \times (3 \times 20^2 + 3 \times 20 \times 9 + 9^2).$$

Pour former la quantité entre parenthèses, au-dessous de 1200 qui est le triple carré des dizaines, on place le triple produit des dizaines par 9 ou 540, on y place aussi le carré de 9 ou 81. En multipliant ensuite la somme 1821 par 9, on doit obtenir un produit moindre que 13952, si 9 est le chiffre des unités. Comme on ne peut soustraire le produit 16389 de 13952, le chiffre des unités est plus petit que 9. On essayera 8 de la même manière, et comme on trouve alors précisément 13952, la racine cubique exacte de 21952 est 28.

275. Problème III. — *Extraire la racine cubique d'un nombre plus grand qu'un million.*

Soit proposé d'extraire la racine cubique de 34567875. Ce nombre étant compris entre un million et un billion, sa racine est comprise entre 100 et 1000; donc elle a trois chiffres. Mais, quel que soit le nombre des chiffres de la racine, on peut la regarder comme composée de dizaines et d'unités; par conséquent son cube, qui doit se trouver dans le nombre proposé, contient les quatre premières parties indiquées page 217.

RACINE CUBIQUE.   219

```
34 567 875 | 325  Racine cubique.
27         |----------------------------------
-----------| 3 × 9 = 27    | 3 × 32² = 3072
 7 567     |   Essai       |   Essai
 5 768     | du chiffre 2. | du chiffre 5.
-----------|               |
1 799 875  |   2700        |   307 200
1 560 125  |    180        |    4 800
-----------|      4        |       25
  239 750  |---------------|----------------
           |   2884        |   312 025
           |               |        5
           |---------------|----------------
           |   5768        | 1 560 125
```

Le cube des dizaines, ne donnant pas moins que des mille, doit se trouver dans 34 567. Ce nombre ayant moins de sept chiffres, on obtient sa racine, 32, en répétant les raisonnements déjà faits. Si l'on retranche le cube de ces 32 dizaines, le nombre restant, 1 799 875, renferme les quatre dernières des parties indiquées plus haut. Le **triple carré des dizaines par les unités**, qui est la partie principale, ne peut donner moins que des centaines, et le nombre de ces centaines doit se trouver dans les 17 998 centaines du reste. Si 17 998 ne renfermait pas d'autres centaines que celles-là, en divisant 17 998 par le triple carré du nombre des dizaines nous aurions le chiffre des unités. Le nombre des dizaines étant ici 32, le triple carré de ce nombre est 3×32^2, ou 3072, et le quotient de 17 998 par 3072, est 5. Mais 17 998 centaines renferment en outre des centaines provenant des trois dernières parties, il s'ensuit que le chiffre des unités est tout au plus 5.

Pour l'essayer on pourrait faire le cube de 325 et comparer ce cube au nombre proposé ; mais il est plus court de retrancher successivement les différentes parties dont se compose le cube de 325. Or,

$325^3 = (320+5)^3 = 320^3 + 3 \times 320^2 \times 5 + 3 \times 320 \times 5^2 + 5^3;$

comme on a déjà retranché le cube des dizaines, il suffit de chercher si le reste 1 799 875 est supérieur à la somme des trois autres parties. Or, cette somme peut s'écrire

$$5 \times (3 \times 320^2 + 3 \times 320 \times 5 + 5^2).$$

Pour former la somme entre parenthèses, on écrit deux zéros à la droite de 3072, on écrit au-dessous 3 fois le produit de la racine trouvée, 32, par le chiffre essayé, 5, et l'on place un zéro à la droite du résultat, ce qui donne 4800 ; enfin au-dessous l'on écrit le carré 25 du chiffre essayé. Réunissant ces trois nombres, on obtient 312 025.

Il n'y a plus qu'à multiplier cette somme par 5 ; le produit, 1 560 125, peut être retranché du reste, le chiffre 5 n'est donc pas trop fort.

La racine cherchée est par conséquent 325, et l'on a l'égalité
$$34\,567\,875 = 325^3 + 239\,750.$$

On voit que l'extraction de la racine cubique d'un nombre compris entre un million et un billion se ramène à celle d'une racine cubique qui n'a que deux chiffres. — De même la recherche de la racine cubique d'un nombre compris entre un billion et un trillion se ramènerait à celle d'une racine cubique de trois chiffres ; l'on pourra donc extraire la racine cubique d'un nombre quelconque.

274. Des raisonnements qui précèdent on déduit la règle pratique suivante :

RÈGLE PRATIQUE. — *Pour extraire la racine cubique d'un nombre, il faut le séparer en tranches de trois chiffres, à partir de la droite, puis extraire la racine cubique du plus grand cube contenu dans la première tranche à gauche; cette racine est le premier chiffre de la racine totale; il faut ensuite soustraire ce cube, à la droite du reste abaisser la seconde tranche, et diviser les centaines du nombre ainsi formé par le triple carré de la racine obtenue; le quotient est le second chiffre de la racine ou un chiffre trop grand.*

Pour l'essayer, on multiplie par 100 *le triple carré de la racine déjà obtenue; au-dessous l'on écrit dix fois le triple produit de la racine trouvée par le chiffre qu'on essaye, puis le carré de ce chiffre; on fait la somme de ces trois nombres, et on la multiplie par le chiffre essayé; le produit doit pouvoir se retrancher du premier reste suivi de la seconde tranche.*

A la droite du reste on abaisse la troisième tranche, on

sépare les centaines que l'on divise par le triple carré de la racine obtenue; le quotient est le troisième chiffre de la racine ou un chiffre trop grand : on l'essaye donc avant de l'écrire à la racine.

A la droite du reste, on abaisse la tranche suivante, et l'on continue ainsi jusqu'à ce que l'on ait abaissé toutes les tranches du nombre proposé.

REMARQUE I. — *Après le calcul de chacun des chiffres de la racine cubique d'un nombre, la partie restante du nombre proposé est égale à ce nombre diminué du cube de la partie de la racine déjà obtenue.*

En effet, pour obtenir le reste, on a retranché successivement du nombre proposé les diverses parties du cube du nombre obtenu à la racine.

REMARQUE II. — *Un chiffre mis à la racine est trop grand, lorsque, dans l'essai correspondant à ce chiffre, on ne peut faire la soustraction; alors on le diminue, puis on recommence l'opération.*

REMARQUE III. — *Un chiffre mis à la racine est trop petit, quand le reste est plus grand que le triple carré de la racine, plus le triple de cette racine.*

Soit, par exemple, le nombre 421 907; supposons qu'on ait trouvé pour sa racine cubique 74, et pour reste 16 683; des opérations que l'on a faites il résulte que

$$421\,907 = 74^3 + 16\,683.$$

Or

$$16\,683 = 3 \times 74^2 + 3 \times 74 + 1 + 32,$$

donc

$$421\,907 = (74^3 + 3 \times 74^2 + 3 \times 74 + 1) + 32;$$

mais les quatre premiers termes du second membre forment le cube de 75, donc

$$421\,907 = 75^3 + 32,$$

et la racine à moins d'une unité est 75.

275. SIMPLIFICATION DU CALCUL DE LA RACINE CUBIQUE D'UN NOMBRE. — La partie la plus pénible de l'opération précédente est le calcul du triple carré de la racine déjà trouvée ; on peut l'obtenir tout de suite en profitant des calculs déjà faits.

Soit, par exemple, à extraire à moins d'une unité,

$$\sqrt[3]{845\,622\,900\,000}.$$

845 622 900 000	9456		
116 622	24 300	2 650 800	267 907 500
15 038 900	1 080	14 100	170 100
1 714 275 000	16	25	36
105 809 184	25 396	2 664 925	268 077 636
	16	25	
	26 508	2 679 075	

Ayant obtenu les deux premiers chiffres de la racine, il faut calculer 3×94^2, c'est-à-dire

$$3 \times (90 + 4)^2 = 3 \times 90^2 + 3 \times 2 \times 90 \times 4 + 3 \times 4^2;$$

mais en essayant le chiffre 4, nous avons déjà calculé 3×90^2, qui est 24 300 ; de même le produit $3 \times 90 \times 4$ a été formé déjà, c'est 1080 ; et 4^2 ou 16 est inscrit dans la même colonne. Écrivons donc encore 16 au-dessous de la somme 25 396, séparons par un trait le premier nombre, 24 300, et ajoutons les quatre nombres

1080, 16, 25 396 et 16,

nous obtiendrons 26 508, qui est précisément le triple carré de 94.

En effet, dans cette addition, 3×90^2 figure une fois, puisqu'il se trouve dans 25 396 ; $3 \times 90 \times 4$, ou 1080, y figure deux fois, pour la même raison ; enfin 16 est répété trois fois. Le total 26 508 est donc bien égal à 3×94^2, puisqu'il renferme toutes les parties de ce produit.

On obtient de même le triple carré de 945 en écrivant 25 au-dessous de 2 664 925, somme obtenue dans l'essai du chiffre 5, et en ajoutant tous les nombres de cette colonne moins le premier.

276. PREUVE D'UNE RACINE CUBIQUE. — 1° *On fait le cube de la racine et on l'ajoute au reste ; la somme doit être égale au nombre proposé.*

2° PREUVE PAR 9. — *On cherche le reste de la division par 9 du nombre proposé et celui de la racine trouvée ; on fait le cube de ce dernier reste, et l'on divise ce cube par 9. En ajoutant le troisième reste ainsi obtenu aux chiffres du reste de l'opération et divisant cette somme par* 9, *on doit obtenir un quatrième reste égal au premier.*

Soit, par exemple, à vérifier que

$$614\,937 = 85^3 + 812.$$

En divisant par 9 les nombres 614 937 et 85, on trouve pour reste 3 et 4 ; le cube de 4 est 64 qui, divisé par 9, donne 1 pour reste ; on ajoute ce reste à la somme des chiffres de 812 et l'on divise par 9 le résultat. On obtient ainsi le reste 3, juste égal à celui de la division par 9 de 614 937.

La démonstration est analogue à celle de la preuve par 9 de la racine carrée ; il faut remarquer seulement que l'on obtient le reste de la division par 9 de 85^3 en élevant le reste 4 à la troisième puissance.

277. PROPOSITION. — *Pour extraire, à moins d'une unité, la racine cubique d'un nombre entier plus une fraction, on néglige la fraction, et l'on extrait la racine cubique du nombre entier à moins d'une unité.*

Soit, par exemple, à extraire à moins d'une unité,

$$\sqrt[3]{728 + \frac{3}{7}}.$$

On calcule à moins d'une unité $\sqrt[3]{728}$, qui est égale à 8 ; la racine cherchée est 8.

En effet,

$$8^3 < 728 < 728 + \frac{3}{7},$$

et

$$9^3 = 729 > 728 + \frac{3}{7}.$$

§ III. — Racine cubique d'un nombre à moins d'une fraction donnée.

278. Proposition. — *Un nombre qui n'est pas le cube d'un autre nombre entier n'est pas non plus le cube d'une fraction.*

Démonstration. — Soit, par exemple, le nombre 5, qui n'est pas le cube d'un nombre entier ; il n'est pas non plus le cube d'une fraction irréductible $\frac{a}{b}$.

En effet, si l'on avait $5 = \frac{a^3}{b^3}$, a^3 serait exactement divisible par b^3. Mais ceci est impossible, parce que, a et b étant premiers entre eux, leurs cubes le sont aussi (n° 100).

Conséquence. — On ne peut obtenir exactement les racines des nombres tels que 5, 7,..., qui ne sont pas des cubes parfaits ; mais nous allons voir que l'on peut déterminer deux nombres fractionnaires aussi peu différents l'un de l'autre que l'on veut, et dont les cubes comprennent le nombre proposé.

279. Définition. — *On appelle racine cubique approchée par défaut d'un nombre à moins de 0,1, de 0,01,... près, le plus grand nombre de dixièmes, de centièmes,... dont le cube soit inférieur au nombre proposé.*

Ainsi la racine cubique de 2 approchée par défaut à moins de 0,001 est 1,259, parce que

$$(1,259)^3 = 1,995617 \quad \text{et} \quad (1,260)^3 = 2,000376.$$

Le nombre 1,260 *s'appelle la racine cubique de* 2 *approchée par excès à moins d'un millième près;* c'est le plus petit nombre de millièmes dont le cube soit supérieur à 2.

280. Problème. — *Étant donné un nombre quelconque, entier ou fractionnaire, trouver sa racine cubique à* 0,1, *à* 0,01,... *près.*

Règle pratique. — *On multiplie le nombre proposé par le cube du dénominateur de la fraction d'approximation, on extrait la racine cubique à moins d'une unité de la partie entière de ce produit ; enfin l'on divise cette racine par le dénominateur de la fraction d'approximation.*

1° Soit à calculer $\sqrt[3]{2}$ à $\frac{1}{1000}$ près. En désignant par x le plus grand nombre de millièmes cherché, l'on doit avoir

$$\left(\frac{x}{1000}\right)^3 < 2 \quad \text{et} \quad \left(\frac{x+1}{1000}\right)^3 > 2,$$

et par conséquent

$$x^3 < 2\,000\,000\,000 \quad \text{et} \quad (x+1)^3 > 2\,000\,000\,000,$$

inégalités qui montrent bien que x est la racine cubique à moins d'une unité de $2\,000\,000\,000$. On trouve que

$$\sqrt[3]{2\,000\,000\,000} = 1259.$$

d'où il suit que

$\sqrt[3]{2}$, à $0{,}001$ près, est $1{,}259$;

2° Soit à calculer $\sqrt[3]{\dfrac{3}{7}}$ à $0{,}01$ près ; en faisant des raisonnements analogues, on est conduit à calculer le produit

$$\frac{3}{7} \times 100^3 = \frac{3\,000\,000}{7} = 428571 + \frac{3}{7},$$

puis à extraire la racine cubique à moins d'une unité de ce résultat ; mais on sait qu'il suffit pour cela d'extraire la racine cubique de la partie entière ; on calculera donc

$$\sqrt[3]{428571}, \text{ qui est } 75,$$

et $0{,}75$ sera la valeur de $\sqrt[3]{\dfrac{3}{7}}$ à moins de $\dfrac{1}{100}$.

3° Soit encore à chercher $\sqrt[3]{3{,}00415}$ à $0{,}001$ près ; on calculera $\sqrt[3]{3\,004\,150\,000}$, qui est 1442, et l'on aura $1{,}442$ pour la racine demandée.

Ayant fait ce calcul on pourrait avoir besoin de la racine de $3{,}00415$ à $0{,}0001$ près, il suffirait alors d'écrire à la droite du reste de l'opération un groupe de trois zéros, et de continuer l'extraction de la racine cubique ; on trouverait que

$$\sqrt[3]{3{,}00415}, \text{ à } 0{,}0001 \text{ près, est } 1{,}4429.$$

REMARQUE I. Lorsque l'on a calculé à moins d'une unité la racine cubique de la partie entière d'un nombre décimal, pour obtenir la racine cubique de ce nombre décimal à moins d'un dixième, il suffit d'abaisser à la droite du reste les trois premiers chiffres décimaux, et de continuer le calcul ; pour avoir cette racine cubique à moins de 0,01, on abaisse les trois chiffres décimaux suivants, et ainsi de suite. On doit placer une virgule à la racine dès que la dernière tranche de la partie entière du nombre a été abaissée.

REMARQUE II. La règle pratique du n° 280 s'applique encore si la fraction d'approximation est une fraction ordinaire.

Ainsi pour calculer $\sqrt[3]{752}$ à $\dfrac{1}{12}$ près, on multiplie 752 par le cube de 12 et l'on calcule à moins d'une unité $\sqrt[3]{752 \times 12^3}$ ou $\sqrt[3]{752 \times 1728}$ ou $\sqrt[3]{1\,299\,456}$, qui est 109 ; la racine cherchée, à moins de $\dfrac{1}{12}$, est donc $\dfrac{109}{12}$ ou $9 + \dfrac{1}{12}$.

281. *Lorsqu'on n'indique pas l'approximation avec laquelle on doit calculer la racine cubique d'un nombre, par exemple* $\sqrt[3]{6}$, *il faut considérer cette expression comme la limite commune vers laquelle tendent :*

1° *Ses valeurs approchées à moins de* 0,1, *de* 0,01, *de* 0,001,... *par défaut :*

$$1{,}8, \quad 1{,}81, \quad 1{,}817,\ldots;$$

2° *Ses valeurs approchées par excès :*

$$1{,}9, \quad 1{,}82, \quad 1{,}818,\ldots;$$

On démontrerait, comme au n° 262, que ces deux séries de nombres tendent vers une même limite.

EXERCICES ET PROBLÈMES

SUR LA RACINE CUBIQUE.

1. Extraire la racine cubique des nombres

        132651,   389017,   614125,   912673.
R.   51,   73,   85,   97.

2. Extraire la racine cubique des nombres

        20796875,   56623104,   121287375.
R.   275,   384,   495.

3. Extraire la racine cubique des nombres

        8303765625,   62523502209,   433626201009.
R.   2025,   3969,   7569.

4. Calculer, à moins de 0,00001 près, les racines cubiques des nombres entiers depuis 2 jusqu'à 11.

R. $\sqrt[3]{2} = 1,25992$, $\sqrt[3]{3} = 1,44225$, $\sqrt[3]{4} = 1,58740$,
$\sqrt[3]{5} = 1,70998$, $\sqrt[3]{6} = 1,81712$, $\sqrt[3]{7} = 1,91293$,
$\sqrt[3]{9} = 2,08008$, $\sqrt[3]{10} = 2,15443$, $\sqrt[3]{11} = 2,2240$.

5. Calculer $\sqrt[3]{1568379}$ à $\frac{1}{7}$ près.

$$R. \quad \frac{813}{7} = 116 + \frac{1}{7}.$$

6. Extraire, à 0,0001 près, les racines cubiques des nombres:

        79,   473,   3,00415,   0,00101, $\frac{14}{25}$.
R.   4,2908,   7,7915,   1,4429,   0,1003,   0,8242.

7. Combien y a-t-il de stères de bois dans une pile de forme cubique dont le côté a 35^m,6 ?

R. 45118.

8. Trouver un nombre tel, que son carré multiplié par le quart de ce nombre produise 432.

R. 12.

228 EXERCICES ET PROBLÈMES SUR LA RACINE CUBIQUE.

9. Sachant que 1 488 961 est la différence entre les cubes de deux nombres entiers consécutifs, trouver ces deux nombres.

R. 704 et 705.

10. Sachant que 1 002 673 est la différence des cubes de deux nombres entiers différant de 7 unités, trouver ces deux nombres.

R. 215 et 222.

11. Le cube d'un nombre et le cube de sa dernière figure à droite sont terminés par le même chiffre. — Est-il possible, à l'inspection du dernier chiffre à droite d'un nombre, de reconnaître s'il est ou n'est pas un cube parfait ?

12. Si un nombre est premier, son cube surpasse le nombre lui-même d'un multiple de 24.

13. Un nombre terminé par 5 ne peut être un cube parfait si le chiffre des dizaines n'est pas 2 ou 7.

14. Tous les nombres cubes parfaits qui ne sont pas des multiples de 9 donnent pour reste 1 ou 8 quand on les divise par 9 ; ceci revient à dire que tous les cubes parfaits sont de l'une des trois formes suivantes : m. 9, m. 9 + 1, m. 9 — 1.

15. La durée de la révolution de la planète Vénus autour du Soleil est de 224^j,7 : calculer sa distance au Soleil en prenant pour unité la distance de la Terre à cet astre. La durée de la révolution de la Terre est 365^j,25 et l'on connaît d'ailleurs la troisième loi de Képler.

R. 0,7233.

CHAPITRE III.

DES NOMBRES INCOMMENSURABLES. — CALCUL DES RADICAUX.

282. Il existe des grandeurs qui n'ont pas de commune mesure avec l'unité. Ainsi l'on ne peut évaluer exactement la diagonale du carré de 1 mètre de côté, à l'aide du centimètre, du millimètre ou bien d'une fraction quelconque du mètre, si petite qu'elle soit; l'on démontre en géométrie que cette diagonale est représentée par $\sqrt{2}$. De même la diagonale du cube de 1 mètre de côté est représentée par $\sqrt{3}$; cette grandeur et le mètre sont incommensurables.

Dans les applications on rencontre souvent des grandeurs analogues, il faut les ajouter, les comparer entre elles, et l'on est ainsi conduit à exécuter des opérations sur des nombres incommensurables, tels que $\sqrt{2}$, $\sqrt{3}$. Nous savons déjà quel sens on doit attribuer à de pareilles expressions isolées; il nous reste à dire ce qu'il faut entendre par somme, différence, produit ou quotient de deux nombres incommensurables.

283. DÉFINITION I. — *On entend par* SOMME *de deux nombres incommensurables, la limite des sommes que l'on obtient en substituant à ces expressions des valeurs commensurables de plus en plus approchées dans le même sens.*

Soient, par exemple, les deux nombres incommensurables $\sqrt{2}$ et $\sqrt[3]{17}$; l'on trouve

Fractions d'approx.	Valeurs approchées de $\sqrt{2}$		Valeurs approchées de $\sqrt[3]{17}$	
	par défaut.	par excès.	par défaut.	par excès.
0,1	1,4	1,5	2,5	2,6
0,01	1,41	1,42	2,57	2,58
0,001	1,414	1,415	2,571	2,572
0,0001	1,4142	1,4143	2,5712	2,5713

En ajoutant les valeurs correspondantes toutes deux par défaut, ou bien toutes deux par excès, l'on obtient les deux suites :

1,4 + 2,5	1,5 + 2,6
1,41 + 2,57	1,42 + 2,58
1,414 + 2,571	1,415 + 2,572
. . . .	. . . .

Il est facile de voir que ces deux suites tendent vers une même limite. En effet : 1° les nombres de la première vont tous en augmentant, et ceux de la seconde en diminuant ; 2° tout nombre de la première suite est moindre que son correspondant de la seconde ; 3° la différence entre ces deux nombres peut devenir moindre que toute quantité donnée si petite qu'elle soit, puisque les diverses valeurs que prend cette différence sont : 0,2 ; 0,02 ; 0,002,...

284. Définition II. — *On appelle* différence *de deux nombres incommensurables la limite commune des différences successives que l'on obtient en substituant à ces incommensurables des valeurs commensurables de plus en plus approchées en sens contraire.*

Ainsi $\sqrt[3]{17} - \sqrt{2}$ est la limite commune des deux suites

2,5 — 1,5	2,6 — 1,4
2,57 — 1,42	2,58 — 1,41
2,571 — 1,415	2,572 — 1,414
. . . .	. . . .

qui remplissent les trois conditions indiquées plus haut. On dit que les premières différences sont des valeurs approchées par défaut de $\sqrt[3]{17} - \sqrt{2}$; les autres sont des valeurs approchées par excès.

285. Définition III. — *On appelle* produit *de deux incommensurables la limite des produits successifs que l'on obtient en leur substituant des valeurs commensurables de plus en plus approchées dans le même sens.*

Ainsi $\sqrt[3]{17} \times \sqrt{2}$ est la limite commune des deux suites :

DES NOMBRES INCOMMENSURABLES. 231

$$2,5 \times 1,4 \qquad 2,6 \times 1,5$$
$$2,57 \times 1,41 \qquad 2,58 \times 1,42$$
$$\ldots\ldots\ldots \qquad \ldots\ldots\ldots$$

Ces deux suites remplissent évidemment les deux premières conditions nécessaires pour qu'elles aient une limite commune ; il est facile de voir qu'elles satisfont aussi à la troisième. En effet, la différence

$$2,58 \times 1,42 - 2,57 \times 1,41$$

peut s'écrire

$$(2,57 + 0,01) \times (1,41 + 0,01) - 2,57 \times 1,41 ;$$

elle se réduit à

$$2,57 \times 0,01 + 1,41 \times 0,01 + (0,01)^2 = 0,0399 ;$$

elle est donc moindre que

$$(2,6 + 1,5) \times 0,01, \quad \text{ou} \quad 0,041 ;$$

les différences entre les produits suivants seraient moindres que

$$(2,6 + 1,5) \times 0,001 \quad \text{ou} \quad 0,0041,$$
$$(2,6 + 1,5) \times 0,0001 \quad \text{ou} \quad 0,00041,$$
$$\ldots\ldots\ldots\ldots\ldots\ldots\ldots\ldots ;$$

elles tendent donc vers zéro.

286. DÉFINITION IV. — *Le* QUOTIENT *de deux nombres incommensurables est la limite des quotients obtenus en leur substituant des nombres commensurables de plus en plus approchés en sens contraires.*

Ainsi $\sqrt[3]{17} : \sqrt{2}$ est la limite commune des deux suites

$$2,5 \; : \; 1,5 \qquad 2,6 \; : \; 1,4,$$
$$2,57 : 1,42 \qquad 2,58 : 1,41,$$
$$\ldots\ldots\ldots \qquad \ldots\ldots\ldots ;$$

il est clair qu'elles satisfont encore aux deux premières conditions déjà énoncées. Elles satisfont encore à la troisième ; en effet, la différence de deux quotients correspondants,

$$\frac{2,58}{1,41} - \frac{2,57}{1,42}, \quad \text{ou} \quad \frac{258}{141} - \frac{257}{142},$$

ou
$$\frac{257+1}{141} - \frac{257}{141+1},$$
après réduction au même dénominateur, devient
$$\frac{257+141+1}{141 \times 142};$$
cette différence est donc moindre que
$$\frac{260+150}{140^2}, \quad \text{ou} \quad \frac{410}{140^2}, \quad \text{ou} \quad \frac{0,041}{1,4^2}.$$

On trouverait de même qu'entre les quotients correspondants qui suivent, les différences sont moindres que
$$\frac{0,0041}{1,4^2}, \quad \frac{0,00041}{1,4^2}, \ldots,$$
et par conséquent tendent vers zéro.

On définirait d'une manière analogue la racine carrée ou la racine cubique d'un nombre incommensurable.

Extension aux nombres incommensurables de propositions démontrées précédemment.

287. On peut étendre aux nombres incommensurables un grand nombre de propositions déjà reconnues vraies pour les nombres entiers ou fractionnaires.

Par exemple, *dans un produit de plusieurs facteurs incommensurables, on peut intervertir l'ordre des facteurs,* et l'on a l'égalité
$$\sqrt[3]{17} \times \sqrt{2} = \sqrt{2} \times \sqrt[3]{17}.$$

En effet, si l'on substitue à ces deux facteurs leurs valeurs approchées par défaut à moins de $0,1$, de $0,01$,..., l'on a successivement
$$2,5 \times 1,4 = 1,4 \times 2,5,$$
$$2,57 \times 1,41 = 1,41 \times 2,57,$$
$$\ldots\ldots\ldots\ldots\ldots\ldots\ldots;$$

mais la limite des premiers produits est $\sqrt[3]{17} \times \sqrt{2}$, et celle des seconds est $\sqrt{2} \times \sqrt[3]{17}$; puisque ces produits sont toujours égaux entre eux, leurs limites sont aussi égales.

Nous étendrons de même aux nombres incommensurables les propositions suivantes démontrées (n°⁸ 246,...; 265,...) pour les nombres qui sont des carrés ou bien des cubes parfaits; elles permettent souvent de simplifier beaucoup les calculs numériques.

288. PROPOSITION I. — *Le produit des racines carrées de plusieurs nombres est égal à la racine carrée du produit de ces nombres.*

Nous avons démontré (n° 246) l'égalité

$$\sqrt{16} \times \sqrt{49} = \sqrt{16 \times 49}.$$

La proposition est encore vraie si les nombres placés sous les radicaux ne sont pas des carrés parfaits; l'on a, par exemple,

$$\sqrt{5} \times \sqrt{7} = \sqrt{5 \times 7}.$$

Substituons, en effet, à $\sqrt{5}$ et à $\sqrt{7}$ leurs valeurs approchées à moins de 0,1, de 0,01, de 0,001, ... ,

$$2,2, \quad 2,23, \quad 2,236,...,$$
$$2,6, \quad 2,64, \quad 2,645,...,$$

nous aurons

$$\sqrt{2,2^2} \times \sqrt{2,6^2} = \sqrt{2,2^2 \times 2,6^2},$$
$$\sqrt{2,23^2} \times \sqrt{2,64^2} = \sqrt{2,23^2 \times 2,64^2},$$
$$\ldots\ldots\ldots\ldots\ldots\ldots\ldots\ldots\ldots\ldots\ldots;$$

mais la limite des premiers membres est $\sqrt{5} \times \sqrt{7}$, et celle des seconds est $\sqrt{5 \times 7}$; puisqu'il y a toujours égalité entre ces expressions, quelque voisines qu'elles soient de leurs limites, ces limites sont égales aussi, et l'on a

$$\sqrt{5} \times \sqrt{7} = \sqrt{5 \times 7}.$$

289. Proposition II. — *Le produit des racines cubiques de plusieurs nombres est égal à la racine cubique du produit de ces nombres.*

Par exemple : $\sqrt[3]{7} \times \sqrt[3]{11} \times \sqrt[3]{13} = \sqrt[3]{7 \times 11 \times 13}$;
la démonstration est analogue à la précédente.

Remarque. Ces deux propositions permettent de substituer à deux ou plusieurs extractions de racine et à des multiplications très-longues, des multiplications faciles et une seule extraction de racine. On en déduit aussi les deux conséquences suivantes, très-utiles dans les calculs.

290. *Conséquence I.* — Lorsqu'un facteur carré parfait se trouve sous le signe radical carré, on peut *le faire sortir du radical.* Pour cela *on place en avant du radical la racine carrée de ce facteur que l'on multiplie par la racine du produit des autres facteurs.*

Ainsi $\sqrt{20} = 2 \times \sqrt{5}$;
en effet, l'on a
$$\sqrt{20} = \sqrt{4 \times 5} = \sqrt{4} \times \sqrt{5} = 2 \times \sqrt{5}.$$

Réciproquement : $2 \times \sqrt{5} = \sqrt{4 \times 5} = \sqrt{20}$; on dit que *l'on a fait entrer le facteur 2 sous le radical. Ainsi pour faire entrer un facteur sous un radical on multiplie le carré de ce facteur par le nombre placé sous le radical.*

291. *Conséquence II.* — Lorsqu'un facteur cube parfait se trouve sous un radical cubique *on peut le faire sortir de ce radical;* il suffit, pour cela, *d'extraire la racine cubique de ce facteur et de la multiplier par la racine cubique du produit des autres facteurs.*

Ainsi $\sqrt[3]{729 \times 431} = 9 \times \sqrt[3]{431}$;
en effet, l'on a
$$\sqrt[3]{729 \times 431} = \sqrt[3]{729} \times \sqrt[3]{431} = 9 \times \sqrt[3]{431}.$$

Réciproquement, *on peut faire entrer un facteur sous un radical cubique en multipliant le cube de ce facteur par la quantité soumise au radical.*

Exemples de l'utilité de ces transformations :

1° $\sqrt{8} + 2 \times \sqrt{98} + \sqrt{32} = 2 \times \sqrt{2} + 14 \times \sqrt{2} + 4 \times \sqrt{2}$,
ou $20 \times \sqrt{2} = 28,284$.

2° $\sqrt[3]{250} + \sqrt[3]{686} + \sqrt[3]{1458} = 5 \times \sqrt[3]{2} + 7 \times \sqrt[3]{2} + 9 \times \sqrt[3]{2}$,
ou $21 \times \sqrt[3]{2} = 26,46$.

3° $7 \times \sqrt{\dfrac{2}{7}} = \sqrt{\dfrac{2}{7} \times 49} = \sqrt{14} = 3,741\,66$.

4° $5 \times \sqrt[3]{\dfrac{7}{25}} = \sqrt[3]{\dfrac{7}{25} \times 125} = \sqrt[3]{7 \times 5} = 3,2711$.

292. Proposition III. — *Le quotient de deux racines carrées est égal à la racine carrée du quotient des deux nombres placés sous les radicaux.*

Ainsi
$$\frac{\sqrt{5}}{\sqrt{7}} = \sqrt{\frac{5}{7}}.$$

Pour montrer que le second membre de cette égalité est bien le quotient de $\sqrt{5}$ par $\sqrt{7}$ il suffit de faire voir qu'en le multipliant par $\sqrt{7}$ on reproduit $\sqrt{5}$. Or, nous venons de prouver (n° 288) que

$$\sqrt{\frac{5}{7}} \times \sqrt{7} = \sqrt{\frac{5 \times 7}{7}} = \sqrt{5};$$

la proposition est donc vraie.

293. Proposition IV. — *Le quotient de deux racines cubiques est égal à la racine cubique du quotient des deux nombres soumis aux radicaux.*

Ainsi
$$\frac{\sqrt[3]{2}}{\sqrt[3]{11}} = \sqrt[3]{\frac{2}{11}}.$$

On le prouverait comme plus haut.

Remarque. Les deux propositions précédentes permettent

de substituer à deux extractions de racine et à une division très-longue, une division facile et une seule extraction de racine.

294. *Conséquence I*. — Pour extraire la racine carrée d'une fraction on peut substituer à la règle pratique du n° 259 la règle suivante :

Multipliez les deux termes de la fraction par un nombre tel que le nouveau dénominateur soit un carré parfait ; divisez ensuite la racine du nouveau numérateur par celle du dénominateur. Exemples :

1° $\sqrt{\dfrac{5}{7}} = \sqrt{\dfrac{5 \times 7}{7^2}} = \dfrac{\sqrt{35}}{7} = \dfrac{5{,}9161}{7} = 0{,}8452.$

2° $\sqrt{\dfrac{11}{27}} = \sqrt{\dfrac{11 \times 3}{27 \times 3}} = \dfrac{\sqrt{33}}{9} = \dfrac{5{,}74456}{9} = 0{,}63828 ;$

Il faut bien remarquer que l'erreur commise dans l'extraction de la racine du numérateur est divisée par 7, dans le premier exemple, et par 9 dans le second ; 0,8452 est donc exact à 0,0001 près et 0,63828 à 0,00001 près.

Cette marche est surtout avantageuse lorsqu'il faut calculer la racine carrée d'une fraction dont le dénominateur a beaucoup de chiffres. Soit, par exemple, à extraire

$$\sqrt{\dfrac{45\,893\,256}{3\,301\,375}}, \quad \text{à } \dfrac{1}{10\,000} \text{ près.}$$

Il faudrait, en suivant la marche indiquée (n° 259), calculer le quotient

$$45\,893\,256 : 3\,301\,375$$

avec huit chiffres décimaux. Au lieu de faire ce long calcul on observe que

$$3\,301\,375 = 7^4 \times 5^3 \times 11,$$

et qu'il suffit de multiplier les deux termes de l'expression à calculer par 5×11 pour obtenir au dénominateur un carré parfait. Ainsi l'inconnue est

$$x = \sqrt{\frac{45\,893\,256 \times 5 \times 11}{7^4 \times 5^4 \times 11^2}} = \frac{\sqrt{2\,524\,129\,080}}{7^2 \times 5^2 \times 11},$$

c'est-à-dire $\dfrac{\sqrt{2\,524\,129\,080}}{13\,475}.$

Il suffira de chercher à moins d'une unité la racine du numérateur, parce qu'en la divisant par 13475 on divisera l'erreur commise par 13475. Tous les chiffres de ce quotient calculé jusqu'aux dix-millièmes seront donc exacts. On trouve ainsi

$$x = \frac{50\,240}{13\,475} = 3{,}7284$$

295. *Conséquence II.* — Pour extraire la racine cubique d'une fraction on peut à la règle du n° 280 substituer la suivante : *Multipliez les deux termes de la fraction par un nombre tel que le nouveau dénominateur soit un cube parfait; divisez ensuite la racine du numérateur par celle du dénominateur.* Exemples :

1° $\qquad \sqrt[3]{\dfrac{7}{11}} = \sqrt[3]{\dfrac{7 \times 11^2}{11^3}} = \dfrac{\sqrt[3]{847}}{11} = \dfrac{9}{11},$

à $\dfrac{1}{11}$ près, par défaut;

2° $\qquad \sqrt[3]{\dfrac{37}{72}} = \sqrt[3]{\dfrac{37}{3^2 \times 2^3}} = \sqrt[3]{\dfrac{37 \times 3}{3^3 \times 2^3}} = \dfrac{\sqrt[3]{111}}{6} = \dfrac{5}{6}$

à moins de $\dfrac{1}{6}$ près, par excès.

Cette marche est surtout plus rapide pour calculer la racine cubique d'une fraction dont le dénominateur a beaucoup de figures.

Soit, par exemple, à extraire

$$\sqrt[3]{\frac{23\,489\,275}{3\,556\,224}}, \quad \text{à } \frac{1}{10\,000} \text{ près.}$$

En suivant la règle indiquée (n° 280), il faudrait calculer le quotient

$$23\,489\,275 : 3\,556\,224$$
avec douze chiffres décimaux. On peut éviter ce long calcul, car
$$3\,556\,224 = 12^3 \times 7^3 \times 6,$$
et si l'on multiplie par 6^2 les deux termes de la fraction, son dénominateur devient un carré parfait. L'inconnue est donc
$$x = \sqrt[3]{\frac{23\,489\,275 \times 6^2}{12^3 \times 7^3 \times 6^3}} = \frac{\sqrt[3]{845\,613\,900}}{12 \times 7 \times 6} = \frac{\sqrt[3]{845\,613\,900}}{504}.$$

Il suffira de calculer à un demi-dixième près la racine du numérateur, parce qu'en divisant cette racine par 504, l'erreur du quotient limité au chiffre des dix-millièmes sera au plus de
$$\frac{1}{20 \times 504} \quad \text{ou} \quad \frac{1}{10\,080},$$
et comme
$$\sqrt[3]{845\,613\,900} = 945,6,$$
l'on trouve
$$x = \frac{945,6}{504} = 1,8762, \text{ à } 0,0001 \text{ près et par excès.}$$

296. *Conséquence III.* — Si l'on doit calculer une expression dont le dénominateur est un radical, il est avantageux de la remplacer par une autre équivalente dont le dénominateur soit un nombre commensurable.

Si le dénominateur est une racine carrée, on multiplie les deux termes de l'expression par ce dénominateur ; et s'il est une racine cubique, on multiplie les deux termes par le carré de ce dénominateur. Exemples :

1° $$\frac{17}{\sqrt{5}} = \frac{17 \times \sqrt{5}}{\sqrt{5} \times \sqrt{5}} = \frac{17\sqrt{5}}{5} = \frac{\sqrt{17^2 \times 5}}{5},$$

ou $\dfrac{\sqrt{1445}}{5} = \dfrac{38}{5}$, à moins de $\dfrac{1}{5}$ près et par défaut.

2° $$\frac{15}{\sqrt[3]{7}} = \frac{15 \times \sqrt[3]{49}}{\sqrt[3]{7} \times \sqrt[3]{49}} = \frac{15 \times \sqrt[3]{49}}{7} = \frac{\sqrt[3]{15^3 \times 49}}{7},$$

ou $\dfrac{\sqrt[3]{165375}}{7} = \dfrac{55}{7}$, à moins de $\dfrac{1}{7}$ près et par excès.

EXERCICES

SUR LES NOMBRES INCOMMENSURABLES.

1. Si l'on connaissait $\sqrt[3]{2}$, en pourrait-on déduire $\sqrt[3]{686}$? Calculer cette dernière racine à 0,001 près

$$R. \quad \sqrt[3]{686} = 8,820.$$

2. Calculer, à $\frac{1}{100}$ près, $\sqrt[3]{\frac{16}{1715}}$.

$$R. \quad \frac{2}{7} \times \sqrt[3]{0,4} = 0,21.$$

3. Calculer, à $\frac{1}{10000}$ près, $\sqrt[3]{\frac{11}{256}}$.

$$R. \quad \frac{1}{8} \cdot \sqrt[3]{22} = 0,3503.$$

4. Faire le carré de $3+\sqrt{7}$, de $6-\sqrt{5}$, de $5-2\times\sqrt{3}$.

$$R. \quad 16+6\times\sqrt{7}, \quad 41-12\times\sqrt{5}, \quad 37-20\times\sqrt{3}.$$

5. Faire le carré de $\frac{1}{\sqrt{2}}(\sqrt{3}+1)$, de $\frac{1}{\sqrt{2}}\times(\sqrt{7}-1)$.

$$R. \quad 2+\sqrt{3}, \qquad 4-\sqrt{7}.$$

6. Extraire la racine carrée de $7+2\times\sqrt{10}$, de $7+4\times\sqrt{3}$.

$$R. \quad \sqrt{5}+\sqrt{2}, \quad 2+\sqrt{3}.$$

7. Faire le cube des expressions : $2+\sqrt{5}$, et $1+\sqrt{7}$.

$$R. \quad 38+17\times\sqrt{5}, \quad 10\times\sqrt{7}+22.$$

8. Faire le cube de l'expression : $\sqrt{2}+\sqrt{3}$.

$$R. \quad 11\times\sqrt{2}+9\times\sqrt{3}.$$

240   EXERCICES SUR LES NOMBRES INCOMMENSURABLES.

9. Calculer, à moins de $\frac{1}{100}$ près, l'expression : $\sqrt{\sqrt{3,1415926535}}$.

R.   1,33.

10. Calculer, à moins de $\frac{1}{1000}$ près, l'expression : $\sqrt{10 + 2\sqrt{5}}$.

R.   3,804.

11. Comparer $6\sqrt{3}$ et $4\sqrt{7}$; $3\sqrt[3]{3}$ et $2\sqrt[3]{10}$; $2\sqrt[3]{5}$, $4\sqrt[3]{2}$ et $3\sqrt[3]{5}$; $\sqrt{5}$ et $\sqrt[3]{11}$; $\sqrt{5}$ et $2\sqrt[3]{\frac{3}{2}}$.

12. Simplifier les expressions :

$3\sqrt{432}$; $3\sqrt[3]{432}$; $2\sqrt[3]{\frac{3}{2}}$; $3\sqrt{\sqrt{\frac{2}{3}}}$; $4\sqrt{3+\frac{3}{8}}$.

R. $36\sqrt{3}$; $18\sqrt[3]{2}$; $\sqrt[3]{12}$; $\sqrt{3\sqrt{6}}$;   6.

13. Simplifier les expressions suivantes :

1° $\sqrt{128} + 2\times\sqrt{50} + \sqrt{72} + \sqrt{18}$.   R. $27\times\sqrt{2}$.

2° $\sqrt{\frac{3}{4}} + \frac{1}{2}\times\sqrt{12} + \frac{4}{3}\times\sqrt{27} - 2\times\sqrt{\frac{3}{16}}$.   R. $5\times\sqrt{3}$.

3° $4\times\sqrt{147} - 3\times\sqrt{75} - 6\times\sqrt{\frac{1}{3}}$.   R. $11\times\sqrt{3}$.

4° $\sqrt[3]{72} - 3\times\sqrt[3]{\frac{1}{3}} + 6\times\sqrt[3]{21+\frac{1}{3}}$.   R. $9\times\sqrt[3]{9}$.

5° $\sqrt[3]{40} + \sqrt[3]{135} - \frac{1}{2}\times\sqrt[3]{320}$.   R. $3\times\sqrt[3]{5}$.

14. Faire les multiplications suivantes :

$3\sqrt{8}\times 2\sqrt{6}$; $3\sqrt{15}\times 4\sqrt{20}$; $2\sqrt[3]{4}\times 3\sqrt[3]{54}$.

R. $24\times\sqrt{3}$; $120\times\sqrt{3}$;   36.

15. Faire les divisions suivantes :

$\left(2\sqrt{3}+3\sqrt{2}+\sqrt{30}\right) : 3\sqrt{6}$; $\left(2\sqrt{3}+3\sqrt[3]{2}+\sqrt{\sqrt{30}}\right) : 3\sqrt{2}$.

R. $\frac{1}{3}(\sqrt{2}+\sqrt{3}+\sqrt{5})$; $\frac{1}{3}\sqrt{6}+\frac{1}{2}\sqrt[3]{\sqrt{32}}+\frac{1}{6}\sqrt{\sqrt{120}}$.

LIVRE VI.

RAPPORTS ET APPLICATIONS.

CHAPITRE PREMIER.

RAPPORTS.

297. Définition I. — On appelle *rapport* de deux grandeurs de même espèce *le nombre qui exprimerait la mesure de la première si l'on prenait la seconde pour unité.*

Soit, par exemple, une longueur qui renferme exactement cinq mètres, le rapport de cette longueur au mètre est égal à 5 ; ce rapport serait égal à 0,7 si la longueur ne renfermait que sept décimètres ; il serait 5,7 si cette longueur contenait 5 mètres et 7 décimètres.

Le mot rapport a, dans le langage ordinaire, le même sens, seulement beaucoup plus vague : un centime est négligeable par rapport à mille francs, etc..... La définition précédente donne à ce mot une acception simple et précise.

298. *Si l'on a mesuré deux grandeurs de même espèce au moyen d'une même unité, il suffit, pour obtenir leur rapport, de diviser l'un par l'autre les résultats de ces deux mesures.*

Soient deux longueurs AB et CD, la première de 5 mètres, l'autre de 7 mètres ; je dis que le rapport de AB à CD est $\frac{5}{7}$. En effet, puisque le mètre est la septième partie de CD, en mesurant AB avec CD on trouverait que AB renferme cinq fois la septième partie de CD, ce qui revient à dire que le rapport de ces deux longueurs est $\frac{5}{7}$.

Considérons encore les deux lignes AB $= \frac{3^m}{7}$ et CD $= \frac{4^m}{5}$, il est facile de voir que le rapport de AB à CD est égal au quotient

$$\frac{3}{7} : \frac{4}{5} = \frac{15}{28}.$$

En effet, le mètre est les $\frac{5}{4}$ de CD, par conséquent AB est les $\frac{3}{7}$ des $\frac{5}{4}$ de CD ou les $\frac{15}{28}$ de CD. Si donc l'on mesurait AB en prenant CD pour unité, l'on trouverait $\frac{15}{28}$ pour résultat de cette mesure.

299. Définition II. — Par analogie on appelle *rapport de deux nombres le quotient de la division du premier par le second;* ces nombres peuvent être entiers, fractionnaires ou incommensurables.

On indique que deux nombres forment un rapport en les séparant par le signe de la division; ainsi les rapports de 2 à 3, de $4 + \frac{3}{7}$ à $5 + \frac{2}{3}$, de $\sqrt{2}$ à $\sqrt[3]{5}$ s'écrivent :

$$\frac{2}{3}, \quad \frac{4 + \frac{3}{7}}{5 + \frac{2}{3}}, \quad \frac{\sqrt{2}}{\sqrt[3]{5}}.$$

300. Les deux nombres d'un rapport s'appellent *termes;* le premier porte le nom d'*antécédent* ou de *numérateur*, le second de *conséquent* ou de *dénominateur*. Ainsi dans le rapport $\frac{2}{3}$, l'antécédent est 2 et le conséquent est 3.

301. Deux rapports sont *inverses* l'un de l'autre lorsque l'antécédent de l'un des rapports est le conséquent de l'autre et *vice versa*. Ainsi

$$\frac{2}{3} \text{ et } \frac{3}{2}, \quad \frac{\sqrt{2}}{\sqrt[3]{5}} \text{ et } \frac{\sqrt[3]{5}}{\sqrt{2}}, \quad \frac{\frac{2}{3}}{\frac{7}{11}} \text{ et } \frac{\frac{7}{11}}{\frac{2}{3}}$$

sont des rapports inverses.

Propriétés des rapports.

302. Nous avons vu qu'une fraction exprime le quotient de son numérateur par son dénominateur. Par conséquent, si les termes d'un rapport étaient toujours des nombres entiers, toutes les propriétés des fractions et les règles données pour leur calcul s'appliqueraient aux rapports ; mais ces termes peuvent être fractionnaires et même incommensurables ; il faut donc prouver que les mêmes règles s'appliquent encore à de pareilles expressions.

303. PROPOSITION I. — *On peut, sans altérer un rapport, multiplier ou diviser ses deux termes par un même nombre entier ou fractionnaire.*

Démonstration. — Soit le rapport $a : b$, je dis que l'on peut multiplier ses deux termes par un même nombre, m, sans altérer sa valeur et que l'on a

$$\frac{a}{b} = \frac{m \cdot a}{m \cdot b}.$$

En effet, soit q le quotient de a par b (*), on a $a = b.q$; en multipliant par m les deux membres de cette égalité, on obtient

$$a \cdot m = b \cdot q \cdot m ;$$

or le second membre peut être considéré comme un produit de deux facteurs dont l'un serait $b.m$; par suite, si l'on divise $a.m$ par $b.m$, on aura q pour quotient ; donc

$$\frac{a}{b} = \frac{a \cdot m}{b \cdot m}.$$

(*) Ce quotient est généralement une fraction ordinaire ; par exemple

$$\frac{0{,}45}{\frac{4}{9}} = \frac{45}{100} \times \frac{9}{4} = \frac{405}{400}.$$

Conséquence I. — On peut simplifier un rapport comme on simplifie une fraction. Ainsi le rapport

$$\frac{0{,}36}{\frac{72}{83}} \quad \text{se réduit à} \quad \frac{0{,}01}{\frac{2}{83}},$$

lorsque l'on a divisé ses deux termes par 36.

Conséquence II. — Pour réduire au même dénominateur plusieurs rapports, on suit la marche indiquée (n° 134) pour les fractions ordinaires.

Ainsi les rapports

$$\frac{\frac{2}{3}}{0{,}15} \quad \text{et} \quad \frac{0{,}5}{7}$$

sont égaux respectivement aux deux rapports

$$\frac{\frac{2}{3} \times 7}{0{,}15 \times 7} \quad \text{et} \quad \frac{0{,}5 \times 0{,}15}{7 \times 0{,}15}$$

qui ont même dénominateur.

Cette transformation est souvent utile pour comparer deux rapports.

304. Addition et soustraction des rapports. — *On les réduit au même dénominateur ; on ajoute alors ou l'on retranche les numérateurs, puis on divise le résultat ainsi obtenu par le dénominateur commun.*

Soit, par exemple, à ajouter les rapports

$$\frac{\frac{2}{3}}{0{,}13} \quad \text{et} \quad \frac{0{,}9}{7},$$

égaux respectivement aux fractions ordinaires

$$\frac{200}{39} \quad \text{et} \quad \frac{9}{70};$$

la somme cherchée peut s'écrire, après réduction au même dénominateur,

$$\frac{\frac{2}{3} \times 7}{0{,}13 \times 7} + \frac{0{,}9 \times 0{,}13}{0{,}13 \times 7},$$

et il est facile de voir qu'elle est égale à

$$\frac{\frac{2}{3} \times 7 + 0{,}9 \times 0{,}13}{0{,}13 \times 7} = \frac{\frac{2}{3} \times 7 + 0{,}9 \times 0{,}13}{0{,}91};$$

en effet, prendre les $\frac{100}{91}$ de deux nombres et ajouter les résultats revient à prendre les $\frac{100}{91}$ de la somme de ces deux nombres.

305. MULTIPLICATION DES RAPPORTS. — *On divise le produit des numérateurs par celui des dénominateurs.*

Soit, par exemple, à faire le produit des rapports

$$\frac{a}{b} \quad \text{et} \quad \frac{a'}{b'};$$

je dis que l'on a

$$\frac{a}{b} \times \frac{a'}{b'} = \frac{a \cdot a'}{b \cdot b'}.$$

En effet, soit q le quotient de a par b, q' celui de a' par b', on a

$$a = b \cdot q, \quad a' = b' \cdot q',$$

et, en multipliant ces égalités membre à membre, on obtient

$$a \cdot a' = b \cdot b' \times q \cdot q';$$

par suite,

$$q \cdot q' = \frac{a \cdot a'}{b \cdot b'},$$

ce qui démontre la proposition énoncée.

306. DIVISION DES RAPPORTS. — *On multiplie le rapport dividende par le rapport diviseur renversé.*

Soit à calculer le quotient des deux rapports pris pour exemple au n° 304 ; je dis que

$$\frac{\frac{2}{3}}{0,13} : \frac{0,9}{7} = \frac{\frac{2}{3} \times 7}{0,13 \times 0,9}.$$

C'est en effet ce rapport qu'il faut multiplier par le diviseur pour reproduire le dividende.

REMARQUE. On étend facilement les principes qui précèdent au cas où les termes des rapports sont des nombres incommensurables. Il suffit de substituer à ces nombres des valeurs commensurables de plus en plus approchées.

CHAPITRE II.

PROPORTIONS.

307. DÉFINITION I. — *On appelle* PROPORTION *l'égalité de deux rapports ;* ainsi l'égalité

$$\frac{21}{7} = \frac{15}{5}, \quad \text{ou bien,} \quad 21 : 7 = 15 : 5$$

est une proportion ; on l'énonce : 21 est à 7 comme 15 est à 5.

Les nombres 21 et 5 s'appellent *extrêmes,* 7 et 15 sont les *moyens ;* 21 est le premier *antécédent,* 15 est le second ; 7 est le premier *conséquent* et 5 est le second.

308. DÉFINITION II. — *On appelle* QUATRIÈME PROPORTIONNELLE *à trois nombres, le quatrième terme d'une proportion dont les nombres donnés forment les trois premiers termes.* Ainsi 12 est une quatrième proportionnelle aux nombres 2, 3, 8 ; en effet, l'on a

$$\frac{2}{3} = \frac{8}{12}, \quad \text{ou} \quad 2 : 3 = 8 : 12.$$

PROPORTIONS.

309. Définition III. — *On appelle* troisième proportionnelle *à deux nombres, le quatrième terme d'une proportion dans laquelle le premier terme est le premier nombre donné et les deux moyens sont égaux au second nombre donné.* Ainsi 18 est une troisième proportionnelle aux nombres 2 et 6 ; en effet, l'on a

$$\frac{2}{6} = \frac{6}{18}, \quad \text{ou} \quad 2 : 6 = 6 : 18.$$

La proportion précédente dans laquelle les moyens sont égaux est appelée *proportion continue*.

310. Définition IV. — *On appelle* moyenne proportionnelle *à deux nombres, un troisième nombre qui forme à lui seul les moyens d'une proportion dans laquelle les extrêmes sont égaux aux deux premiers nombres.* Par exemple, 6 est une moyenne proportionnelle à 2 et à 18.

311. Proposition I. — *Dans toute proportion le produit des extrêmes est égal à celui des moyens.*

Démonstration. — Soit la proportion

$$\frac{21}{7} = \frac{15}{5},$$

je dis que

$$21 \times 5 = 7 \times 15 ;$$

en effet, si l'on réduit ces deux rapports au même dénominateur, on obtient l'égalité

$$\frac{21 \times 5}{7 \times 5} = \frac{15 \times 7}{5 \times 7} ;$$

comme les dénominateurs sont égaux les numérateurs le sont aussi, donc

$$21 \times 5 = 7 \times 15 ;$$

312. *Réciproquement, si quatre nombres* **21, 7, 15** *et* **5** *sont tels que le produit des deux nombres extrêmes soit égal à celui des moyens, ces quatre nombres forment une proportion dans l'ordre où ils sont placés.*

En effet, si l'on a

$$21 \times 5 = 7 \times 15,$$

en divisant par le produit, 5 × 7, les deux membres de cette égalité, on obtient la suivante :

$$\frac{21 \times 5}{5 \times 7} = \frac{7 \times 15}{5 \times 7},$$

et, en simplifiant chaque rapport, on trouve la proportion

$$\frac{21}{7} = \frac{15}{5}.$$

Remarque. La condition nécessaire et suffisante pour que quatre nombres soient en proportion est que le produit des nombres extrêmes soit égal à celui des moyens.

313. *Conséquence I.* — Connaissant trois termes d'une proportion, on peut calculer le quatrième ; ainsi pour trouver le terme inconnu, x, dans la proportion

$$18 : 6 = 87 : x,$$

on observera (n° 311) que 87×6 est égal à 18 fois le terme inconnu ; donc

$$x = \frac{87 \times 6}{18} = \frac{87}{3} = 29.$$

Par suite : 1° *Si l'un des extrêmes est inconnu, on l'obtiendra en divisant le produit des moyens par l'extrême connu ;* ce qui revient à dire que l'on trouve la quatrième proportionnelle à trois nombres donnés, en divisant par le premier nombre le produit des deux autres.

2° *Si l'on cherche un des moyens, on l'obtiendra en divisant le produit des extrêmes par l'autre moyen.* Ainsi pour calculer le moyen inconnu de la proportion

$$\frac{51}{17} = \frac{x}{54},$$

on écrira

$$x = \frac{51 \times 54}{17} = 162.$$

314. *Conséquence II.* — *La moyenne proportionnelle entre deux nombres est égale à la racine carrée de leur produit.*

PROPORTIONS.

Pour trouver, par exemple, la moyenne proportionnelle entre les nombres 72 et 2, on posera la proportion

$$\frac{72}{x} = \frac{x}{2},$$

et comme le carré du moyen cherché, x, est égal au produit des extrêmes, 72×2, on aura

$$x = \sqrt{72 \times 2} = \sqrt{144} = 12.$$

315. PROPOSITION II. — *Il y a quatre manières d'écrire que quatre nombres sont en proportion.*

Soient, en effet, les quatre nombres 28, 7, 44 et 11 tels que

$$28 \times 11 = 7 \times 44;$$

on peut, en prenant 28 et 11 pour extrêmes, 7 et 44 pour moyens, écrire la proportion

(1) $28 : 7 = 44 : 11$;

puis, en changeant l'ordre des moyens,

(2) $28 : 44 = 7 : 11$;

puis, en intervertissant les extrêmes,

(3) $11 : 7 = 44 : 28$;

enfin, en intervertissant les moyens et les extrêmes,

(4) $11 : 44 = 7 : 28.$

Tous ces changements n'altèrent pas l'égalité entre le produit des extrêmes et celui des moyens ; les proportions précédentes sont donc exactes.

En prenant 7 et 44 pour extrêmes, 28 et 11 pour moyens, on trouverait de même les proportions :

(5) $7 : 28 = 11 : 44,$
(6) $7 : 11 = 28 : 44,$
(7) $44 : 28 = 11 : 7,$
(8) $44 : 11 = 28 : 7,$

qui ne sont autre chose que les proportions (4), (2), (3) et (1) écrites en ordre inverse.

316. Proposition III. — *Dans toute proportion, la somme ou la différence des deux premiers termes est au second, comme la somme ou la différence des deux derniers est au quatrième.*

Soit la proportion
$$\frac{15}{5} = \frac{12}{4},$$
on en déduit
$$\frac{15 \pm 5}{5} = \frac{12 \pm 4}{4}.$$

En effet, si l'on augmente ou si l'on diminue chaque antécédent de son conséquent, chaque rapport augmente ou diminue d'une unité ; mais les deux premiers rapports étaient égaux, donc les nouveaux le sont aussi.

317. *Conséquence I.* — *La somme ou la différence des deux premiers termes est à la somme ou à la différence des deux derniers, comme le deuxième est au quatrième, ou comme le premier est au troisième.*

En effet, si l'on intervertit les moyens dans la proportion précédente, l'on obtient
$$\frac{15 \pm 5}{12 \pm 4} = \frac{5}{4} \text{ ou } \frac{15}{12}.$$

318. *Conséquence II.* — *La somme des deux premiers termes est à leur différence, comme la somme des deux derniers est à leur différence.*

En effet, la proportion précédente renferme les deux autres
$$\frac{15 + 5}{12 + 4} = \frac{5}{4},$$
$$\frac{15 - 5}{12 - 4} = \frac{5}{4},$$
et comme elles ont un rapport commun, on en conclut que
$$\frac{15 + 5}{12 + 4} = \frac{15 - 5}{12 - 4},$$
ou bien

$$\frac{15+5}{15-5} = \frac{12+4}{12-4}.$$

319. Proposition IV. — *Dans toute proportion, la somme ou la différence des antécédents est à la somme ou à la différence des conséquents, comme un antécédent est à son conséquent.*

En effet, soit la proportion

$$\frac{15}{5} = \frac{12}{4};$$

en intervertissant l'ordre des moyens, on a

$$\frac{15}{12} = \frac{5}{4},$$

et l'on en déduit (n° 317)

$$\frac{15 \pm 12}{5 \pm 4} = \frac{12}{4} \quad \text{ou} \quad \frac{15}{5}.$$

320. Conséquence. — *La somme des antécédents est à leur différence, comme la somme des conséquents est à leur différence.*

En effet, en prenant les signes supérieurs de la proportion précédente, on a

$$\frac{15+12}{5+4} = \frac{12}{4},$$

et, en prenant les signes inférieurs,

$$\frac{15-12}{5-4} = \frac{12}{4};$$

comme ces deux proportions ont un rapport commun, on en conclut que

$$\frac{15+12}{5+4} = \frac{15-12}{5-4},$$

ou bien, en intervertissant les moyens,

$$\frac{15+12}{15-12} = \frac{5+4}{5-4}.$$

La proposition précédente est un cas particulier d'une proposition plus générale que voici.

321. Proposition V. — *Dans une suite de rapports égaux, la somme des antécédents est à la somme des conséquents, comme un antécédent quelconque est à son conséquent.*

Soit, par exemple, la suite des rapports égaux

$$\frac{2}{6} = \frac{5}{15} = \frac{6}{18} = \frac{1}{3},$$

je dis que l'on aura

$$\frac{2+5+6+1}{6+15+18+3} = \frac{1}{3}.$$

En effet, puisque tous ces rapports sont égaux à $\frac{1}{3}$, le numérateur de chacun d'eux est égal au tiers du dénominateur correspondant ; par suite, la somme de tous les numérateurs est égale au tiers de la somme de tous les dénominateurs.

Remarque. De l'égalité de rapports ci-dessus on déduirait encore

$$\frac{2+5-6+1}{6+15-18+3} = \frac{1}{3},$$

car, d'après ce qui précède, on a

$$\frac{2+5+1}{6+15+3} = \frac{6}{18},$$

et, d'après le n° 319,

$$\frac{2+5+1-6}{6+15+3-18} = \frac{6}{18} \text{ ou } \frac{1}{3}.$$

CHAPITRE III.

DES GRANDEURS DIRECTEMENT PROPORTIONNELLES ET DES GRANDEURS INVERSEMENT PROPORTIONNELLES.

522. Définition I. — On dit que deux grandeurs sont DIRECTEMENT PROPORTIONNELLES, ou bien qu'elles *varient dans le même rapport, lorsque le rapport de deux valeurs quelconques de la première est le même que celui des valeurs correspondantes de la seconde.*

Ex. : Sur un chemin de fer, le prix des places est, pour une classe déterminée, proportionnel à la distance parcourue.

523. Proposition I. — *Deux grandeurs variables et dépendant l'une de l'autre sont directement proportionnelles si, l'une d'elles devenant* 2, 3, 4,... *fois plus grande ou plus petite, l'autre devient* 2, 3, 4,... *fois plus grande ou plus petite.*

Démonstration. — Pour fixer les idées, considérons sur une ligne de chemin de fer l'espace parcouru par un convoi et le temps qu'il emploie pour passer d'une position à une autre. Supposons que la distance parcourue devienne 2, 3, 4,... fois plus grande lorsque le temps devient double, triple, quadruple,... ; il s'agit de prouver que, dans cette hypothèse, le rapport des espaces parcourus est le même que celui des temps ; que par exemple, si l'on considère un second intervalle de temps qui soit les $\frac{2}{3}$ du premier, l'espace parcouru se réduit aux $\frac{2}{3}$ de sa valeur primitive.

En effet, on peut concevoir que, pour passer de sa première valeur à la seconde qui en est les deux tiers, le temps ait été d'abord réduit à son tiers, puis doublé ; or, si la durée du mouvement devient trois fois plus petite, le chemin parcouru devient trois fois plus petit, et l'espace décrit en un temps double du précédent deviendra double. Donc, en définitive, le chemin décrit est les $\frac{2}{3}$ de ce qu'il était d'abord et le rapport des espaces est le même que celui des temps.

524. Définition II. — On dit que deux grandeurs sont **inversement proportionnelles**, ou bien qu'elles *varient en raison inverse l'une de l'autre, lorsque le rapport de deux valeurs quelconques de la première est inverse de celui des valeurs correspondantes de la seconde.*

Ex. : Le nombre de mètres de toile que l'on peut fabriquer avec le même poids de fil, varie en raison inverse de la largeur de l'étoffe.

525. Proposition II. — *Deux grandeurs variables et dépendant l'une de l'autre, sont inversement proportionnelles si, l'une d'elles devenant 2, 3, 4,... fois plus grande ou plus petite, l'autre devient 2, 3, 4,... fois plus petite ou plus grande.*

Démonstration. — Considérons, par exemple, le nombre de lames de parquet nécessaire pour parqueter une chambre et la largeur d'une de ces lames ; admettons que le nombre de lames devienne double, triple,..., quand la largeur de l'une d'elles devient la moitié, le tiers,... de ce qu'elle était d'abord ; il s'agit de démontrer que, dans cette hypothèse, le rapport des nombres de lames est inverse de celui des largeurs.

Supposons, en effet, que cette largeur devienne les $\frac{2}{3}$ de ce qu'elle était d'abord ; on peut concevoir qu'elle ait été d'abord réduite au tiers, puis doublée : or le nombre de lames deviendra en même temps trois fois plus grand, puis moitié, et sa valeur finale sera les $\frac{3}{2}$ de sa valeur primitive. Ainsi les deux grandeurs varient bien en raison inverse l'une de l'autre.

326. Remarque I. En arithmétique l'on n'a jamais à démontrer que deux grandeurs varient dans le même rapport ou dans un rapport inverse ; tantôt c'est une convention ou bien un fait d'expérience, tantôt c'est une vérité de géométrie, de physique ou de mécanique.

Par exemple, on démontre, en géométrie, que les circonférences sont entre elles comme leurs rayons. — En physique, l'on prouve, par l'expérience, que les volumes occupés par une masse d'air, sont, lorsque la température reste la même, en raison inverse des pressions qu'elle supporte. — L'observation a montré que les carrés des temps des révolutions des planètes autour du soleil sont entre eux comme les cubes de leurs moyennes distances au centre de cet astre. — On fait voir, en mécanique, que les espaces parcourus par les corps qui tombent librement dans le vide, sont proportionnels aux carrés des temps.

Dans les applications numériques on admet ces vérités sans démonstration.

327. Remarque II. Presque toujours une grandeur A dépend de plusieurs autres B, C, D : ainsi le poids d'une barre varie avec sa longueur, sa largeur, son épaisseur et la densité du métal qui la compose.

On dit que la première grandeur, A, est proportionnelle à l'une des autres, B, si C, D restant les mêmes, tandis que B change de valeur, A varie dans le même rapport que B.

On dit, de même, que la grandeur A varie en raison inverse de C, si B, D restant constantes, les valeurs de A sont inversement proportionnelles aux valeurs correspondantes de C.

Une grandeur, A, peut être, à la fois, directement proportionnelle aux grandeurs B et D et varier en raison inverse des grandeurs C, E, F,... Par exemple le nombre de lames qu'il faut pour parqueter une chambre varie en raison directe de la longueur et de la largeur de la chambre, mais en raison inverse de la largeur commune à toutes les lames et en raison inverse de leur longueur.

CHAPITRE IV.

RÈGLE DE TROIS.

328. Les problèmes appelés règles de *trois* sont tous compris dans l'énoncé suivant :

On donne la valeur de plusieurs grandeurs directement proportionnelles ou inversement proportionnelles les unes aux autres, et l'on demande ce que devient l'une d'elles, quand on donne à toutes les autres de nouvelles valeurs.

Une règle de trois est *simple* ou *composée*, selon qu'il y a *deux* ou *plus de deux* espèces de grandeurs figurant dans l'énoncé.

Une règle de trois simple est *directe* ou *inverse* suivant que les deux grandeurs varient en raison directe ou bien en raison inverse l'une de l'autre.

RÈGLE DE TROIS SIMPLE ET DIRECTE.

529. Problème. — *On a payé 420 fr. pour 36 mètres de drap ; combien coûteront 117 mètres de la même étoffe ?*

Solution. — Après avoir inscrit dans une même colonne verticale les valeurs successives de chaque sorte de grandeurs,

$$36 \text{ mèt.} \qquad 420 \text{ fr.}$$
$$117 \qquad\qquad x$$

on observe que les nombres de mètres et les prix sont directement proportionnels ; il est clair, en effet, que si le second nombre de mètres était 2, 3,... fois plus grand

que le premier, le second nombre de francs serait aussi 2, 3,... fois plus grand que le premier; en désignant par x le nombre de mètres inconnu, on aura donc la proportion :
$$36 : 117 = 420 : x,$$
et l'on trouvera
$$x = \frac{420 \times 117}{36} = 1365^{\text{f}}.$$

Remarque. La valeur de l'inconnue peut s'écrire
$$x = 420^{\text{f}} \times \frac{117}{36} ;$$
on l'obtient donc en multipliant l'ancien prix par le rapport du nouveau nombre de mètres à l'ancien.

De là cette règle pratique pour écrire immédiatement le résultat de tous les problèmes analogues :

Règle pratique. — *On écrit la première valeur de la quantité de même espèce que l'inconnue; puis on la multiplie par le rapport des valeurs que prend l'autre grandeur dans le second cas et dans le premier.*

RÈGLE DE TROIS SIMPLE ET INVERSE.

550. Problème. — *On a tissé 96 mètres de toile ayant $1^{\text{m}},20$ de largeur avec un poids donné de fil. Si la toile n'avait eu que $0^{\text{m}},80$ de largeur, quelle eût été la longueur de la pièce ?*

On dispose ainsi les données :

$$96^{\text{m}} \qquad\qquad 1^{\text{m}},20$$
$$x \qquad\qquad 0^{\text{m}},80$$

puis l'on observe que la largeur devenant 2, 3,... fois plus petite, la longueur de la pièce devient 2, 3,... fois plus grande, puisque le poids de fil reste le même. Ainsi le rapport des largeurs est inverse de celui des longueurs, et l'on a la proportion

$$1,20 : 0,80 = x : 96.$$

d'où
$$x = 96^m \times \frac{1,20}{0,80} = 96^m \times \frac{12}{8} = 12^m \times 12 = 144^m.$$

La nouvelle longueur est égale à l'ancienne multipliée par le rapport de la largeur primitive à la nouvelle ; de là cette règle pour obtenir immédiatement le résultat de tous les problèmes analogues :

RÈGLE PRATIQUE. — *On écrit la première valeur de la quantité de même espèce que l'inconnue ; puis on la multiplie par le rapport des valeurs que prend l'autre grandeur dans le premier cas et dans le second.*

RÈGLE DE TROIS COMPOSÉE.

531. PROBLÈME I. — *Les dimensions d'une barre sont : longueur,* $3^m,6$; *largeur,* $0^m,06$; *épaisseur,* $0^m,02$; *son poids est* $67^{kg},5$. *Combien pèserait une barre du même métal, longue de* $1^m,50$, *large de* $0^m,048$ *et qui aurait* $0^m,036$ *d'épaisseur.*

Solution. — Comme le poids varie dans le même rapport que chacune des dimensions de la barre, la question proposée peut se résoudre au moyen de plusieurs règles de trois simples et directes ; il suffit, pour cela, de faire les trois hypothèses suivantes :

1° La barre conserve sa largeur et son épaisseur primitives, mais sa longueur se réduit à $1^m,5$; son poids devient alors

$$67^{kg},5 \times \frac{1,5}{3,6}.$$

2° Sa longueur reste $1^m,5$ et son épaisseur $0^m,02$, mais sa largeur devient $0^m,048$, au lieu d'être $0,06$; son poids est alors égal à

$$67^{kg},5 \times \frac{1,5}{3,6} \times \frac{0,048}{0,06}.$$

3° Sa longueur reste toujours $1^m,5$ et sa largeur reste égale à $0,048$, mais l'épaisseur devient $0,036$, au lieu d'être $0,02$; le poids de cette nouvelle barre est alors

RÈGLE DE TROIS.

$$67^{kg},5 \times \frac{1,5}{3,6} \times \frac{0,048}{0,06} \times \frac{0,036}{0,02};$$

c'est là précisément le poids demandé.

On dispose souvent les données et la solution de la manière suivante :

Long.	Largeur.	Épaisseur.	Poids.
3,6	0,06	0,02	$67^{kg},5$
1,5	0,048	0,036	x
1,5	0,06	0,02	$67,5 \times \frac{1,5}{3,6};$
1,5	0,048	0,02	$67,5 \times \frac{1,5}{3,6} \times \frac{0,48}{0,06};$
1,5	0,048	0,036	$67,5 \times \frac{1,5}{3,6} \times \frac{0,048}{0,06} \times \frac{0,036}{0,02}.$

La marche précédente consiste donc à remplacer successivement les nombres 3,6, 0,06, 0,02, inscrits dans la première ligne, par les nombres de la seconde, et à chercher ce que devient le poids, par suite de chacun de ces changements.

REMARQUE. Avant de faire les calculs indiqués, il faut supprimer les facteurs communs aux deux termes de la valeur de x.

On a d'abord

$$x = \frac{67,5 \times 15 \times 48 \times 36}{36 \times 60 \times 20},$$

puis, en supprimant les facteurs 6 et 36,

$$x = \frac{67,5 \times 15 \times 8}{10 \times 20};$$

en supprimant 3 fois le facteur 2 et une fois le facteur 5, l'expression précédente se réduit à

$$x = \frac{67,5 \times 3}{5} = 13,5 \times 3 = 40^{kg},5.$$

532. PROBLÈME II. — *Pour creuser une tranchée, on a d'abord employé 18 ouvriers qui travaillaient 8 heures par* jour; ils ont enlevé en 24 jours 4800 mètres cubes de terre. *Il reste à faire* 10500 *mètres cubes de terrassement, mais on ne peut plus disposer que de* 15 *ouvriers : en combien de jours la tranchée sera-t-elle terminée si les ouvriers travaillent* 9 *heures par jour ?*

Solution. — On peut encore ramener la question proposée à plusieurs règles de trois simples :

1° Supposons qu'il y ait toujours 4800 mètres cubes de terre à enlever, que les ouvriers travaillent toujours 8 heures, mais qu'on en ait 15 au lieu de 18. En combien de temps ce travail sera-t-il terminé ?

Cette question est une règle de trois simple inverse, car si le deuxième nombre d'ouvriers était 2, 3,... fois plus petit que le premier, le deuxième nombre de jours serait 2, 3,... fois plus grand que le premier ; l'on trouvera donc, pour le nombre de jours cherché,

$$24 \times \frac{18}{15}.$$

2° Supposons que les 15 ouvriers travaillent 9 heures au lieu de 8, en combien de temps auront-ils enlevé la même masse de terre ?

Cette question est une règle de trois simple et inverse, car si les ouvriers travaillent 2, 3,... fois plus de temps chaque jour, le nombre de journées de travail sera 2, 3,... fois plus petit ; l'on trouvera donc, pour ce nombre de jours,

$$24 \times \frac{18}{15} \times \frac{8}{9}.$$

3° Si les 15 ouvriers, travaillant 9 heures par jour, ont à enlever 10500 mètres cubes au lieu de 4800, combien leur faudra-t-il de temps ?

Cette question est une règle de trois simple et directe, et l'on trouve

$$x = 24 \times \frac{18}{15} \times \frac{8}{9} \times \frac{10500}{4800}.$$

RÈGLE DE TROIS.

On dispose encore les données et la solution de la manière suivante :

Ouvriers.	Heures.	Mètres.	Jours.
18	8	4800	24
15	9	10500	x
15	8	4800	$24 \times \dfrac{18}{15},$
15	9	4800	$24 \times \dfrac{18}{15} \times \dfrac{8}{9},$
15	9	10500	$24 \times \dfrac{18}{15} \times \dfrac{8}{9} \times \dfrac{10500}{4800} = x.$

Si l'on supprime successivement aux deux termes de la valeur de x les facteurs 100, 24, 9, 2 et 15, on obtient

$$x = \frac{24 \times 18 \times 8 \times 105}{15 \times 9 \times 48} = \frac{18 \times 8 \times 105}{15 \times 9 \times 2} = \frac{2 \times 8 \times 105}{15 \times 2}$$

$$= \frac{8 \times 105}{15} = 8 \times 7 = 56.$$

Des deux exemples qui précèdent, on déduit la règle pratique suivante pour écrire, de suite, le résultat d'une règle de trois composée :

353. RÈGLE PRATIQUE. — *On écrit la valeur de la quantité de même nature que l'inconnue, puis on la multiplie successivement par le rapport des valeurs de chacune des autres grandeurs. Dans chacun de ces rapports, la nouvelle valeur est au numérateur ou bien au dénominateur, selon que la quantité dont il s'agit est directement ou bien inversement proportionnelle à la grandeur de même espèce que l'inconnue.*

MÉTHODE DE RÉDUCTION A L'UNITÉ.

354. Les problèmes appelés règles de trois se résolvent facilement par la *Méthode de réduction à l'unité*.

Soit, par exemple, à calculer le prix de 117 mètres d'étoffe, sachant que 36 mètres ont coûté 420 francs (*Règle de trois simple*, n° 329). On dira : le prix d'un mètre d'étoffe est

$$420^f : 36$$

et celui de 117 mètres sera

$$\frac{420^f \times 117}{36} = 1365^f;$$

en d'autres termes, on suppose que le nombre de mètres passe de sa valeur primitive 36, à la valeur 1, puis de la valeur 1 à sa nouvelle valeur 117, et l'on cherche ce que devient l'inconnue dans ces deux changements successifs.

Les problèmes de règle de Trois composée se résolvent, de même, en faisant subir à chacune des grandeurs qui accompagnent l'inconnue deux changements successifs dans lesquels l'unité sert d'intermédiaire.

Par exemple, voici la solution, par la méthode de réduction à l'unité, du problème déjà résolu (n° 332).

Ouvriers.	Heures.	Mètres.	Jours.
18	8	4800	24
15	9	10500	x
1	8	4800	24×18
15	8	4800	$\dfrac{24 \times 18}{15}$
15	1	4800	$\dfrac{24 \times 18 \times 8}{15}$
15	9	4800	$\dfrac{24 \times 18 \times 8}{15 \times 9}$
15	9	1	$\dfrac{24 \times 18 \times 8}{15 \times 9 \times 4800}$
15	9	10500	$\dfrac{24 \times 18 \times 8 \times 10500}{15 \times 9 \times 4800} = x.$

On voit que cette méthode très-élémentaire n'exige pas la connaissance des proportions.

Dans les applications on n'écrit pas, comme ci-dessus, les valeurs intermédiaires de la grandeur de même espèce que l'inconnue; on fait, de tête, la suite des raisonnements détaillés plus haut, et l'on introduit, au fur et à mesure, au numérateur et au dénominateur, les facteurs correspondants à ces diverses suppositions.

CHAPITRE V.

RÈGLE D'INTÉRÊT.

335. Définition. — *L'intérêt d'une somme d'argent est l'indemnité qu'exige le prêteur en retour de la privation de son argent.*

La somme prêtée est le *capital* ; le *taux* est l'intérêt de 100 francs pendant un an. Le taux est de pure convention entre le prêteur et l'emprunteur; pour les prêts entre particuliers, le taux ordinaire est 5.

336. *Les problèmes d'intérêt sont des règles de trois.* En effet, leurs énoncés renferment toujours trois espèces de quantités : les capitaux, les temps pendant lesquels on les prête et les intérêts ; de plus, l'on est convenu que l'intérêt est proportionnel au capital et à la durée du placement.

Toutes les questions d'intérêt se ramènent aux quatre problèmes qui suivent, dans lesquels l'inconnue est successivement l'intérêt, le taux, le capital et le temps.

337. Problème 1. — *Calculer l'intérêt d'une somme de 8520 francs, pour 3 ans 5 mois, le taux étant 6.*

Solution. — (Règle de trois composée.)

Capitaux.	Temps.	Intérêt.
100^f	1^{an}	6^f
8520^f	$3^{ans} + \dfrac{5}{12}$	x

$$x = 6^f \times \frac{8520}{100} \times \frac{\frac{41}{12}}{1}$$

ou

$$x = \frac{6^f \times 8520 \times 41}{100 \times 12} = 1746^f,60.$$

Autre solution. — Puisque 100 francs rapportent 6 francs par an, 1 franc rapportera $\frac{6^f}{100}$, et 8520 francs produiront, dans un an, un intérêt égal à $\frac{6^f}{100} \times 8520$. Dans 3 ans 5 mois, ou $\frac{41}{12}$ d'année, le capital, 8520 francs, produira

$$\frac{6^f \times 8520 \times 41}{100 \times 12} = 1746^f,60.$$

Donc, *pour avoir l'intérêt d'un capital placé à un taux connu et pendant un temps donné, il faut multiplier le taux par le capital, le produit par le temps, puis diviser ce produit par* 100. A cette règle on substitue souvent la formule $i = \frac{act}{100}$, dans laquelle l'intérêt est représenté par i, le taux par a, le capital par c, et le temps par t.

558. PROBLÈME II. — *A quel taux faut-il placer une somme de 8520 francs, pendant 3 ans 5 mois, pour qu'elle rapporte un intérêt de* $1746^f,60$?

Solution. — (Règle de trois composée.)

Capitaux.	Temps.	Intérêts.
8520^f	$\frac{41^{ans}}{12}$	$1746^f,60$
100	1	x

$$x = 1746^f,60 \times \frac{100}{8520 \times \frac{41}{12}},$$

ou bien

$$x = 1746^f,60 \times \frac{100 \times 12}{8520 \times 41} = 6^f.$$

Autre solution. — Puisque 8520 francs ont rapporté

1746ᶠ,60 dans 3 ans 5 mois, 1 franc rapportera 8520 fois moins dans le même temps, et 100 francs rapporteront $\frac{1746^f,60 \times 100}{8520}$; dans $\frac{1}{12}$ d'année, l'intérêt de 100 francs serait 41 fois moindre, c'est-à-dire $\frac{1746^f,60 \times 100}{8520 \times 41}$, et dans un an, 12 fois plus grand, c'est-à-dire

$$\frac{1746^f,60 \times 100 \times 12}{8520 \times 41} = 6^f.$$

Ainsi, pour obtenir le taux, on multiplie l'intérêt par 100, puis on divise ce produit par le capital et par le temps.

Cette règle revient à la formule

$$a = \frac{100\,i}{c\,t}.$$

559. Problème III. — *Quel capital faut-il placer, à 6 pour 100 par an, pour avoir un intérêt de 1746ᶠ,60 en 3 ans 5 mois ?*

Solution. — Le capital qui produit 6 francs par an est 100 francs; par suite, celui qui produirait 1 franc dans le même temps, serait $\frac{100^f}{6}$; la somme qui donnerait 1 franc d'intérêt en $\frac{1}{12}$ d'année serait 12 fois plus grande, et celle qui donnerait le même intérêt dans $\frac{41}{12}$ d'année, serait 41 fois plus petite que la précédente, c'est-à-dire

$$\frac{100^f \times 12}{6 \times 41};$$

enfin, le capital correspondant à 1746ᶠ,60 serait

$$\frac{100^f \times 12 \times 1746,60}{6 \times 41} = 8520^f.$$

Donc, *pour obtenir le capital, on multiplie l'intérêt par 100, puis on divise le produit par le taux et par le temps;* ce qui revient à la formule $c = \frac{100\,i}{a\,t}.$

540. Problème IV. — *Pendant quel temps faut-il placer une somme de 8520 francs, à 6 pour 100 par an, pour qu'elle produise un intérêt de 1746^f,60 ?*

Solution. — L'intérêt du capital est, par an,

$$\frac{6^f \times 8520}{100}.$$

Si le nombre d'années était connu, en multipliant l'intérêt ci-dessus par le temps, on aurait 1746^f,60. Le temps demandé, exprimé en années, sera donc égal au quotient

$$1746,60 : \frac{6 \times 8520}{100},$$

c'est-à-dire à

$$\frac{1746,60 \times 100}{6 \times 8520} \text{ ou 3 ans 5 mois.}$$

Donc, *le temps s'obtient en multipliant l'intérêt par* 100, *et divisant le produit par le taux et par le capital* : $t = \dfrac{100\,i}{ac}$.

541. Remarque. Les solutions de ces quatre problèmes sont toutes renfermées dans la formule unique

$$100\,i = act.$$

On prend successivement pour inconnue chacune des quatre quantités qui figurent dans cette égalité.

Méthode qu'emploient les banquiers dans les calculs d'intérêt.

342. Le plus souvent, les banquiers supposent l'année de 360 jours et les mois de 30 jours ; à cause du grand nombre de diviseurs de 360, il résulte de cette convention des simplifications dans les calculs d'intérêt.

1° *Soit, par exemple, à calculer l'intérêt de* 750 *fr. pour* 2 *mois et* 3 *jours, ou* 63 *jours le taux étant* 6 *fr.* ; cet intérêt est égal à

$$\frac{6 \times 750 \times 63}{100 \times 360};$$

en supprimant le facteur 6, commun à 6 et 360, on obtient

$$\frac{750 \times 63}{100 \times 60} = \frac{750 \times 63}{6000}.$$

Donc, *quand le taux est* 6, *pour obtenir l'intérêt d'une somme, on la multiplie par la durée du placement exprimée en jours, et l'on divise le produit par* 6000.

Si le taux était 5, il faudrait diviser le produit par 7200, car l'intérêt de la somme précédente, à 5 pour 100, est

$$\frac{5 \times 750 \times 63}{100 \times 360} = \frac{750 \times 63}{7200}.$$

Si le taux était 4, le diviseur serait 9000 ; il serait 12 000 si la somme était placée à 3 pour 100.

Le produit de la somme prêtée par le temps exprimé en jours s'appelle le *nombre*.

2° *Soit à calculer l'intérêt de plusieurs sommes prêtées pendant des temps différents et au même taux, par exemple à* 6 *pour* 100. Au lieu de diviser par 6000 chacun des *nombres* et d'ajouter les quotients pour avoir l'intérêt total, on fait la somme des nombres et on la divise par 6000 ; on arrive ainsi plus vite au même résultat.

Voici un exemple de ce calcul :

SOMMES PRÊTÉES.	NOMBRE DE JOURS.	PRODUITS OU NOMBRES.
832^f,45	324	269 713, 80
38 ,75	436	16 895, 00
8 645 ,35	218	1 884 686, 30
749 ,85	317	237 702, 45
750 ,00	945	708 750, 00
7 600 ,00	140	1 064 000, 00
18 616^f,40		4 181 747, 55

Le quotient des nombres par 6000, ou l'intérêt total, est
4 181 747,55 : 6000 =   696^f,96
et comme le capital prêté est....   18 616^f,40
la somme due au prêteur s'élève à   19 313^f,36.

Comptes courants.

343. Les banquiers ouvrent un compte courant à chacun de leurs correspondants ; sur la page de gauche, ils inscrivent les sommes qu'ils prêtent, et sur celle de droite, les sommes qu'ils reçoivent. Ils indiquent également les intérêts des sommes prêtées et des sommes reçues.

La méthode qui se présente naturellement, pour tenir compte des intérêts, c'est de calculer l'intérêt de chaque somme pour le temps qu'elle a été prêtée ; mais de cette manière, l'époque de la clôture du compte étant presque toujours incertaine, il serait impossible de préparer les comptes courants d'avance et l'on serait souvent obligé de les faire à la hâte.

La méthode adoptée aujourd'hui par les banquiers et appelée *méthode rétrograde* permet de calculer les intérêts au fur et à mesure que les payements s'effectuent ; on prend pour point de départ la date de l'ouverture du compte ou celle du dernier arrêté de compte.

Supposons, par exemple, que le banquier et son correspondant aient fait l'un pour l'autre les payements ci-dessous, aux dates également inscrites dans ce tableau :

DATES.	SOMMES dues PAR LE CORRESPONDANT.	DATES.	SOMMES dues PAR LE BANQUIER.
1872 Juin. 30	Compte précéd^t. 533^f	1872 Sept. 16	Payé à Pasquier. 1200^f
Oct. 5	Mandat Clément 1200	Oct. 12	— Charles.. 1700
— 24	— Macé... 1500	— 20	— Boyer... 2000
— 31	— Robert.. 2000		
Déc. 20	— Guérin.. 1700		

Voici comment on arrêtera le compte au 31 décembre 1872.

— Admettons, pour un instant, que le banquier et son correspondant aient déboursé toutes les sommes précédentes le 30 juin 1872 ; en comptant les intérêts à 6 pour 100, le correspondant devrait

$$(533^f + 1200^f + 1500^f + 2000^f + 1700^f), \text{ ou } 6933^f,$$

plus l'intérêt de ces diverses sommes pendant 184 jours.

Le banquier devrait

$$(1200^f + 1700^f + 2000^f), \text{ ou } 4900^f,$$

plus l'intérêt de cette somme pendant le même temps, et, tout compte fait, le correspondant aurait à payer

$$6933^f - 4900^f,$$

plus l'intérêt de cette différence pendant 184 jours, c'est-à-dire

(1) $$2033^f + \frac{2033^f \times 184}{6000}.$$

— Mais les payements faits par le banquier ont été effectués après le 30 juin, aux époques inscrites dans le tableau ci-dessus ; il faut donc retrancher du résultat précédent (1) les intérêts :

1° de 1200 francs pendant 97 jours, c'est-à-dire

$$\frac{1200^f \times 97}{6000} = \frac{116\,400^f}{6000} ;$$

COMPTES COURANTS.

2° de 1500 francs pendant 116 jours,
$$\frac{1500^f \times 116}{6000} = \frac{174000^f}{6000};$$

3° de 2000 francs pendant 123 jours,
$$\frac{2000^f \times 123}{6000} = \frac{246000^f}{6000};$$

4° de 1700 francs pendant 173 jours,
$$\frac{1700^f \times 173}{6000} = \frac{294100^f}{6000};$$

en tout
$$\frac{830500^f}{6000}.$$

La somme due par le correspondant serait donc, d'après cela,

(2) $\quad\quad 2033^f + \dfrac{2033^f \times 184}{6000} - \dfrac{830\,500^f}{6000}.$

— Mais il faut encore faire une correction à ce résultat, car le correspondant a payé

   1200^f........ 78 jours après le 30 juin,
   1700 .... 104 —   —
   2000 .... 112 —   —

En comptant les intérêts de ces sommes à partir du 30 juin, on a retranché de trop :

1° $\quad \dfrac{1200^f \times 78}{6000} = \dfrac{93600^f}{6000},$

2° $\quad \dfrac{1700^f \times 104}{6000} = \dfrac{176800^f}{6000},$

3° $\quad \dfrac{2000^f \times 112}{6000} = \dfrac{224000^f}{6000},$

en tout
$$\frac{494400^f}{6000}.$$

Puisque cette somme a été retranchée mal à propos, le résultat (2) est trop faible de cette même quantité ; il faut donc ajouter à (2)

$$\frac{494400^f}{6000}$$

pour obtenir le résultat cherché.

Le correspondant doit donc, en définitive,

$$2033^f + \frac{2033 \times 184^f}{6000} - \frac{830500^f}{6000} + \frac{494400^f}{6000},$$

c'est-à-dire

$$2033^f + \frac{374072 + 494400^f - 830500^f}{6000},$$

ou (*)
$$2033^f + \frac{868500^f - 830500}{6000},$$

ou
$$2033^f + \frac{38000^f}{6000},$$

DOIT M. Martinot, *à Lyon, son compte chez* Perrier, *à Paris. Ar-*

DATES.	INDICATIONS.	CAPITAUX.	JOURS.	NOMBRES.
1872. Juin.. 30	Compte précédent..	533^f,00	»	»
— Octob. 5	Mandat Clément....	1200 ,00	97	1164
— — 24	— Macé.......	1500 ,00	116	1740
— — 31	— Robert.....	2000 ,00	123	2460
— Déc... 20	— Guérin.....	1700 ,00	173	2941
		6933^f,00		8305
— — 31	Différence des nombres divisée par 60	6^f,33		380
		6939^f,33		8685

Il m'est dû...... 2039^f,33 au 31 dé-
Paris,

On voit qu'on a multiplié chaque somme tirée de la caisse du banquier par le nombre de jours écoulés depuis l'ouverture du compte jusqu'au jour du versement, et ces produits ont été inscrits dans la colonne intitulée *nombres*. Le compte du correspondant se dispose de la même manière sur la page de droite.

Quand on veut arrêter le compte du correspondant, on calcule la somme des capitaux fournis par le banquier, celle des capitaux fournis par le correspondant, et l'on prend la différence de ces deux

---

(*) Comme on divise par 6000, on ne commet pas d'erreur sensible en remplaçant 374072 par 374100

ou
$$2033^f + 6^f,33 = 2039^f,33.$$

Après les explications qui précèdent, il est facile de comprendre la disposition suivante, qui est usitée dans les maisons de banque. On n'écrit pas les deux derniers chiffres à droite de chacun des produits de la colonne des nombres, mais on a soin de diviser ensuite par 60 et non par 6000.

courant (intérêt à 6 pour 100 l'an)   AVOIR.
rêté le 31 décembre 1872.

DATES.	INDICATIONS.	CAPITAUX.	JOURS.	NOMBRES.
1872. Sept.. 16	Payement Pasquier.	1200^f,00	78	936
— — 12	— Charles..	1700,00	104	1768
— Octob. 20	— Boyer...	2000,00	112	2240
		4900^f,00		
— Déc... 31	Différence des capitaux, 2033^f......	....	184	3744
	Il m'est dû...	2039^f,33		
		6939^f,33		8685

cembre.
le 31 décembre 1872.
         PERRIER.

sommes. On multiplie cette différence par le nombre de jours écoulés depuis l'ouverture du compte, et l'on met ce produit dans la colonne des nombres du correspondant, si c'est lui qui doit. Ensuite on ajoute, d'une part, les nombres du correspondant et, de l'autre, ceux du banquier; puis on divise la différence des deux sommes de nombres par 60, pour obtenir la différence des intérêts. Il est alors facile de connaître le *solde*; il se compose toujours de la différence des capitaux, plus ou moins l'intérêt correspondant à la différence des nombres, selon que le total des nombres du banquier est plus petit ou plus grand que celui du correspondant.

CHAPITRE VI.

PROBLÈMES SUR L'ESCOMPTE.

544. Ces questions se présentent dans des circonstances analogues à celle-ci :

Un négociant doit 500 francs à une autre personne et ne peut les payer que dans trois mois ; il s'engage alors, par écrit, à payer 500 francs à cette époque, il *souscrit un billet de* 500 *francs payable dans* 3 *mois.* Si la personne a besoin d'argent tout de suite, elle se présentera chez un banquier ; il lui donnera de l'argent en échange de son titre, mais il fera sur les 500 francs une retenue appelée *escompte*, parce que le billet ne vaudra 500 francs que dans 3 mois.

545. DÉFINITIONS. — La somme inscrite sur un billet est le *montant* de ce billet ou sa *valeur nominale*.

La somme que le banquier donne en échange est sa *valeur actuelle*.

L'*escompte* est, d'après ce qui précède, la retenue faite par le banquier sur le montant du billet ; c'est la différence entre la valeur nominale et la valeur actuelle.

Le *taux de l'escompte* est l'intérêt de 100 francs pour un an.

Les banquiers retiennent l'intérêt du montant du billet pendant le temps qui doit s'écouler jusqu'au jour de l'échéance.

546. PROBLÈME. — *Un billet de* 849^f,30 *est payable dans* 28 *mois : combien le banquier remettra-t-il au porteur, en échange du billet, si le taux de l'escompte est* 6 *pour* 100 ?

Solution. — L'intérêt de 100 francs pour 28 mois est

$$\frac{6^f \times 28}{12} = 14^f,$$

celui de 849^r,30, ou bien l'escompte, sera

$$\frac{6^f \times 28 \times 849{,}3}{12 \times 100} = 118^r{,}90.$$

Le banquier remettra donc au porteur

$$849^r{,}30 - 118^r{,}90 = 730^r{,}40.$$

On peut dire encore, plus rapidement : le banquier retenant 14 francs sur 100 francs, donnera autant de fois 86 francs qu'il y a de fois 100 francs dans le billet ; il remettra donc

$$\frac{849^r{,}30 \times 86}{100} = 730^r{,}398, \text{ ou } 730^r{,}40.$$

347. Remarque. Cette manière de calculer l'escompte n'est pas équitable ; le banquier prélève l'intérêt pendant 28 mois de 849^r,30, tandis qu'il ne tire de sa caisse que 730^r,40. Pour l'équité, la somme déboursée par le banquier, augmentée de ses intérêts, devrait reproduire le montant du billet.

De là résulte la distinction suivante :

L'escompte est dit *commercial* ou en *dehors* lorsqu'il représente l'intérêt de la valeur nominale du billet jusqu'au jour de l'échéance.

L'escompte est dit *rationnel* ou en *dedans* lorsqu'il représente l'intérêt de la valeur actuelle jusqu'au jour de l'échéance.

L'escompte rationnel est toujours moindre que l'escompte des banquiers, puisqu'il représente l'intérêt d'une somme plus petite.

348. *Solution de la question précédente par la méthode rationnelle.*

Puisque l'intérêt est 6 pour 100, 100 francs, argent comptant, vaudront dans 28 mois 100 francs plus 14 francs ou 114 francs ; par conséquent, autant de fois il y a 114 francs inscrits sur le billet, autant ce billet vaut de fois 100 francs, argent comptant. La valeur actuelle est donc

$$\frac{849^r{,}30 \times 100}{114} = 745^r :$$

l'escompte est, par conséquent,

$$849^r,30 — 745^r = 104^r,30,$$

et c'est là précisément l'intérêt de 745 francs pendant 28 mois.

Les questions d'escompte renferment quatre quantités: la valeur nominale, la valeur actuelle, le temps et le taux de l'escompte ; si l'on connaît trois de ces quantités on peut trouver la quatrième, ce qui donne quatre problèmes distincts. Nous venons de résoudre celui dans lequel la valeur actuelle du billet est l'inconnue, résolvons les trois autres.

349. Problème II. — *1er exemple.* — *Quel est le montant d'un billet qui n'est payable que dans* 28 *mois, et qui ne vaut actuellement que* 730^r,40? *Le taux de l'escompte est* 6, *et l'on a suivi la méthode des banquiers.*

Solution. — L'escompte de 100 francs pour 28 mois étant de 14 francs, il s'ensuit que 100 francs payables après ce nombre de mois, ne valent, argent comptant, que 86 francs; réciproquement, autant de fois 86 francs dans la valeur actuelle du billet, autant de fois 100 francs dans le billet. Le montant du billet sera donc

$$\frac{730^r,40}{86} \times 100 = 849^r,30.$$

2e exemple. — *Quelle est la valeur nominale d'un billet qui n'est payable que dans* 28 *mois et qui ne vaut actuellement que* 745 *francs? Le taux est* 6, *et l'escompte a été prélevé d'après la méthode rationnelle.*

Solution. — 100 francs argent comptant vaudront dans 28 mois 114 francs; il en résulte qu'il y a autant de fois 100 francs dans la valeur actuelle du billet, que de fois 114 francs dans la somme cherchée ; par conséquent le montant du billet est

$$\frac{745^r \times 114}{100} = 849^r,30.$$

350. Problème III. — *1er exemple.* — *Un billet de* 849^r,30 *payable dans* 28 *mois ne vaut actuellement que* 730^r,40 ; *quel est le taux de l'escompte?*

PROBLÈMES SUR L'ESCOMPTE.

Solution (méthode des banquiers). — L'escompte du billet, qui est ici 118^r,90, représente l'intérêt de 849^r,30 pour 28 mois; l'intérêt annuel de cette somme est

$$\frac{118^r,90 \times 12}{28},$$

et le taux est

$$\frac{118,90 \times 12 \times 100}{28 \times 849^r,30} = 6^r.$$

2e *exemple*. — *A quel taux doit être l'escompte, pour qu'un billet de* 849^r,30, *payable dans* 28 *mois, ait une valeur actuelle de* 745 *francs?*

Solution (escompte rationnel). — L'escompte du billet, ou l'intérêt de 849^r,30 pendant 28 mois, est

$$849^r,30 - 745^r = 104^r,30;$$

l'intérêt de 745 francs, pour un an, serait

$$\frac{104^r,30 \times 12}{28},$$

et l'intérêt de 100 francs, c'est-à-dire le taux, est

$$\frac{104,30 \times 12 \times 100}{28 \times 745} = 6^r.$$

351. PROBLÈME IV. — 1er *exemple*. — *Un billet de* 849^r,30 *ne vaut actuellement que* 730^r,40; *dans combien de temps est-il payable, sachant que le taux de l'escompte est* 6 ?

Solution (méthode des banquiers). — La retenue faite sur le billet est 118^r,90; c'est l'intérêt de 849^r,30 pendant le temps inconnu. Comme 849^r,30 rapportent, en un an et à 6 pour 100,

$$\frac{6^r \times 849,30}{100},$$

autant 118^r,90 contiendront de fois ce dernier intérêt, autant il y aura d'années dans le temps cherché.

Le temps demandé est donc

$$118,90 : \frac{849,30 \times 6}{100} = \frac{118,90 \times 100}{849,30 \times 6} = 2 \text{ ans } 4 \text{ mois.}$$

2e *exemple*. — *La valeur nominale est* 849^r,30, *la valeur* actuelle est 745 *francs, le taux est* 6. *Au bout de combien de temps le billet est-il payable ?*

Solution (méthode rationnelle). — L'escompte total est 104^f,30, c'est l'intérêt de 745 francs ; or l'intérêt annuel de 745 francs est

$$\frac{6^f \times 745}{100} = 44^f,70;$$

autant de fois cet intérêt se trouve dans l'escompte total, autant il y a d'années dans le temps cherché ; on trouve ainsi que le billet est payable au bout de 28 mois.

552. Les solutions des quatre problèmes qui précèdent peuvent être renfermées dans une seule proportion. Pour généraliser, représentons le taux par a, le temps par t, la valeur nominale du billet par N et sa valeur réelle par R.

1° Si l'on opère comme les banquiers, on posera la proportion

$$\frac{100}{100 - at} = \frac{N}{R},$$

puisque l'intérêt de 100 francs pendant le temps t est at et que la valeur réelle d'un billet de 100 francs est 100^f — at.

2° Si l'on suit la méthode rationnelle, on posera la proportion

$$\frac{100 + at}{100} = \frac{N}{R_1},$$

puisque la valeur actuelle d'un billet de 100^f + at est égale à 100 francs.

Connaissant trois des quatre quantités qui entrent dans chacune de ces proportions, on calculera la quatrième.

553. REMARQUE. L'escompte commercial ne s'applique et ne doit s'appliquer que pour des temps très-limités (*), autrement on arriverait à des résultats absurdes.

Par exemple, 100 francs payables au bout de 20 ans auraient pour escompte, d'après la méthode commerciale,

---

(*) Les billets qui circulent dans le commerce sont payables généralement dans moins de 90 jours.

PROBLÈMES SUR L'ESCOMPTE.

$5^r \times 20$ ou 100 francs; ainsi une somme payable dans 20 ans n'aurait actuellement aucune valeur, ce qui n'est pas.

La méthode mathématique donne, dans le même cas, 50 francs pour résultat; c'est en effet, 50 francs qui, après 20 ans de placement à 5 pour 100, deviennent 100 francs.

354. PROBLÈME. (Échéance moyenne.) — *Un propriétaire achète une maison 20000 francs; il est convenu de payer 5000 francs comptant, 5000 francs au bout de 30 jours, 5000 francs dans 60 jours et le reste dans 90 jours. On lui propose ensuite de payer le tout ensemble. A quelle époque doit s'effectuer ce payement si l'on escompte à 5 pour 100 et suivant la méthode rationnelle ?*

Solution. — L'intérêt de 100 francs est, au bout de

$$30 \text{ jours} \ldots \ldots \frac{5^r}{12} = 0^r,4166,$$

$$60 \text{ jours} \ldots \ldots \frac{10}{12} = 0^r,8333,$$

$$90 \text{ jours} \ldots \ldots \frac{15}{12} = 1^r,25;$$

par suite, pour payer $100^r,416$ au bout de 30 jours, il suffit de placer 100 francs aujourd'hui à 5 pour 100; de même cette somme, laissée dans une maison de banque, fournira de quoi payer $100^r,833$ au bout de 2 mois, ou bien $101^r,25$ au bout de 3 mois. Il résulte de là que les valeurs actuelles des sommes égales à 5000 francs, que le négociant s'est engagé à payer à ces époques, ne s'élèvent qu'à

$$\frac{5000^r \times 100}{100 + \frac{5}{12}} = \frac{6\,000\,000}{1\,205} = 4979^r,25,$$

$$\frac{5000^r \times 100}{100 + \frac{10}{12}} = \frac{6\,000\,000}{1\,210} = 4958^r,68,$$

$$\frac{5000^r \times 100}{100 + \frac{15}{12}} = \frac{6\,000\,000}{1\,215} = 4938^r,27.$$

La somme de ces valeurs actuelles, augmentée de 5000 francs, est

$$5000^r + 14876^r,20 = 19876^r,20\ ;$$

et la différence

$$20000^r - 19876^r,20 = 123^r,80$$

représente l'intérêt de $19876^r,20$ pendant le nombre de jours inconnu. Ce nombre de jours est donc égal au quotient

$$123,80 \times 360 : \frac{19876,20 \times 5}{100}$$

ou

$$\frac{12380 \times 72}{19876,20} = 45 \text{ jours.}$$

Remarque. En prélevant l'escompte comme le feraient les banquiers, les calculs sont plus simples et le résultat bien peu différent.

Les retenues faites sur les 3 billets sont alors respectivement égales à

$$20^r,83,\quad 41^r,66,\quad 62^r,50$$

et leur somme, 125 francs, représente l'intérêt de 20000 fr. pendant le temps inconnu. Le nombre de jours cherché est donc égal au quotient

$$125 : \frac{20000 \times 5}{100 \times 360} = \frac{125 \times 36}{20 \times 5} = \frac{25 \times 18}{10} = 45.$$

NOTE SUR L'ESCOMPTE ET LES PROBLÈMES D'ÉCHÉANCE MOYENNE.

DIFFÉRENCE ENTRE LES DEUX ESCOMPTES. — La différence entre les valeurs réelles d'un même billet, N, est

$$R_1 - R = \frac{100\,N}{100 + at} - \frac{100 - at}{100} N,$$

et le rapport de cette différence à la valeur nominale peut s'écrire

$$\frac{R_1 - R}{N} = \frac{100}{100 + at} - \frac{100 - at}{100} = \frac{100^2 - (100^2 - a^2 t^2)}{100 \times (100 + at)},$$

ou
$$\frac{R_1 - R}{N} = \frac{a^2 t^2}{10\,000 + 100\,at}.$$

Si $a = 6$, $t = \frac{1}{4}$, ce qui est déjà une bien longue échéance pour le commerce,
$$\frac{R_1 - R}{N} = \frac{36}{16 \times (10\,000 + 150)} = \frac{9}{4 \times 10\,150} = \frac{1}{4511}.$$

La différence $R_1 - R$ est donc $0^f,22$ par billet de 1000 francs, c'est-à-dire très-petite ; et comme, d'autre part, les calculs d'escompte sont plus faciles en suivant la méthode des banquiers, on comprend qu'elle soit toujours suivie dans la pratique.

PROBLÈMES D'ÉCHÉANCE MOYENNE. *On donne les valeurs nominales* n, n′, n″,... *de plusieurs billets escomptés au taux* a *et payables aux époques* t, t′, t″,...; *on veut les remplacer par un billet unique* N *payable à l'époque* T, *et l'on demande : ou bien* T, *connaissant* N, *ou bien* N *lorsque l'on connaît* T. *Aucune des parties ne doit gagner ou perdre à cet échange.*

1ʳᵉ *solution.* — Si l'on escompte comme les banquiers, les valeurs actuelles des billets primitifs sont
$$r = n\,\frac{100 - at}{100}, \quad r' = n'\,\frac{100 - at'}{100}, \quad r'' = n''\,\frac{100 - at''}{100}\dots$$

et celle du billet N sera
$$R = N\,\frac{100 - aT}{100}.$$

Pour l'équité, il faudra que
$$r + r' + r'' + \dots = R,$$

et l'on tirera de cette relation

(1) $$N = \frac{100}{100 - aT}\,(r + r' + r'' + \dots),$$

(2) $$T = \frac{100}{a}\,\frac{N - (r + r' + r'' \dots)}{N}.$$

2ᵐᵉ *solution.* — Si l'on escompte en suivant la méthode rationnelle, l'on aura
$$r_1 = n\,\frac{100}{100 + at}, \quad r'_1 = n'\,\frac{100}{100 + at'}, \dots$$

et
$$R_1 = N\,\frac{100}{100 + aT}.$$

Par conséquent la relation qui donnera ou N, ou bien T, sera

(3). $$\frac{N}{100 + aT} = \frac{n}{100 + at} + \frac{n'}{100 + at'} + \ldots$$

Conséquence I. — La formule (2) peut s'écrire

(4) $$T = \frac{100}{aN}\left[N - (n + n' + n''\ldots) + \frac{a}{100}(nt + n't' + \ldots)\right],$$

il suffit d'y remplacer r par $n - \frac{nat}{100}$, r', par $n' - \frac{n'at}{100}$,...

Si $N = n + n' + n'' + \ldots$, l'expression précédente se réduit à

$$T = \frac{100}{aN}\frac{a}{100}(nt + n't' + \ldots) = \frac{nt + n't' + \ldots}{n + n' + \ldots};$$

l'époque de l'échéance du billet unique est alors indépendante du taux de l'escompte quand on suit la méthode des banquiers.

S'il n'y a que 2 billets, et si $n = n'$, on trouve

$$T = \frac{t + t'}{2};$$

l'époque cherchée est alors la moyenne arithmétique des deux premières.

Conséquence II. — Si $N = n + n' = 2n$, la formule (3) se réduit à

$$\frac{2}{100 + aT} = \frac{1}{100 + at} + \frac{1}{100 + at'};$$

et l'on en tire, après réduction,

$$T = \frac{100(t + t') + 2att'}{200 + a(t + t')}.$$

Si l'on pose $\alpha = \frac{a}{100}$, ce qui revient à appeler α l'intérêt de 1 franc pour un an, cette dernière formule se simplifie; en divisant par 100 les deux termes on trouve

$$T = \frac{t + t' + 2\alpha tt'}{2 + \alpha(t + t')}$$

faisant ensuite la division algébrique et simplifiant le reste on a

$$T = \frac{t + t'}{2} - \frac{\alpha}{2} \times \frac{(t - t')^2}{2 + \alpha(t + t')};$$

l'époque de l'échéance du billet unique n'est donc plus indépendante du taux de l'escompte lorsque l'on suit la méthode rationnelle; en outre, elle ne coïncide pas avec la moyenne des dates inscrites sur les deux billets et la devance toujours.

Remarque. Si N et T sont connus, on peut se proposer de calculer le taux auquel tous les billets ont été escomptés; il suffit dans les relations (3) et (4) de considérer a comme la seule inconnue.

CHAPITRE VII.

PARTAGES PROPORTIONNELS ET RÈGLES DE SOCIÉTÉ.

555. *Partager une quantité en parties proportionnelles à des nombres donnés, c'est la diviser en parties qui soient, deux à deux, dans le même rapport que les nombres qui leur correspondent.*

Soit, par exemple, à diviser 120 francs en trois parties proportionnelles aux nombres 7, 2 et 3 ; en représentant par x, y et z les trois parts inconnues, on doit avoir

$$\frac{x}{7} = \frac{y}{5} = \frac{z}{3}.$$

De cette suite de rapports égaux, on tire (n° 321)

$$\frac{x+y+z}{7+5+3} = \frac{x}{7}, \text{ ou } \frac{y}{5}, \text{ ou } \frac{z}{3} ;$$

mais $x + y + z$ est égal à 120, on aura donc

$$\frac{120}{7+5+3} = \frac{x}{7}, \text{ ou } \frac{y}{5}, \text{ ou } \frac{z}{3}.$$

On déduit de là

$$x = \frac{120}{7+5+3} \times 7 = 56,$$

$$y = \frac{120}{7+5+3} \times 5 = 40,$$

$$z = \frac{120}{7+5+3} \times 3 = 24,$$

ce qui conduit à la règle suivante :

RÈGLE PRATIQUE. — *Pour trouver chacune des parties, il faut diviser la quantité à partager par la somme des nombres proportionnels, et multiplier le quotient successivement par chacun de ces nombres.*

REMARQUE I. On peut éviter l'emploi des proportions et dire plus simplement : si la somme à partager était $7^f + 5^f + 3^f$, ou 15 francs, les parts seraient respectivement 7 francs, 5 francs et 3 francs. Donc autant de fois 15 francs seront contenus dans 120 francs, autant de fois la première part contiendra 7 francs, la seconde 5 francs et la troisième 3 francs, ce qui conduit à la même règle.

REMARQUE II. Le quotient de la quantité à partager par la somme des nombres proportionnels doit être calculé très-exactement, parce qu'en le multipliant ensuite par chacun des nombres proportionnels, l'erreur commise sur ce quotient est multipliée par ces nombres ; il faut donc calculer ce quotient avec assez de chiffres décimaux pour que, dans le produit correspondant au plus grand des nombres proportionnels, l'erreur soit négligeable.

556. Lorsque plusieurs personnes se sont associées pour une même entreprise, il faut répartir équitablement entre les sociétaires les bénéfices ou les pertes. Cette répartition donne lieu à deux genres de problèmes appelés *règles de société*, et qui sont des applications des partages proportionnels.

En effet, l'usage et l'équité ont établi les deux conventions suivantes :

1° Lorsque toutes les mises sont restées le même temps dans l'association, les bénéfices ou les pertes sont proportionnels aux mises.

2° Si elles sont restées pendant des temps différents, les bénéfices ou les pertes doivent être proportionnels aux produits des mises par les temps.

557. PROBLÈME 1er. — *Trois associés ont mis dans le même commerce : le premier 5000 francs, le second 7000 francs et le troisième 13000 francs; ils ont gagné 6840 francs. On* propose de partager ce gain proportionnellement à leurs mises.

Solution. — La somme des mises est

$$5000^f + 7000^f + 13000^f = 25000^f.$$

On aura donc, en appliquant la règle du n° 355,

1re part $= \dfrac{6840}{25\,000} \times 5000 = 0^f,2736 \times 5000 = 1368^f,00$

2e part $= \dfrac{6840}{25\,000} \times 7000 = 0^f,2736 \times 7000 = 1915^f,20$

3e part $= \dfrac{6840}{25\,000} \times 13000 = 0^f,2736 \times 13000 = 3556^f,80$

et, comme vérification, la somme de ces trois parts doit être égale au gain. . . . . 6840^f,00

REMARQUE. En termes de commerce, la somme des mises s'appelle *capital*, et la somme à partager, *dividende*.

358. PROBLÈME II. — *Trois négociants associés ont fait un bénéfice de 21000 francs; on propose de le répartir entre eux, sachant que le premier a fourni 15000 francs pendant 2 ans; le second 24000 francs pendant 18 mois, et le troisième, 30000 francs pendant 10 mois 15 jours.*

Solution. — On admet que 15000 francs, placés pendant 24 mois, ont produit autant que 24 fois 15000 francs, ou 360000 francs pendant un mois; de même 24000 francs pendant 18 mois ont produit autant que 18 fois 24000 francs ou 432000 francs, pendant un mois; enfin 30000 francs pendant 10 mois et demi ont produit autant que $30000 \times \dfrac{21}{2}$, ou 315000 francs, pendant un seul mois.

La question se trouve ainsi ramenée à la précédente; il ne s'agit plus que de partager 21 000 francs proportionnellement aux sommes 360 000 francs, 432 000 francs et 315 000 francs, qui seraient restées le même temps dans la société.

Le total des mises ou des nombres proportionnels est

$$360\,000 + 432\,000 + 315\,000 = 1\,107\,000,$$

et le bénéfice correspondant à une mise de 1 franc est

$$21\,000^{\text{f}} : 1\,107\,000 = 0^{\text{f}},0189702\,;$$

par suite, on trouve aisément que

$$\begin{aligned}
\text{la part du 1}^{\text{er}}\text{ négociant} &= 0^{\text{f}},0189702 \times 360\,000 = 6829^{\text{f}},27\\
- \quad 2^{\text{e}} \quad - &= 0,0189702 \times 432\,000 = 8195,12\\
- \quad 3^{\text{e}} \quad - &= 0,0189702 \times 315\,000 = \overline{5975,61}\\
&\text{Vérification}\ldots\ldots\ldots \quad 21\,000^{\text{f}},00
\end{aligned}$$

CHAPITRE VIII.

PROBLÈMES SUR LES MÉLANGES.

559. Les questions que l'on peut se proposer sur les mélanges rentrent dans les deux énoncés suivants :

1° Étant donnés les quantités et les prix de plusieurs substances que l'on mélange, calculer le prix de revient de l'unité du mélange ainsi obtenu.

2° Connaissant les prix de deux substances, trouver dans quel rapport il faut les mêler pour que l'unité du mélange revienne à un prix connu à l'avance.

560. Problème 1ᵉʳ. — *On mélange* 25 *hectolitres de blé à* 18 *francs l'hectolitre avec* 48 *hectolitres de blé à* 19ᶠ,50; *à combien revient l'hectolitre du mélange ?*

Solution. — Le prix des 25 hectolitres du premier blé est

$$18^{\text{f}} \times 25 = 450^{\text{f}}.$$

Celui des 48 hectolitres du second est

$$19^{\text{f}},50 \times 48 = 936^{\text{f}}.$$

PROBLÈMES SUR LES ALLIAGES.

Le mélange revient donc à

$$450^f + 936^f = 1386^f;$$

et comme il se compose de

$$25^{hect} + 48^{hect},$$ c'est-à-dire de 73^{hect},

l'hectolitre du mélange coûtera

$$\frac{1386^f}{73} = 18^f,99.$$

561. Problème II. — *On a du vin à 45 centimes le litre et du vin à 70 centimes. Combien en faut-il prendre de chaque espèce pour obtenir 225 litres de vin à 60 centimes le litre ?*

Solution. — En vendant 60 centimes un litre de vin qui coûte 45 centimes, on gagne 15 centimes ; d'autre part, en vendant 60 centimes un litre de vin qui coûte 70 centimes, on perd 10 centimes. Si donc on prend 10 litres du premier et 15 litres du second il y aura compensation ; le gain sera, en effet, de

$$15^c \times 10,$$

et la perte de

$$10^c \times 15.$$

La question revient donc à partager 225 en deux parties qui soient entre elles comme 10 est à 15, ou bien comme 2 et 3. En appliquant la règle du n° 355, l'on trouve pour les deux nombres cherchés

$$\frac{225^l}{5} \times 2 = 90^l,$$

$$\frac{225^l}{5} \times 3 = 135^l.$$

On peut encore donner une solution analogue à celle du problème 7, page 57.

PROBLÈMES SUR LES ALLIAGES.

362. Ces questions sont analogues aux précédentes.

286   PROBLÈMES SUR LES ALLIAGES.

1° L'on connaît les titres et les poids de plusieurs lingots, et l'on demande le titre du lingot obtenu en les fondant ensemble.

2° Il s'agit de calculer les poids d'alliage que l'on doit prendre dans deux lingots de titres connus pour obtenir un troisième lingot de poids et de titre donnés à l'avance.

563. Problème Ier. — *On a deux lingots renfermant de l'argent et du cuivre : l'un, qui pèse $1^{kg},043$, est au titre de $0,920$; le second, qui pèse $2^{kg},954$, est au titre de $0,840$. On demande le titre du lingot obtenu en fondant ces deux lingots ensemble ?*

Solution. — Le poids du métal précieux contenu dans le premier lingot est

$$1^{kg},043 \times 0,920 = 0^{kg},95956.$$

Le poids du métal précieux contenu dans le second lingot est
$$2^{kg},954 \times 0,840 = 2^{kg},4814.$$

Le poids d'argent pur contenu dans le lingot résultant est donc
$$0^{kg},9596 + 2^{kg},4814 = 3^{kg},4410.$$

Le poids total de ce lingot est, d'ailleurs,
$$1^{kg},043 + 2^{kg},954 = 3^{kg},997;$$

son titre est donc égal au quotient
$$3,4410 : 3,997 = 0,861.$$

564. Problème II. — *On a deux lingots d'argent aux titres de $0,946$ et $0,884$. Combien faut-il prendre de chacun de ces lingots pour faire $2^{kg},035$ d'alliage monétaire ?*

Solution. — Les différences entre les titres des deux lingots proposés et le titre monétaire sont : pour le premier

$$0,946 - 0,900 = 0,046;$$

et pour le second
$$0,900 - 0,884 = 0,016.$$

On conclut de là qu'il faut, dans les deux lingots, prendre des quantités proportionnelles à 16 et 46. En effet, si l'on prend 16 kilogrammes du premier et 46 du second, on aura, d'une part, un excès d'argent égal à
$$16^{gr} \times 46\,;$$
mais, de l'autre, il manquera un nombre de grammes d'argent égal à
$$46^{gr} \times 16\,;$$
le lingot de 62 kilogrammes ainsi obtenu sera donc au titre de 900 millièmes.

La question revient donc à partager $2^{kg},035$ proportionnellement aux nombres 16 et 46. On trouve ainsi qu'il faudra prendre, dans le premier lingot,
$$\frac{2^{kg},035 \times 16}{62} = 0^{kg},525,$$
et, dans le second, un poids d'alliage égal à
$$\frac{2^{kg},035 \times 46}{62} = 1^{kg},510.$$

565. *Soit proposé, avec trois alliages de titres connus* (0,720, — 0,800, — 0,950), *de former un lingot de poids donné, 3 kilogrammes, et d'un titre intermédiaire* (0,900).

Le problème est indéterminé : en effet, l'on peut obtenir avec les deux premiers lingots un grand nombre d'alliages dont les titres soient compris entre 0,720 et 0,800; puis, avec l'un de ces alliages auxiliaires et le lingot à 0,950, il sera facile (n° 364) d'obtenir 3 kilogrammes d'alliage à 0,950. Le problème admettra donc une infinité de solutions, à moins que l'on n'impose une autre condition, comme dans les problèmes 12 et 13, page 295.

EXERCICES

SUR LES RAPPORTS ET LES PROPORTIONS.

1. Quel est le plus grand des deux rapports
$$\frac{a-b}{a+b} \text{ et } \frac{a^2-b^2}{a^2+b^2}?$$

2. Démontrer que si l'on a la proportion
$$a : b = c : d,$$
on en déduit la suivante
$$7a + b : 3a + 5b = 7c + d : 3c + 5d;$$
généraliser ce théorème.

3. Démontrer que si $a : b > c : d$, l'on a
$$a + c : b + d < a : b, \text{ mais } > c : d.$$

4. Plus généralement, faire voir que si l'on a une suite de rapports inégaux, en divisant la somme des numérateurs par celle des dénominateurs, l'on obtient un rapport inférieur au plus grand des rapports donnés, mais supérieur au plus petit.

5. Étant données deux proportions, pour qu'en les ajoutant terme à terme on obtienne une nouvelle proportion, il faut et il suffit que les antécédents soient dans le même rapport.

6. Étant donnés quatre nombres distincts qui forment une proportion, si l'on ajoute un même nombre à chacun d'eux, les quatre sommes ne seront plus en proportion.

7. Si l'on fait osciller dans un même lieu deux pendules de longueurs différentes, les durées des oscillations sont proportionnelles aux racines carrées de ces longueurs. Sachant qu'un pendule qui a $0^m,9939$ de longueur, bat la seconde à Paris, on demande de calculer le nombre d'oscillations que ferait en un jour un pendule dont la longueur serait $0^m,32484$.

R. 151130 oscillations.

8. On appelle coefficient de dilatation d'un corps l'accroissement de l'unité de volume de ce corps prise à zéro, quand la température augmente de 1 degré. Pour l'air ce coefficient est 0,00367; ceci veut dire qu'un litre d'air à zéro occuperait à 1 degré un volume égal à $1^l,00367$ s'il était libre de se dilater, la pression restant constante.

EXERCICES SUR LES RAPPORTS ET LES PROPORTIONS.

Ceci posé, on a une masse d'air qui occupe à 27°,8 un volume de 195^l,5. Quel sera son volume à 100 degrés ?

R. 242^l,512.

9. Les volumes occupés par une même masse de gaz dont la température reste constante sont en raison inverse des pressions qu'elle supporte. (Loi de Mariotte.)

On a une masse d'air qui occupe un volume de 25 litres à la température de 15°,6 et sous la pression 0^m,756. Quel sera son volume à la température 48°,7 et sous la pression 0,769 ?

R. 27^l,40.

10. Un tube de verre a 3 mètres de longueur, à la température de 12 degrés ; on demande sa longueur à 240 degrés, sachant que le coefficient de dilatation linéaire de ce verre est $\frac{1}{128000}$.

R. 3^m,0053.

11. Le coefficient de dilatation linéaire du fer est $\frac{1}{81900}$; celui du zinc est $\frac{1}{34000}$. On demande quelle sera la longueur d'une barre de zinc qui se dilate autant, pour le même accroissement de température, qu'une barre de fer de 2 mètres de longueur.

R. 0^m,8303.

12. La vitesse de propagation du son dans l'air augmente avec la température, et l'on sait que le carré de cette vitesse est proportionnel au nombre obtenu en ajoutant l'unité au produit du coefficient de dilatation de l'air, 0,00367, par la température. On demande d'après cela : 1° quelle sera la vitesse du son à zéro, sachant qu'elle est 341 mètres à 16 degrés ; 2° à quelle température cette vitesse sera 350 mètres ?

R. 331^m,4 et 31°,4.

13. Un câble est formé de 53 fils de fer ayant chacun 2^{mm},3 de diamètre et 80 mètres de longueur ; il pèse 137^{kg},2. Quel serait le poids d'un autre câble formé de 14 fils de cuivre ayant chacun 3 millimètres de diamètre et 147 mètres de longueur ? On sait que les densités du fer et du cuivre sont respectivement égales à 7,788 et 8,95 ; l'on admet de plus que le poids d'un fil est proportionnel à sa longueur, au carré de son diamètre et à sa densité.

R. 130^{kg},2.

14. Le nombre de vibrations transversales qu'une corde exécute dans une seconde varie proportionnellement à la racine carrée du poids qui la tend et en raison inverse de la longueur, du diamètre et de la racine carrée de la densité. Ceci posé, une corde d'acier ayant

1 mètre de longueur, 4 dixièmes de millimètre de diamètre et tendue par un poids de 10 kilogrammes exécute en 100 secondes 15815 vibrations ; l'on demande le nombre de vibrations que ferait en une seconde une corde de cuivre longue de $0^m,456$ qui aurait $0^{mm},85$ de diamètre et qui serait tendue par un poids de 24 kilogrammes. Les densités de l'acier et du cuivre sont respectivement 7,716 et 8,85.

R. 236.

15. On sait que $27^l,233$ d'oxygène dont la densité, par rapport à l'air, est 1,1056, pèsent $33^{gr},12$ à la température de 45 degrés et sous la pression $0^m,753$. Trouver, d'après cela, le poids de $39^l,317$ d'hydrogène dont la densité est 0,0693 (par rapport à l'air), la température étant 100 degrés et la pression $0^m,734$. Le coefficient de dilatation de ces gaz est 0,00366.

R. $2^{gr},491$.

16. Il faut dépenser $409^{gr},4$ de zinc et $612^{gr},5$ d'acide sulfurique pour obtenir $12^{gr},5$ d'hydrogène. Combien faudra-t-il dépenser de zinc et d'acide sulfurique pour remplir un gazomètre de 135 litres de capacité, sachant que la pression dans ce gazomètre est $0^m,790$ et la température 32 degrés ? On donne la densité de l'hydrogène par rapport à l'air 0,0693 ; le poids d'un litre d'air, $1^{gr},293$; et le coefficient de dilatation des gaz qui est 0,00366.

R. $368^{gr},7$ de zinc et $551^{gr},5$ d'acide.

Problèmes sur l'intérêt et l'escompte.

1. Calculer l'intérêt de 6975 francs, à 5 pour 100 par an, pendant 8 ans.

R. 2790^f.

2. Quel est le capital qui, placé à 5 pour 100, rapporte 12 francs en 7 mois ?

R. $411^f,43$.

3. Quel est l'intérêt de 8432 francs placés à 6 pour 100 pendant 2 ans 7 mois 23 jours ? (On suppose l'année de 360 jours et les mois de 30 jours.)

R. $1339^f,283$.

4. Une personne a placé à intérêt simple et au taux de 5 pour 100, une somme de 17564 francs le 18 mars 1861. On demande à combien s'élèvent les intérêts de cette somme le 1er août 1865 ? (On comptera les mois de 30 ou de 31 jours, d'après le calendrier Grégorien.)

R. 3840^f.

5. Quelle est la somme qui, placée à 5 pour 100 le 1er avril, don-

nera 6000 francs, intérêt et capital compris, le 22 avril de la même année ?

R. 5982f.

6. On a acheté pour 566f,25 une rente de 24 francs. A quel taux place-t-on son argent ?

R. 4f,24.

7. A quel taux place-t-on son argent lorsqu'on achète du 3 pour 100 au cours de 69f,90 ?

R. 4f,30.

8. Quel capital représente une rente de 170 francs en 4 1/2 pour 100 achetée au cours de 92f,50 ? Quel bénéfice réalisera l'acheteur s'il revend son titre de rente au cours de 97 francs ?

R. 3494f,44 et 170 francs.

9. Trouver l'escompte, à 4 pour 100, d'un billet de 3600 francs payable le 25 décembre 1866 et présenté au banquier le 12 mai.

R. 89f,20. L'escompte rationnel serait 87f,04.

10. Trouver l'escompte et la valeur actuelle d'un billet de 5723 francs, payable dans 63 jours, le taux de l'escompte étant 7,5 pour 100 par an.

R. L'escompte est 75f,11.

11. Un billet payable dans 58 jours est escompté au taux de 5 pour 100 par an, et sa valeur actuelle est 1481f,25. On demande la valeur nominale du billet.

R. 1493f,28.

12. Un banquier a payé 5208 francs, pour un billet de 5600 francs à 14 mois d'échéance. Quel est le taux de l'escompte ?

R. 6 francs.

13. Deux personnes entrent chez un banquier, la première avec un billet de 1500 francs payable dans 6 mois, la seconde avec un billet de 1470 francs payable dans 10 jours. Le banquier escompte les deux billets au même taux et donne à la seconde personne 12f,55 de plus qu'à la première. Quel est le taux de l'escompte ?

R. 6 francs.

14. La différence des fortunes de deux personnes est 20 000 francs ; l'une a placé son capital sur l'État et ne touche que 3 francs pour 100 francs. L'autre a placé ses fonds dans un commerce et en retire 15 francs pour 100 francs. Les revenus des deux personnes sont égaux. Quels sont les capitaux ?

R. 25 000 francs et 5 000 francs.

15. On place, au même taux, 437 francs pendant 2 ans 4 mois, et 612 francs pendant 3 ans 7 mois. La différence des intérêts que rapportent ces deux sommes est 70^f,40 ; quel est le taux des deux placements ?

R. 6 francs.

16. Une somme d'argent placée pendant 8 mois est devenue 297^f,60 ; la même somme placée pendant 15 mois est devenue 306 francs, capitaux et intérêts simples réunis. Quelle est cette somme et quel est le taux de l'intérêt ?

R. 288 francs, et le taux est 5 francs.

17. Une personne a mis des fonds dans une entreprise et reçoit au bout de 5 ans 2 mois 192 000 francs, capital et bénéfice ; le bénéfice est les 2/5 du capital. Quel est le taux du placement ?

R. 7^f,74.

18. Deux capitaux ont été placés, le premier à 4 pour 100 pendant 6 ans 4 mois et le second à 3 pour 100 pendant 4 ans 6 mois ; l'intérêt du premier surpasse de 1071 francs l'intérêt du second, et ces deux capitaux sont entre eux comme les nombres 45 et 58. On propose de calculer chacun d'eux.

R. 13 500 francs et 17 400 francs.

19. Une personne place à 4 pour 100 le quart de sa fortune et le reste à 5 pour 100 ; elle touche de cette manière 4376^f,25 de rente. Quelle est sa fortune ?

R. 92 131^f,57.

20. Une personne place les 4/5 de sa fortune à 5 pour 100 et le reste à 4 pour 100. Au bout de l'année elle retire, capital et intérêt compris, 12 445 francs. Quelle était la fortune de la personne ?

R. 11 875 francs.

21. Une personne, pour s'acquitter d'une dette, a donné à son créancier deux billets, l'un de 840 francs payable dans 8 mois, l'autre de 564 francs payable dans 11 mois ; trois mois plus tard, elle offre de remplacer ces deux billets par un seul payable dans un an. Le créancier accepte, mais à la condition que le billet sera de 1453^f,50. A quel taux prête-t-il son argent ?

R. 6^f, 8, en calculant l'escompte comme les banquiers.

22. On a deux payements à faire, l'un de 12 600 francs payables dans 4 ans 6 mois, l'autre de 27 400 francs payables dans 5 ans 8 mois. On

PARTAGES PROPORTIONNELS.   293

voudrait s'acquitter en une seule fois par un payement de 40 000 francs. Pour quelle époque devra-t-on souscrire ce billet, si l'on compte les intérêts simples à raison de 4ᶠ,50 pour 100 par an?

R. 5ᵃⁿˢ 3ᵐ 14ʲ, en prenant l'escompte rationnel;
    5ᵃⁿˢ 3ᵐ 18ʲ, si l'on opère comme les banquiers.

23. Une personne a souscrit à un banquier trois billets, l'un de 533 francs payable le 15 mai, l'autre de 343 francs payable le 17 juin, et le troisième de 734 francs payable le 22 juillet. Elle désire remplacer ces trois billets par un seul d'une valeur égale à la somme des trois premiers. On demande pour quelle époque ce billet doit être souscrit. — Démontrer que le résultat est indépendant du taux de l'escompte et de l'époque à laquelle les billets ont été souscrits.

R. 22 juin.

24. On a souscrit trois billets : le premier de 600 francs est payable dans 4 mois; le second de 1500 francs est payable dans 8 mois, et le troisième de 700 francs est payable dans 10 mois. On désire remplacer ces trois billets par un billet unique à l'échéance d'un an. Quel en sera le montant, le taux de l'intérêt étant 4,5 pour 100?

R. 2844ᶠ,64, si l'on prend l'escompte rationnel;
    2848 francs, en calculant l'escompte comme les banquiers.

Partages proportionnels, mélanges et alliages.

1. Partager le nombre 12000 proportionnellement aux nombres

$$3 + 2/3,\ 8 + 5/6,\ 5 + 3/4\ \text{et}\ 3 + 11/12.$$

R.   1984,96; 4781,96; 3112,78;   2120,3.

2. Un négociant fait faillite; son actif s'élève à 28322 francs et il doit à cinq créanciers les sommes suivantes : 7530 francs, 9805 francs, 12115 francs, 15322 francs, 17828 francs. Que revient-il à chaque créancier?

R. 3406ᶠ,78; 4436ᶠ,06; 5481ᶠ,17; 6932ᶠ,10; 8065ᶠ,89.

3. On a 128 litres de vin à 0ᶠ,95; en les mélangeant avec 87 litres de vin d'une autre qualité, on a obtenu un mélange qui revient à 0ᶠ,75 le litre. Quel est le prix du vin de la seconde qualité?

R. 0ᶠ,455.

4. Un marchand achète 524 litres de vin à 0ᶠ,88 le litre; combien de litres à 0ᶠ,50 doit-il mêler au premier vin pour qu'il obtienne un mélange revenant à 0ᶠ,70 le litre?

R. 472.

5. Une dissolution de carbonate de potasse contient 14 pour 100 de son poids de ce sel, et pèse 228 kilogrammes; on veut qu'elle ne renferme plus que 9 pour 100 de son poids de sel. Combien faut-il y ajouter d'eau?

R. 126ˡ,66.

6. Un marchand achète 125 litres de rhum à 1ᶠ,50 le litre. Combien doit-il y ajouter d'eau distillée pour qu'il puisse gagner 60 pour 100 sur le prix d'achat en revendant cette liqueur 2 francs le litre?

R. 25 litres.

7. On fond ensemble trois lingots d'or dont les titres sont 0,920, 0,840 et 0,750, et qui pèsent respectivement 7ᵏᵍ,73, 9ᵏᵍ,25 et 12ᵏᵍ,35. Quel sera le titre de l'alliage?

R. 0,823.

8. On fond 2ᵏᵍ,09115 d'argent pur avec 418ᵍʳ,23 d'un alliage d'argent qui renferme les 0,6 de son poids de cuivre. Quel est le titre du nouvel alliage?

R. 0,933.

9. On a 2ᵏᵍ,729 de monnaie d'or étrangère au titre de 0,887; combien faut-il y ajouter d'or pur pour obtenir un alliage propre à faire de la monnaie française?

R. 0ᵏᵍ,355.

10. Les anciennes pièces de monnaie de 0ᶠ,50 et de 0ᶠ,20 étaient au titre de 0,900. D'après la loi du 25 mai 1864, ces pièces doivent être refondues pour être employées à la fabrication de nouvelles pièces au titre de 0,835.
On suppose que l'on ait à refondre pour 500 000 francs de ces anciennes monnaies, et l'on demande : 1° quel poids de cuivre l'on doit ajouter; 2° combien on obtiendra de pièces de chaque espèce si l'on doit fabriquer deux fois plus de pièces de 0ᶠ,20 que de pièces de 0ᶠ,50.

R. 194ᵏᵍ,611 et 598 802 pièces de 0ᶠ,50.

11. Un orfèvre a deux lingots d'argent: le premier est au titre de 0,960 et pèse 1ᵏᵍ,259, le second est au titre de 0,849. Quel poids de ce second lingot doit-il prendre pour qu'en le fondant avec la totalité du premier il obtienne un alliage au titre de 0,920?

R. 0ᵏᵍ,7093.

12. On a trois lingots d'or aux titres de 0,980, 0,840 et 0,750. On veut obtenir un lingot de 3ᵏᵍ,25 au titre de 0,900. Quels poids faut-il

prendre des deux premiers alliages, si l'on impose la condition d'employer 500 grammes du troisième?

R. 1^{kg},714 et 1^{kg},036.

13. On a trois alliages d'or et de cuivre aux titres autorisés par la loi, c'est-à-dire 0,920, 0,840 et 0,750. Combien faut-il prendre de chacun d'eux pour obtenir un alliage pesant 3^{kg},25 et au titre de 0,900? On impose cette condition de prendre dans les deux derniers lingots des poids d'alliages qui soient entre eux comme 5 et 3.

R. 2^{kg},6786; 0^{kg},3571; 0^{kg},2142S.

COMPLÉMENT

CHAPITRE PREMIER

OPÉRATIONS ABRÉGÉES.

MULTIPLICATION.

366. Supposons que les deux facteurs d'un produit aient six chiffres décimaux chacun, la règle ordinaire (n° 164) en donne douze à ce produit; si l'on n'a besoin que des deux premières décimales, on négligera les autres en ayant soin d'augmenter d'une unité la dernière décimale conservée, si la suivante est supérieure à 5. Mais alors tous les calculs qui ont donné les dix dernières figures sont superflus; il est donc utile d'avoir une méthode abrégée qui limite le produit aux décimales que l'on doit conserver.

La multiplication abrégée permet d'obtenir rapidement et sans calculs inutiles les premiers chiffres d'un produit dont les facteurs ont un grand nombre de figures.

367. On peut arriver à ce résultat en commençant la multiplication par les chiffres de gauche des deux facteurs. Soit, par exemple, à calculer à moins de 0,01 près le produit

$$62,415328 \times 4,567943.$$

Les produits partiels, qui fourniront la partie principale du résultat, correspondent aux chiffres 4, 5, 6, 7, 9,... du multiplicateur, et il est rationnel d'effectuer ces produits en suivant cet ordre. Si, de plus, on commence le calcul de chacun d'eux par la gauche du multiplicande, on obtiendra d'abord les dizaines, puis les unités, les dixièmes,..., c'est-à-dire, dans leur ordre d'importance relative, les **parties dont se compose le produit partiel considéré.**

OPÉRATIONS ABRÉGÉES.

La multiplication (1) a été faite en commençant par la gauche des

(1)
```
        62,415 328
         4,567 943
        ──────────
        249 661 312
         31 207 664 0
          3 744 919 68
            436 907 296
             56 173 795 2
              2 496 613 12
                187 245 984
        ──────────────────
        285,109 660 630 304
```

deux facteurs. Au lieu de faire complétement ce long tableau de calculs, on limite, comme dans la multiplication ci-dessus, chaque produit partiel au chiffre des millièmes. La somme des parties négligées est moindre qu'un centième; en effet, l'erreur de chaque produit partiel est moindre qu'un millième, et il n'y a pas dix de ces produits partiels.

(2)
```
        62,415 328
         4,567 943
        ──────────
        249 661
         31 207
          3 744
            436
             56
              2
        ──────────
        285,106
```

Ainsi le produit 285,106 est moindre que le produit véritable, mais n'en diffère certainement pas de 0,007. En ne conservant que les deux premiers chiffres décimaux, l'erreur du produit 285,10 pourrait surpasser un centième, puisque la limite supérieure de cette erreur serait

$$0,007 + 0,006 = 0,013.$$

Il faut, dans ce cas, augmenter de 1 le dernier chiffre conservé et adopter pour résultat 285,11. On commet de cette manière une erreur par excès de 4 millièmes, et, cette erreur étant de sens contraire à la première, le résultat n'est pas fautif d'un centième; mais on ne connaît pas alors le sens de l'approximation.

S'il y avait plus de dix produits partiels, il suffirait de calculer, dans chacun d'eux, le chiffre qui indique des unités cent fois plus petites que celles de l'approximation ; après l'addition l'on barrerait les deux chiffres à droite du résultat et l'on forcerait l'antépénultième.

Telle est, dans sa plus grande simplicité, la méthode qui se présente naturellement pour abréger la multiplication ; elle exige que l'on commence le produit par la gauche des deux facteurs, ce qui ne peut présenter de difficultés sérieuses (*voir* p. 24).

La règle pratique suivante, plus souvent employée, évite ce très-petit inconvénient :

368. Règle d'Oughtred (1). — *On renverse l'ordre des chiffres du multiplicateur et l'on place le chiffre de ses unités sous le chiffre du multiplicande qui représente des unités cent fois plus petites que celles de l'approximation demandée. Alors on multiplie tout le multiplicande successivement par les chiffres du multiplicateur en commençant chaque produit partiel par le chiffre du multiplicande qui est au-dessus du chiffre du multiplicateur correspondant. On dispose dans une même colonne verticale les premiers chiffres à droite de chacun de ces produits.*

Leur somme étant obtenue, on barre les deux premiers chiffres à droite et l'on augmente d'une unité l'antépénultième.

Suivons cette règle pour calculer à un centième près le produit précédent. Il faut placer le chiffre 4 des unités sous le chiffre des dix-millièmes et multiplier 624153 par 4, ce qui donne 2496612 pour premier produit partiel. Dans le second produit partiel correspondant au chiffre 5, on négligera la partie 328 du multiplicande, qui est à droite de ce chiffre, et l'on placera le premier chiffre, 5, de ce second produit, 312075, sous le premier chiffre à droite du produit précédent. Les produits qui suivent se calculeront de même ; dans la somme 2831083 on effacera 83 et l'on augmentera de 1 le dernier chiffre conservé ; le produit demandé à moins de 0,04 près sera 285,11.

```
        62,415328
        349 7654
        ─────────
        249 6612
         31 2075
          3 7446
            4368
             558
              24
        ─────────
        285,1083
```

(1) *Mathématicien anglais né à Éton en 1574, mort en 1660.*

Démonstration. — Les produits partiels sont :

$$62,4153 \times 4 = 249,6612, \quad 62,4 \times 0,007 = 0,4368,$$
$$62,415 \times 0,5 = 31,2075, \quad 62 \times 0,0009 = 0,0558,$$
$$62,41 \times 0,06 = 3,7446, \quad 60 \times 0,00004 = 0,0024;$$

tous représentent des dix-millièmes, il faut donc placer leurs premiers chiffres à droite dans la même colonne verticale.

Évaluons maintenant l'erreur commise : nous avons négligé, dans le premier de ces produits, toute la partie du multiplicande qui est à droite du chiffre 3. Comme cette partie est moindre que 0,0001, l'erreur ainsi commise est moindre que 0,0004. Dans le second produit partiel nous avons négligé, au multiplicande, 0,000328, quantité moindre que 0,001 ; il fallait en prendre les 0,5 : la seconde erreur est donc inférieure à 0,0005. On verrait de même que les erreurs commises dans les produits partiels suivants sont inférieures à 0,0006, 0,0007, 0,0009 et 0,0004.

De plus, en nous bornant aux six premiers produits partiels, nous avons négligé les 0,000003 du multiplicande, quantité certainement moindre que

$$0,00001 \times 70, \quad \text{ou} \quad 0,0007 ;$$

par suite la somme de toutes les erreurs commises est moindre qu'un nombre de dix-millièmes marqué par la somme

$$4 + 5 + 6 + 7 + 9 + 4 + 7 = 42 ;$$

elle n'atteint donc pas un centième.

Ainsi le produit exact est plus grand que 285,1083, mais plus petit que 285,1083 + 0,0042, ou que 285,1125. En barrant les deux derniers chiffres 8 et 3, c'est-à-dire en adoptant 285,10 pour produit, on commet une nouvelle erreur de 0,0083, qui est de même sens que la première ; la somme de ces deux erreurs pourrait dépasser 0,01. Si, au contraire, on augmente de 1 le dernier chiffre conservé, ce qui revient à prendre 285,11 pour le produit demandé, on commet une seconde erreur par excès de 0,0017 qui se retranche de la somme des erreurs commises dans la multiplication, et l'erreur définitive est certainement moindre que 0,01 ; mais on ignore le sens de l'approximation du résultat 285,11.

REMARQUE I. *Ainsi, pour avoir une limite supérieure de l'erreur commise en suivant la règle d'Oughtred, il faut ajouter les chiffres du multiplicateur qui ont été employés ; si le multiplicateur dépasse le multiplicande vers la gauche, on augmente cette somme du premier chiffre à gauche du multiplicande plus un.*

REMARQUE II. Si cette somme de chiffres était plus grande que 100, mais inférieure à 1000, l'on ne serait pas sûr d'obtenir l'approximation demandée. Il faudrait recommencer l'opération en plaçant le chiffre des unités du multiplicateur sous le chiffre du multiplicande qui représente des unités mille fois plus petites que la fraction d'approximation. On supprimerait alors, à la droite du produit, trois chiffres au lieu de deux.

De même, si la limite de l'erreur commise était moindre que 10, il suffirait de placer le chiffre des unités du multiplicateur sous le chiffre du multiplicande qui représente des unités dix fois plus petites que celles de l'approximation demandée.

REMARQUE III. Dans certains cas il sera inutile d'augmenter d'une unité le dernier chiffre conservé : si en ajoutant à la somme des produits partiels la limite de l'erreur, l'antépénultième chiffre de la somme reste le même, on pourra se dispenser de l'augmenter d'une unité.

REMARQUE IV. En général, en suivant la règle d'Oughtred, il y a incertitude sur le sens de l'approximation du produit. Si donc on veut obtenir un produit approché dans un sens déterminé, on devra le calculer avec un chiffre de plus que l'on n'en veut conserver en définitive : on supprimera le dernier chiffre, sans changer le précédent, si le produit doit être approché par défaut ; au contraire, on forcera cet avant-dernier, si le produit doit être approché par excès.

DIVISION ABRÉGÉE.

369. Nous avons vu (n° 168) que la recherche du quotient de deux nombres avec une approximation décimale donnée revient toujours à celle du quotient à moins d'une unité de deux nombres entiers. Ainsi pour calculer à 0,001 près le quotient

$$0,624\,153\,286 : 4,567\,943,$$

il faut d'abord multiplier par 1000 le dividende, et la question revient à chercher le quotient à moins d'une unité de

$$624,153\,286 : 4,567\,943,$$

qui est le même que celui de la division des nombres entiers

$$624\,153\,286 \text{ et } 4\,567\,943.$$

OPÉRATIONS ABRÉGÉES.

Bien que ce quotient n'ait que trois chiffres, la méthode ordinaire exige de longs calculs, et l'on écrit ainsi bien des chiffres inutiles :

```
624 153 286 | 4 567 943
167 358 98  | 136
 30 320 696 |
  2 913 038 |
```

On voit, en effet, que ce sont les deux ou trois premiers chiffres à gauche du diviseur et de chaque dividende partiel qui fournissent les chiffres du quotient. On altérerait les autres ou bien on les supprimerait, que le quotient resterait encore le même.

Cette simple remarque, que suggère un peu d'habitude du calcul, conduit à la règle pratique suivante dont nous donnons ensuite une démonstration rigoureuse :

370. RÈGLE PRATIQUE POUR ABRÉGER UNE DIVISION. — *Pour calculer un quotient à une unité près, on compte le nombre de chiffres qu'il doit avoir, et l'on prend sur la gauche du diviseur ce nombre de chiffres plus deux ; on barre les autres.* — *On prend ensuite un dividende partiel qui contienne le diviseur modifié au moins une fois, mais pas plus de neuf fois, et l'on supprime les autres chiffres qui sont inutiles.*

Pour obtenir le premier chiffre du quotient, on divise le premier dividende partiel par le diviseur modifié. Pour obtenir le second chiffre du quotient, on barre le premier chiffre à droite du diviseur modifié, et l'on divise le reste de la division précédente par ce diviseur restreint ; et ainsi de suite, après le calcul de chaque reste, on barre le dernier chiffre à droite du dernier diviseur.

Démonstration. — Appliquons cette règle à l'exemple précédent. Le quotient, à moins d'une unité, doit avoir trois chiffres ; nous en prendrons cinq du diviseur en réduisant ce diviseur à 45 679.

```
624 153 286 | 45679 | 43
456 79      | 136
167 36      |
137 01      |
 30 35      |
 27 36      |
  2 99      |
```

Le premier dividende partiel sera 62 415 ; nous trouvons 1 pour le premier chiffre du quotient et 16 736 pour reste. Après avoir barré le dernier chiffre 9 à droite du diviseur, nous diviserons 16 736 par 4 567 pour obtenir le second chiffre, 3, du quotient. Divisant le reste

3035 par 456, nous obtiendrons le dernier chiffre 6 du quotient. Démontrons maintenant que le quotient à moins d'une unité est 136.

En effet : — 1° les nombres retranchés successivement du dividende sont les produits partiels de la multiplication

$$4\,567\,943 \times 136,$$

effectuée d'après la méthode d'Oughtred, en plaçant le chiffre des centaines du quotient sous le troisième chiffre du diviseur :

```
4567943
 631
─────────
 45679
 13701
  2736
─────────
 62116
```

Tous ces produits partiels représentent donc des dizaines de mille.

— 2° Le dividende restreint représente bien des unités de même ordre. En effet, si l'on faisait la division comme à l'ordinaire, le premier dividende partiel, 6 241 532, représenterait des centaines, et le produit des plus hautes unités du quotient par les plus faibles du diviseur donnerait des centaines, c'est-à-dire des unités de même espèce que le dernier chiffre du premier dividende. Or, l'on a négligé à la droite du diviseur et de ce premier dividende partiel deux chiffres ; donc, dans l'opération abrégée, le produit des plus hautes unités du quotient par les plus faibles du diviseur restreint donne bien des unités de même espèce que celles du dividende conservé.

Ainsi les soustractions que nous avons effectuées sont légitimes.

— 3° Le quotient 136 est bien le quotient à moins d'une unité des deux nombres donnés.

En effet l'on a

$$624\,153\,286 = 621\,160\,000 + 2\,990\,000 + 3\,286;$$

mais 621 160 000, qui est le produit de la multiplication abrégée de 4 567 943 par 136 diffère du produit vrai d'une quantité, e, moindre que

$$1 + 3 + 6, \text{ ou que } 10 \text{ dizaines de mille};$$

l'on peut donc écrire

$$624\,153\,286 = 4\,567\,943 \times 136 - e + 2\,993\,286,$$

et si l'on divise par 4 567 943 les deux membres de cette égalité, on voit que

$$\frac{624\,153\,286}{4\,567\,943} = 136 - \frac{e}{4\,567\,943} + \frac{2\,993\,286}{4\,567\,943}.$$

OPÉRATIONS ABRÉGÉES.

Ainsi le véritable quotient est égal à 136, plus la différence de deux termes complémentaires ; il est facile de voir que chacun d'eux est moindre que l'unité.

En effet, e est, ici, inférieur à 10 dizaines de mille, donc le premier terme

$$\frac{e}{4\,567\,943} \text{ est plus petit que } \frac{100\,000}{4\,567\,943},$$

c'est-à-dire moindre que 1. En général, lorsqu'il n'y a pas plus de neuf chiffres au quotient, cette erreur, e, est moindre que 100 unités de l'ordre du premier dividende, ou bien moindre que 100 unités du dernier chiffre à droite dans le dernier diviseur employé ; or ce dernier diviseur a toujours trois chiffres, donc e est moindre que le diviseur tout entier.

Quant au second terme, il est plus petit que 1, car 299, étant le reste d'une division dans laquelle 456 était le diviseur, n'est pas supérieur à 455 ; 2 993 286 est donc plus petit que 4 567 943.

Ainsi, la différence des deux termes complémentaires n'atteindra pas l'unité, et 136 est bien le quotient demandé à une unité près.

RACINE CARRÉE ABRÉGÉE.

371. PROPOSITION. — *Dès que l'on a trouvé plus de la moitié des chiffres de la racine carrée d'un nombre, on peut obtenir les autres à l'aide d'une division, en divisant par le double de la racine trouvée l'excès du nombre proposé sur le carré de cette racine.*

Démonstration. — Soit à calculer à moins d'une unité

$$\sqrt{57\,985\,674\,650\,213}\,;$$

cette racine a sept chiffres, calculons les quatre premiers

```
57 98 56 74 | 7614
   8 98     | 146 | 1521 | 15224
   22 56    |   1 |    1 |     4
    7 35 74 |
    1 26 78 |
```

par le procédé ordinaire ; nous obtenons 7 614 000 pour la première partie de la racine demandée et pour reste

12 678 650 213.

Il s'agit de démontrer qu'en divisant ce dernier nombre par $2 \times 7\,614\,000$, ou par 15 228 000, nous trouverons les trois derniers chiffres, et que la racine cherchée est, à moins d'une unité, 7 614 832.

```
12 678 650 213 | 15 228 000
   496 25      |    832
    39 410     |
     8 954     |
```

Désignons par N le nombre proposé dont la racine a $2n+1$ chiffres; par a la partie trouvée directement, nombre formé de $n+1$ chiffres significatifs suivis de n zéros; par b ce qu'il faut lui ajouter pour compléter la racine exacte; b est généralement incommensurable. Nous avons rigoureusement

$$N = (a+b)^2 = a^2 + 2ab + b^2,$$

et par suite,

(1) $$\frac{N - a^2}{2a} = b + \frac{b^2}{2a}.$$

Soient q le quotient, à moins d'une unité, de la division de $N - a^2$ par $2a$, et r le reste, nous avons aussi

(2) $$\frac{N - a^2}{2a} = q + \frac{r}{2a},$$

et, par conséquent,

$$+ \frac{b^2}{2a} = q + \frac{r}{2a},$$

ou

$$b = q + \frac{r}{2a} - \frac{b^2}{2a}.$$

Il est facile de voir que la différence $\frac{r}{2a} - \frac{b^2}{2a}$ est moindre que l'unité, et que la partie complémentaire de la racine est q, à moins d'une unité près.

En effet, le reste r est inférieur au diviseur $2a$, et par conséquent $\frac{r}{2a}$ est plus petit que 1. En second lieu, b^2 a $2n$ chiffres au plus (n° 39), et $2a$ en a $2n + 1$ au moins; donc $\frac{b^2}{2a}$ est moindre que 1; il en est de même de la différence $\frac{r}{2a} - \frac{b^2}{2a}$.

REMARQUE I. Il peut arriver trois cas : 1° la racine exacte est précisément $a + q$; 2° elle est moindre; 3° elle est plus grande.

Pour reconnaître lequel de ces cas se présente, comparons le nombre N au carré de $a + q$: l'égalité (2) montre que

$$N - a^2 = 2aq + r,$$

par conséquent

(3) $\qquad N = a^2 + 2aq + r;$

d'ailleurs
$$(a+q)^2 = a^2 + 2aq + q^2;$$
il suffit donc de comparer r à q^2.

Ainsi *la racine trouvée par la méthode abrégée sera exacte, approchée par défaut, ou bien approchée par excès, suivant que le carré du quotient de la division est égal, inférieur ou supérieur au reste de cette division.*

REMARQUE II. Ayant extrait une racine carrée par la méthode abrégée, on retrouve aisément le reste que fournirait la méthode ordinaire, c'est-à-dire l'excès de N sur le plus grand carré qui s'y trouve contenu :

1° Si la racine est calculée par défaut, le reste de l'opération exécutée complètement est égal à $r - q^2$;

2° Si la racine est calculée par excès, la racine par défaut à moins d'une unité est $a + q - 1$, et le carré de cette racine est
$$(a+q)^2 - 2(a+q) + 1 = a^2 + 2aq + q^2 - 2(a+q) + 1;$$
par conséquent, d'après l'égalité (3), l'excès de N sur ce carré est égal à
$$r - q^2 + 2(a+q) - 1,$$
c'est-à-dire à
$$2(a+q) - (q^2 - r + 1).$$

Le reste de la racine carrée s'obtient donc alors en retranchant du double de la racine adoptée l'excès plus un de q^2 sur r.

Application. — Soit à chercher, par exemple, une racine carrée de neuf chiffres ; on calcule les trois premiers par la méthode ordinaire et les deux suivants par une division, ce qui fournit déjà les cinq premiers chiffres de la racine. On cherche ensuite (Remarque II) l'excès du nombre proposé sur le carré de cette première partie de la racine, et l'on obtient enfin les quatre derniers chiffres par une nouvelle division.

Calculons ainsi, avec sept décimales, la racine carrée de 5241.

```
524100 | 723           13710000 | 144600
   341 | 142 | 1443        6960 |    94
  5700 |   2 |    3        1176 |
  1371 |
```

Ici 94^2, ou 8836, est moindre que le reste 117600 de la division ; 72394 est donc la racine approchée par défaut de 5241000000 et l'excès de ce nombre sur le carré de 72394 est
$$117\,600 - 8836 = 108\,764.$$

Si donc l'on divise 10 876 400 000 000 par 723 940 000 $\times$ 2, ou par 1 447 880 000, l'on obtiendra les quatre derniers chiffres de la racine cherchée.

```
   1 087 640 000 | 144 788
      74 124 0   | 7511
       1 730 00
         281 120
         136 232
```

La racine est donc 72,3947511 et par défaut; en effet $(7511)^2$ ou 56 415 121 est inférieur au reste 1 362 320 000 de la dernière division, et, par le procédé ordinaire, on eût trouvé pour reste du tableau d'opérations

$$1\,362\,320\,000 - 56\,415\,121 = 1\,305\,914\,879.$$

Il faut donc augmenter de 1 le septième chiffre décimal, et l'on a définitivement

$$\sqrt{5241} = 72{,}3947512,$$

à moins d'une demi-unité du septième ordre par excès.

Il est clair que l'on arriverait plus rapidement au même résultat en faisant la dernière division par la méthode abrégée.

RACINE CUBIQUE ABRÉGÉE.

372. PROPOSITION. — *Dès que l'on a trouvé plus de la moitié des chiffres de la racine cubique d'un nombre, on peut obtenir les autres en divisant, par le triple carré de la racine trouvée, l'excès du nombre proposé sur le cube de cette racine; l'erreur ainsi commise est toujours moindre que deux unités, et souvent plus petite qu'une unité.*

En adoptant les mêmes notations que plus haut l'on a

$$N = (a+b)^3 = a^3 + 3a^2b + 3ab^2 + b^3,$$

d'où

$$\frac{N-a^3}{3a^2} = b + \frac{3ab^2}{3a^2} + \frac{b^3}{3a^2} \cdot$$

Soient q le quotient, à moins d'une unité et par défaut, de $N - a^3$ par $3a^2$, et r le reste, l'on a

$$\frac{N-a^3}{3a^2} = q + \frac{r}{3a^2},$$

et, par conséquent,

$$b + \frac{3ab^2}{3a^2} + \frac{b^3}{3a^2} = q + \frac{r}{3a^2},$$

ou

$$b = q + \frac{r}{3a^2} - \frac{3ab^2}{3a^2} - \frac{b^3}{3a^2}.$$

Ainsi la partie complémentaire de la racine est égale à q plus la différence

$$\frac{r}{3a^2} - \left(\frac{3ab^2}{3a^2} + \frac{b^3}{3a^2}\right),$$

qu'il s'agit d'évaluer.

D'abord $\frac{r}{3a^2}$ est moindre que 1, puisque r est inférieur à $3a^2$.

Quant au second terme de la différence, il peut s'écrire

$$\frac{b^2}{a}\left(\frac{3a+b}{3a}\right), \text{ ou } \frac{b^2}{a}\left(1 + \frac{b}{3a}\right);$$

mais b^2 a $2n$ chiffres au plus, et a est un nombre de $2n+1$ chiffres, donc $\frac{b^2}{a}$ est moindre que 1; d'ailleurs le second facteur $1 + \frac{b}{3a}$ est compris entre 1 et 2 : le produit $\frac{b^2}{a}\left(1 + \frac{b}{3a}\right)$ est donc inférieur à 2, et la différence

$$\frac{r}{3a^2} - \frac{b^2}{a}\left(1 + \frac{b}{3a}\right)$$

est toujours moindre que 2 unités et souvent moindre que l'unité.

REMARQUE. La fraction $\frac{b}{3a}$ est généralement très petite et peut être négligée, puisqu'elle est moindre que

$$\frac{10^n}{3 \times 10^{2n}} = \frac{1}{3 \times 10^n},$$

fraction très-petite dès que n est égal à 2.

Il résulte de là que

$$\frac{b^2}{a}\left(1 + \frac{b}{3a}\right) \text{ est sensiblement égal à } \frac{b^2}{a},$$

et qu'en prenant $a + q$ pour la racine, l'erreur commise ne sera que la différence entre deux fractions; elle sera donc moindre que l'unité.

Application. — Soit à calculer, à une unité près,

$$x = \sqrt[3]{51\,575\,763\,716\,939\,500\,037}.$$

308   COMPLÉMENT.

On calcule d'abord les quatre premiers chiffres en employant la simplification indiquée au numéro 275.

```
51 575 763 716 | 3722
   24 575      | 2 700 | 410 700 | 41 515 200
      922 763  |   630 |   2 220 |     22 320
       96 915 716 |  49 |       4 |          4
       13 840 668 | 3 379 | 412 924 | 41 537 524
                  |    40 |       4 |          4
                  | 4 107 | 415 152 | 41 559 852
```

et comme
$$3 \times (3722)^2 = 41\,559\,852,$$

il suffit de calculer, à moins d'une unité, le quotient de la division :
$$13\,840\,668\,939\,500\,037 : 41\,559\,852\,000\,000.$$

La méthode abrégée simplifie beaucoup ce dernier calcul et l'on trouve avec une erreur moindre que 1.

$$x = 3\,722\,333.$$

CHAPITRE II

ERREURS RELATIVES

373. Les données d'un problème résultent de mesures directes ou de calculs antérieurs, et ne sont presque jamais exactes ; on ignore même les erreurs commises et l'on n'en connaît que des *limites supérieures*.

Les résultats calculés au moyen de pareilles données seront inexacts ; il est utile de savoir apprécier les erreurs qui affectent ces résultats.

374. 1er *Exemple*. Soit à calculer la surface d'un terrain rectangulaire ; ses dimensions ont été mesurées à plusieurs reprises, avec le même soin et avec des règles bien divisées, par des personnes également exercées à ce genre d'opérations : elles ont trouvé, pour la base,

$$84^m,82 ; \quad 84^m,88 ; \quad 84,85,$$

et pour la hauteur,

$$53^m,76 ; \quad 53^m,75 ; \quad 53^m,77.$$

APPROXIMATIONS NUMÉRIQUES.

Comme l'on ne peut attribuer qu'à des erreurs accidentelles les différences que présentent ces résultats, on adoptera pour les dimensions du terrain les *moyennes arithmétiques* des trois nombres trouvés pour chacune d'elles, c'est-à-dire, pour la base

$$\frac{84,82 + 84,88 + 84,85}{3} = 84^m,85,$$

et, pour la hauteur,

$$\frac{53,76 + 53,75 + 53,77}{3} = 53^m,76.$$

Le premier de ces nombres n'est probablement pas fautif de $0^m,03$ et le second de $0^m,01$; pour indiquer, en même temps, les dimensions adoptées et les limites supérieures des erreurs qu'elles comportent, l'on écrit

$$b = 84^m,85 \pm 0,03, \quad h = 53^m,76 \pm 0,01.$$

Ceci posé, il est clair que le produit

$$84,85 \times 53,76 = 4561,5360$$

peut ne pas représenter la surface exacte du terrain, qui est comprise entre les résultats extrêmes

$$84,88 \times 53,77 = 4563,9976$$

et

$$84,82 \times 53,75 = 4559,0750;$$

mais l'erreur commise en adoptant $4561^{mq},536$ sera au plus égale à $2^{mq},5$; l'on pourra donc écrire

$$S = 4561^{mq},536 \pm 2,5.$$

Nous verrons plus loin une méthode plus expéditive pour calculer l'incertitude de ce résultat.

375. 2º *Exemple.* La capacité d'une caisse cubique doit être un hectolitre, à moins d'un litre près. Calculer son côté et l'erreur qui peut être tolérée dans l'exécution.

Le côté du cube doit être rigoureusement égal

$$x = \sqrt[3]{100} = 4^{dm},641588\ldots;$$

il doit être compris entre

$$\sqrt[3]{99} = 4^{dm},626$$

et

$$\sqrt[3]{101} = 4^{dm},657.$$

On peut donc écrire

$$x = 4^{dm},641 \pm 1^{mm},5$$

376. On voit donc, qu'en général, il s'agit de résoudre les deux problèmes d'approximation suivants :

1° *Connaissant les erreurs possibles des données, calculer l'erreur possible du résultat;*

2° *Avec quelle approximation faut-il mesurer ou calculer les données d'un problème, pour que l'erreur du résultat n'atteigne pas une limite assignée d'avance?*

La méthode des *erreurs relatives* donne un petit nombre de règles simples pour résoudre rapidement ces deux questions.

377. Définition I. — *On appelle* ERREUR ABSOLUE *la différence entre le nombre exact et le nombre approché.*

Définition II. — L'ERREUR RELATIVE *est le quotient de l'erreur absolue par le nombre exact ou par le nombre approché.*

Si, par exemple, on trouve $2^m,998$ pour la longueur d'une règle qui a exactement 3 mètres, l'erreur absolue sera $0^m,002$, et l'erreur relative sera

$$\frac{0,002}{3} = \frac{1}{1500}, \text{ ou bien } \frac{0,002}{2,998} = \frac{2}{2998} = \frac{1}{1499}$$

indistinctement; on néglige la différence de ces deux fractions, égale à peu près à $\frac{1}{(1500)^2}$, et qui est très-petite par rapport à l'erreur relative elle-même.

Dans tout calcul d'approximation on ne tient compte que des premières puissances des erreurs.

REMARQUE. *Les erreurs relatives, seules, peuvent donner une idée exacte de la précision d'une mesure ou du degré d'exactitude d'un calcul.*

Si l'on a mesuré une distance de 500 mètres avec une erreur moindre que $0^m,01$, on a opéré très-exactement, puisque l'erreur relative est moindre que

$$\frac{0,01}{500} = \frac{1}{50000};$$

en d'autres termes, on s'est trompé, à peine, de 1 sur 50 000.

Au contraire, en mesurant à 0,1 de millimètre près le diamètre d'un tube qui a 3 millimètres, l'on peut s'être trompé de 1 sur 30 et l'on a fait une mesure d'une précision très-médiocre.

Définition III. — *On dit qu'un nombre a 2, 3,... chiffres exacts, quand l'erreur absolue est moindre qu'une unité de l'ordre du second, du troisième,... chiffre, à partir de la gauche.*

1ᵉʳ *Exemple* : Une règle a $2^m,3435$ exactement, et l'on adopte

$2^m,34$ pour sa longueur. Ce nombre a 3 chiffres exacts parce que l'erreur absolue est :

$$2,3435 - 2,34 = 0,0035 < 0,01.$$

2ᵉ *Exemple*. En prenant $2^m,998$ pour longueur d'une règle qui a $3^m,005$ exactement, on commet une erreur absolue égale à

$$3,005 - 2,998 = 0,007 < 0,01,$$

et le nombre 2,998 a trois chiffres exacts, si l'on a soin de conserver les quatre chiffres de ce nombre.

Il existe entre le nombre des chiffres exacts et l'erreur relative d'un nombre approché une relation remarquable.

378. PROPOSITION I. — *Lorsqu'un nombre a 2, 3, 4,... chiffres exacts, l'erreur relative de ce nombre est moindre que* $0,1$; $0,01$; $0,001$;....

En effet, soit 2,986 le nombre exact auquel on substitue le nombre approché 2,982, qui a trois chiffres exacts; l'erreur relative est moindre que

$$\frac{0,01}{2,986}, \text{ ou que } \frac{1}{298,6} < \frac{1}{100}.$$

REMARQUE. Dans ce cas, l'erreur serait également moindre que $\frac{1}{200}$, et, en général, on peut dire que *l'erreur relative est moindre qu'une fraction ayant pour numérateur l'unité et pour dénominateur le premier chiffre significatif du nombre suivi d'autant de zéros qu'il y a de chiffres exacts moins un*.

La *réciproque* de cette proposition n'est pas vraie : quand l'erreur relative est moindre que 0,01, il n'y a pas trois chiffres exacts. Ainsi le nombre exact étant 8, le nombre approché 8,05, l'erreur relative est

$$\frac{0,05}{8} = 0,006\ldots < 0,01,$$

et il n'y a que deux chiffres exacts.

Il faut modifier l'énoncé de la manière suivante :

379. PROPOSITION II. — *Lorsque l'erreur relative d'un nombre approché est moindre que* $0,1$; $0,01$; $0,001$,... *il y a* 1, 2, 3,... *chiffres exacts à ce nombre approché*.

Soit, par exemple, 8,24 un nombre approché dont l'erreur relative soit moindre que 0,01; son erreur absolue est moindre que $0,01 \times 8,24$ ou que 0,1; ce nombre aura donc deux chiffres exacts.

REMARQUE. Avec plus de précision, on peut dire aussi que, si *l'erreur relative d'un nombre est inférieure au quotient de* $0,1$; $0,01$,...

par le premier chiffre significatif plus un, le nombre a 2, 3,... chiffres exacts.

Soit, par exemple, 3,857 un nombre approché dont l'erreur relative est moindre que $\frac{1}{400}$; l'erreur absolue est moindre que

$$\frac{1}{400} \times 3,857$$

et par consequent moindre que 0,01. Le nombre aura donc trois chiffres exacts; d'après la proposition précédente, ses deux premiers chiffres seulement seraient exacts.

380. Ces deux propositions permettent de ramener tous les problèmes d'approximation à des questions d'erreurs relatives.

Soit à calculer, à moins de 0,01 près, le produit

$$2{,}414\,251 \times 18{,}567\,873.$$

Sa partie entière aura deux chiffres; on demande donc de calculer ce produit avec quatre chiffres exacts; d'après la Proposition II, il suffira de l'obtenir avec une erreur relative inférieure à 0,0001 pour que la condition imposée soit remplie. — Et même, puisque la partie entière de ce produit est 44, il suffira d'obtenir le produit avec une erreur relative moindre que

$$\frac{1}{4500}.$$

D'après cela nous n'avons plus qu'à résoudre, pour chacune des opérations fondamentales de l'arithmétique, les deux problèmes énoncés au n° 376. Dans leur solution nous ne distinguerons pas avec minutie les trois cas où l'approximation des données et celle des résultats sont indiquées : 1° par l'erreur relative, 2° par l'erreur absolue, 3° par le nombre des chiffres exacts. Ces différentes manières de poser une même question se ramènent facilement l'une à l'autre.

ADDITION.

381. PROBLÈME. I. — *On propose de calculer l'erreur de la somme*

$$1{,}4142 + 0{,}05571 + 178{,}33\ ;$$

chacun de ses termes est approché à moins d'une demi-unité de son dernier chiffre, et l'on ne connaît pas le sens de l'approximation.

Supposons que les erreurs absolues des divers termes soient toutes de même sens, nous obtiendrons, pour limite supérieure de l'erreur du résultat,

$$\frac{0{,}0001 + 0{,}00001 + 0{,}01}{2} = \frac{0{,}01011}{2};$$

nous aurons donc

$$1,4142 + 0,05571 + 178,33 = 179,800 \pm 0,005.$$

Ainsi, *l'on obtient une limite supérieure de l'erreur absolue d'une somme en ajoutant les limites supérieures des erreurs absolues de ses termes.*

Si ces erreurs sont très-différentes les unes des autres, l'erreur du résultat est de même ordre que celle du terme le moins approché, et cette remarque suffit presque toujours pour donner une idée juste de l'approximation de la somme.

382. PROBLÈME II. — *Calculer la somme.*

$$\sqrt{2} + \sqrt{3} + \sqrt{7} + \sqrt[3]{5} + \sqrt[3]{6} + \sqrt[3]{10} + \sqrt[3]{11}$$

à moins d'un centième près et le plus rapidement possible.

Comme il y a sept nombres, il suffira de calculer chacune des racines avec une erreur moindre que $\frac{1}{700}$. En calculant chaque racine à moins d'un millième près, par défaut, nous aurons, à plus forte raison, satisfait aux conditions imposées.

$$\begin{aligned}
\sqrt{2} &= 1,414 \\
\sqrt{3} &= 1,732 \\
\sqrt{7} &= 2,645 \\
\sqrt[3]{5} &= 1,709 \\
\sqrt[3]{6} &= 1,817 \\
\sqrt[3]{10} &= 2,154 \\
\sqrt[3]{11} &= 2,223 \\
\hline
&13,694
\end{aligned}$$

L'erreur commise sur le résultat, 13,694, est inférieure à 0,007. En limitant cette somme au chiffre des centièmes, nous commettrions une nouvelle erreur égale à 0,004 et de même sens que la première; le nombre 13,69 pourrait être fautif de plus de 0,01. En adoptant, au contraire, 13,70 pour la somme demandée, nous commettrons une erreur par excès de 0,006 qui se retranchera de l'erreur commise précédemment, et, bien certainement, 13,70 sera exact à moins de 0,01 près; mais nous ignorons le sens de l'erreur commise.

RÈGLE PRATIQUE. — *Pour calculer une somme, qui a moins de 10 termes, à moins d'une certaine unité décimale, on calcule chacun des termes à moins d'une unité de l'ordre décimal suivant. Ayant fait l'addition, l'on efface le dernier chiffre à droite, et l'on augmente de 1 le dernier des chiffres conservés.*

Si la somme avait plus de 10 *termes, mais moins de* 100, *il faudrait calculer chacun d'eux à moins d'une unité décimale* 100 *fois plus petite que celle de l'approximation donnée.*

SOUSTRACTION.

383. Il suffit de faire les deux remarques suivantes :

1° *Si les deux termes d'une différence sont approchés en sens contraires, l'erreur absolue de la différence est égale à la somme de leurs erreurs absolues et de même sens que l'erreur du plus grand nombre;*

2° *Si les deux termes sont approchés dans le même sens, l'erreur du résultat est la différence de leurs erreurs absolues.*

On peut dire, par conséquent, que l'erreur absolue d'une différence est au plus égale à la somme des erreurs de ses deux termes, et si chacun d'eux est approché à moins d'une demi-unité de son dernier chiffre, l'erreur de la différence n'atteindra pas une unité de l'ordre de ce chiffre.

Soit, par exemple, à calculer à 0,001 près $\sqrt{7} - \sqrt{2}$.

Il suffira de calculer chacune des racines à moins d'un demi-millième, et l'on aura

$$\sqrt{7} - \sqrt{2} = 2,646 - 1,414 = 1,232.$$

MULTIPLICATION.

384. Principe. — *Étant donnés deux facteurs approchés dans le même sens, l'erreur relative de leur produit est sensiblement égale à la somme de leurs erreurs relatives.* — *Si les deux facteurs sont approchés en sens contraires, l'erreur relative du produit est à peu près égale à la différence de leurs erreurs relatives.*

Démonstration. — Soient A et B les deux facteurs, a et b leurs erreurs absolues, nous distinguerons plusieurs cas :

1° Les facteurs sont approchés tous deux par excès; alors au lieu du produit $A \times B$ on effectue le produit

$$(A + a).(B + b) = A.B + a.B + b.A + a.b;$$

l'erreur absolue est

$$a.B + b.A + a.b,$$

ou bien, en négligeant le produit des erreurs, qui est un terme très-petit,

$$a.B + b.A.$$

L'erreur relative du produit se réduit alors à

$$\frac{a.B + b.A}{A.B} = \frac{a.B}{A.B} + \frac{b.A}{B.A} = \frac{a}{A} + \frac{b}{B},$$

c'est-à-dire à la somme des erreurs relatives des facteurs.

2° Les deux facteurs sont approchés tous deux par défaut; alors au lieu du produit A.B on effectue le produit

$$(A - a).(B - b) = A.B - a.B - b.A + ab;$$

et l'erreur absolue,
$$a.B + b.A - a.b$$
se réduit encore à
$$a.B + b.A,$$

quand on néglige le produit des erreurs absolues. La conclusion est donc la même que tout à l'heure.

3° Les facteurs sont approchés en sens contraires; alors au lieu du produit A.B nous effectuons le produit

$$(A + a).(B - b) = A.B + a.B - b.A - a.b,$$

que nous supposons plus grand que A.B; l'erreur absolue est alors

$$a.B - b.A - a.b;$$

cette erreur absolue est sensiblement égale à

$$a.B - b.A,$$

et l'erreur relative à

$$\frac{a.B - b.A}{A.B} = \frac{a.B}{A.B} - \frac{b.A}{B.A} = \frac{a}{A} - \frac{b}{B};$$

elle est donc à peu près égale à la différence des erreurs relatives des deux facteurs.

CONSÉQUENCE I. — *L'erreur relative d'un produit de deux facteurs approchés ne dépasse jamais sensiblement la somme des erreurs relatives de ces facteurs;* dans les applications l'on prend toujours cette somme d'erreurs pour limite supérieure de l'erreur relative du produit, sans se préoccuper du sens de l'approximation des facteurs.

CONSÉQUENCE II. — *L'erreur relative du produit de plusieurs facteurs approchés ne dépasse jamais sensiblement la somme des erreurs relatives de ces facteurs.*

Soit A.B.C.D un produit de facteurs dont les erreurs absolues sont respectivement a, b, c, d.

L'erreur relative du produit A.B a pour limite supérieure

$$\frac{a}{A} + \frac{b}{B};$$

celle du produit (A . B) . C a pour limite supérieure

$$\frac{a}{A} + \frac{b}{B} + \frac{c}{C},$$

et l'erreur relative du produit proposé (A . B . C) . D ne peut dépasser sensiblement

$$\frac{a}{A} + \frac{b}{B} + \frac{c}{C} + \frac{d}{D}.$$

385. Problème I. — *La base d'un rectangle a* $84^m,85 \pm 0,03$ *et sa hauteur est de* $53^m,76 \pm 0,01$. *Calculer la surface et le nombre de chiffres exacts.*

Les erreurs relatives des dimensions sont

$$\frac{0,03}{84,85} = \frac{1}{2828}$$

et

$$\frac{0,01}{53,76} = \frac{1}{5376},$$

l'erreur relative du produit sera, au plus,

$$\frac{1}{2828} + \frac{1}{5376} = \frac{1}{1853},$$

elle sera donc moindre que 0,001, et, d'après la proposition du n° 379, il y a trois chiffres exacts au produit; la surface est 4561 mètres carrés avec une erreur moindre que 10 mètres carrés.

Nous pouvons obtenir, pour l'erreur commise, une limite moins élevée : puisque l'étendue de la surface est supérieure à 4000 mètres carrés, des erreurs absolues de 1, 2, 3 mètres carrés.... correspondent à des erreurs relatives respectivement moindres que

$$\frac{1}{4000}, \frac{1}{2000}, \frac{1}{1333}, \ldots$$

Or, nous pouvons affirmer que l'erreur relative n'atteint pas $\frac{1}{1333}$, puisqu'elle est inférieure à $\frac{1}{1800}$; le nombre 4561 n'est donc pas fautif de 3 unités.

386. Problème II. — *Calculer avec cinq chiffres exacts le produit*

$$\sqrt[3]{2} \times \sqrt{101}.$$

On remplira la condition demandée en calculant ce produit avec une erreur relative moindre que 0,00001 ; en effet (n° 379), dès l'instant que l'erreur relative d'un nombre est moindre que 0,00001, **ce nombre a cinq chiffres exacts.**

APPROXIMATIONS NUMÉRIQUES. 317

Pour obtenir le produit avec ce degré de précision, il suffira (n° 384) de calculer chaque facteur avec une erreur relative moindre que $\frac{1}{200\,000}$; cette condition sera remplie en les calculant à moins de $\frac{1}{1\,000\,000}$, et, pour cela, il faut que chacun des facteurs ait sept chiffres exacts. On prendra donc

$$\sqrt[3]{2} = 1{,}259\,921, \quad \sqrt{101} = 10{,}049\,87,$$

et l'on trouvera pour le produit demandé, à moins de 0,001 près,

$$\sqrt[3]{2} \times \sqrt{101} = 12{,}662.$$

De ce qui précède on déduit cette règle pratique :

Pour obtenir un produit avec un certain nombre de chiffres exacts, on en calcule deux de plus à chaque facteur.

Autre exemple. — Calculer, à $\frac{1}{10\,000}$ près,

$$\sqrt[3]{67} \times \sqrt{43}.$$

Le résultat est sensiblement égal à 26 ; il faut par conséquent six chiffres exacts. L'erreur relative du produit doit être moindre que 0,000 001, et il suffit pour cela que chaque facteur soit connu avec une erreur relative inférieure à un demi-millionième.

On remplira cette condition en calculant les sept premiers chiffres de chacun des facteurs, parce que les chiffres des plus hautes unités sont plus grands que 2, et l'on prendra

$$\sqrt[3]{67} = 4{,}061\,548, \quad \sqrt{43} = 6{,}557\,438.$$

Il est facile de vérifier que ces facteurs fourniront l'approximation demandée : leurs erreurs relatives sont inférieures respectivement à

$$\frac{1}{4\,061\,548} < \frac{1}{2\,000\,000}$$

et à

$$\frac{1}{6\,557\,438} < \frac{1}{2\,000\,000};$$

leur somme est donc moindre que

$$2 \times \frac{1}{2\,000\,000}, \text{ ou } \frac{1}{1\,000\,000}.$$

On trouve de cette manière

$$\sqrt[3]{67} \times \sqrt{43} = 26{,}6333.$$

Ainsi, *lorsque les deux facteurs commencent par un chiffre égal à 2 ou supérieur à 2, il suffit de calculer à chaque facteur un chiffre exact de plus que l'on n'en veut au produit.*

DIVISION.

387. PRINCIPE. — *Si le dividende et le diviseur sont approchés en sens contraires, l'erreur relative du quotient est sensiblement égale à la somme de leurs erreurs relatives.* — *Si ces deux nombres sont approchés dans le même sens, l'erreur relative du quotient est à peu près égale à la différence de leurs erreurs relatives.*

Démonstration. — Soient A le dividende et B le diviseur, a et b leurs erreurs absolues :

1° Si l'on prend pour dividende $A + a$ et pour diviseur $B - b$, le quotient sera approché par excès, et son erreur absolue sera

$$\frac{A+a}{B-b} - \frac{A}{B} = \frac{a.B + b.A}{B.(B-b)}$$

ou, sensiblement,

$$\frac{a.B + b.A}{B^2},$$

si l'on néglige au dénominateur le terme b qui est très-petit.

L'erreur relative du quotient sera

$$\frac{a.B + b.A}{B^2} : \frac{A}{B} = \frac{a.B + b.A}{A.B} = \frac{a}{A} + \frac{b}{B};$$

elle est donc égale à la somme des erreurs relatives des deux termes.

2° L'on prend pour dividende $A - a$, et $B + b$ pour diviseur, le quotient est approché par défaut, et son erreur absolue est

$$\frac{A}{B} - \frac{A-a}{B+b} = \frac{A.b + a.B}{B.(B+b)},$$

ou, sensiblement,

$$\frac{A.b + a.B}{B^2},$$

et la conclusion est la même que tout à l'heure.

3° Les deux termes sont approchés dans le même sens. Dans ce cas le quotient peut être approché par excès ou bien par défaut; supposons qu'il soit approché par excès, son erreur absolue est

$$\frac{A+a}{B+b} - \frac{A}{B} = \frac{a.B - b.A}{B.(B+b)},$$

ou, sensiblement,

$$\frac{a.B - b.A}{B^2};$$

l'erreur relative du quotient est donc

$$\frac{a.B - b.A}{B^2} : \frac{A}{B} = \frac{a.B - b.A}{A.B} = \frac{a}{A} - \frac{b}{B};$$

elle est donc à peu près égale à la différence des erreurs relatives du dividende et du diviseur.

CONSÉQUENCE. — *L'erreur relative du quotient de deux nombres approchés ne dépasse jamais sensiblement la somme de leurs erreurs relatives.* Dans les applications on prend toujours cette somme d'erreurs pour limite supérieure de l'erreur relative du quotient, sans se préoccuper du sens de l'approximation des données.

388. PROBLÈME I. — *La surface d'un rectangle est* 4237 ± 1, *et sa base* $37^m,64 \pm 0,01$; *calculer sa hauteur et indiquer le nombre de chiffres exacts.*

Les erreurs relatives des données sont, respectivement,

$$\frac{1}{4237} \text{ et } \frac{1}{3764}.$$

L'erreur relative du quotient $4237 : 37,64$ sera, au plus,

$$\frac{1}{4237} + \frac{1}{3764}, \text{ ou } \frac{1}{2000},$$

et comme le premier chiffre du résultat est 1, le quotient aura quatre chiffres exacts. La base du rectangle est donc

$$4237 : 37,64 = 112^m,8.$$

Il serait superflu de calculer les chiffres suivants.

389. PROBLÈME II. — *Calculer avec quatre chiffres exacts le quotient*

$$\sqrt[3]{7} : \sqrt{3}.$$

On remplira la condition demandée en calculant ce quotient avec une erreur relative moindre que $0,0001$ (n° 379) ; à cet effet, il suffira (n° 387) de calculer chacune des racines avec une erreur relative moindre que $\frac{1}{20\,000}$; en les calculant à moins de $\frac{1}{100\,000}$, c'est-à-dire avec six chiffres exacts, cette condition sera remplie. On prendra donc

$$\sqrt[3]{7} = 1,91293, \quad \sqrt{3} = 1,73205,$$

et l'on trouvera pour le quotient demandé, à moins de $0,001$ près,

$$\sqrt[3]{7} : \sqrt{3} = 1,91293 : 1,73205 = 1,104.$$

En général, pour calculer un quotient avec un nombre déterminé de chiffres exacts, il faut calculer à chacun des termes ce nombre de chiffres plus deux.

Autre exemple. — Calculer à 0,0001 près le quotient

$$\sqrt[3]{167} : \sqrt{5}.$$

Le résultat est sensiblement égal à 2 ; il faut par conséquent *cinq* chiffres exacts. L'erreur relative du quotient doit être moindre que 0,00001, et il suffit, pour cela, que chaque terme soit connu avec une erreur relative inférieure à un demi-cent-millième. On remplira cette condition en calculant les *six* premiers chiffres des deux radicaux, parce que $\sqrt[3]{167}$ et $\sqrt{5}$ commencent par un chiffre au moins égal à 2. On prendra donc

$$\sqrt[3]{167} = 5{,}50688, \quad \sqrt{5} = 2{,}23607,$$

et l'on trouvera

$$\sqrt[3]{167} : \sqrt{5} = 2{,}4627.$$

Ainsi, dans le cas où les termes d'une division commencent par un chiffre égal à 2 ou supérieur à 2, il suffit de calculer à chacun un chiffre exact de plus que l'on n'en veut avoir au quotient.

PUISSANCES ET RACINES.

Les problèmes d'approximation relatifs aux puissances et aux racines se résolvent à l'aide des principes suivants :

390. Principe I. — *En négligeant de très-petites quantités, on peut dire que l'erreur relative du carré d'un nombre est double de celle de ce nombre ; que l'erreur relative du cube est trois fois plus grande.* — *En général, l'erreur relative d'une puissance d'un nombre est sensiblement égale à celle de ce nombre multipliée par l'exposant de la puissance.*

Ce principe est une conséquence du n° 384.

391. Principe II. — *L'erreur relative de la racine carrée d'un nombre est moitié de l'erreur relative de ce nombre ; celle de la racine cubique en est le tiers.*

Soit à extraire la racine carrée du nombre 4,352 qui est exact à moins de 0,001 près, et dont l'erreur relative est, par conséquent, inférieure à $\frac{1}{4352}$. En désignant par x cette racine, l'on a

$$x^2 = 4{,}352 ;$$

par suite, l'erreur relative de x^2 est $\frac{1}{4352}$, et celle de x, qui en est la moitié, est égale à

$$\frac{1}{2} \times \frac{1}{4352} = \frac{1}{8704}.$$

En adoptant pour cette racine 2,086, ces quatre chiffres seront exacts, et même l'erreur sera moindre que le quart d'une unité de l'ordre des millièmes.

On verrait de même que l'erreur relative de $\sqrt[3]{4,352}$ est

$$\frac{1}{3 \times 4352} = \frac{1}{13056},$$

et comme cette racine est 1,6326..., on voit qu'il y a quatre chiffres exacts; l'erreur n'atteint même pas 2 unités de l'ordre du cinquième chiffre, et l'on peut écrire

$$\sqrt[3]{4,352.....} = 1,6326 \ (\pm\ 0,0002).$$

392. Principe III. — *Si l'on veut obtenir* n *chiffres exacts à une racine carrée ou bien à une racine cubique, il suffit de calculer avec* n + 1 *chiffres exacts la quantité soumise au radical.*

Soit, par exemple, à calculer, avec cinq chiffres exacts, l'expression $n = \sqrt[3]{\sqrt{2}}$; il suffit de calculer les six premiers chiffres de $\sqrt{2}$. En effet, si l'on prend $\sqrt{2} = 1{,}41421$, l'erreur relative commise sur $\sqrt{2}$ est moindre que $\frac{1}{141\,421}$ et celle que l'on commettra sur $\sqrt[3]{\sqrt{2}}$ sera inférieure à

$$\frac{1}{3 \times 141\,421} = \frac{1}{424\,263}.$$

Cette quantité est moindre que 0,00001, l'erreur absolue n'atteindra donc pas une unité de l'ordre du cinquième chiffre, et 1,1224 sera la racine cherchée à moins de 0,0001 près.

On peut même affirmer que si l'on calcule les six premiers chiffres de $\sqrt[3]{1{,}41421}$, ce qui donne 1,12246, tous ces chiffres seront exacts. En effet, quelle est la condition nécessaire et suffisante pour que le chiffre 6 des cent-millièmes soit exact? C'est que l'erreur relative soit moindre que $\frac{1}{112246}$. Or nous pouvons affirmer que cette condition est remplie, puisque nous savons à l'avance que l'erreur relative commise en prenant $x = \sqrt[3]{1{,}41421}$, est moindre que $\frac{1}{424\,263}$.

393. APPLICATIONS. — 1° *Calculer le côté d'un cube qui doit contenir 100 litres à moins de 1 litre près.*

Soit x le côté du cube; l'erreur relative que l'on peut commettre sur x^3 est inférieure à 0,01, celle de x ne doit donc pas atteindre $\frac{1}{300}$. Comme x est à peu près égal à $4^{dm},6...$, en tolérant une erreur de 1 millimètre, on aurait une erreur de $\frac{1}{460}$, c'est-à-dire moindre que $\frac{1}{300}$, et la condition demandée serait remplie. Cette condition serait encore remplie si l'on tolérait sur le côté du cube une erreur de $1^{mm},5$, car l'erreur relative serait alors à peu près égale à

$$\frac{15}{4600} = \frac{1}{306} < \frac{1}{300}.$$

Nous retrouvons ainsi, beaucoup plus rapidement, la valeur obtenue déjà au n° 374,

$$x = 4^{dm},641 \pm 0,015.$$

— 2° *Calculer, à moins d'un millimètre près, le rayon du cercle qui a 2 mètres carrés de surface.*

On obtient la surface d'un cercle en multipliant le carré de son rayon par le nombre incommensurable

$$3{,}141\,592\,653\,589\,793\ldots,$$

que l'on désigne ordinairement par la lettre π. L'on a par conséquent

$$\pi.x^2 = 2, \quad \text{et} \quad x = \sqrt{\frac{2}{\pi}}.$$

Comme x est à peu près égal à $0^m,8...$, il doit être calculé avec trois chiffres exacts; et, par suite, le quotient $2 : \pi$ doit être obtenu avec quatre chiffres exacts. La méthode abrégée fournit rapidement ce résultat :

2 000 000	314 159
115 046	0,6366
20 801	
1 955	
71	

et l'on trouve, avec une erreur moindre que 1 millimètre,

$$x = \sqrt{0{,}6366} = 0^m,798.$$

CHAPITRE III

EXEMPLES DE SOLUTIONS DE PROBLÈMES.

§ 1er. — Première série.

Les données sont exactes; calculer le résultat avec une approximation donnée.

394. Problème I. — *Calculer, à moins d'un centimètre carré près, la surface d'une sphère dont le volume exact est* 1^{mc}.

Solution. — L'on a pour le volume V et la surface S d'une sphère de rayon R les formules

$$V = \frac{4}{3}\pi R^3, \quad S = 4\pi R^2;$$

de la première on tire

$$R^3 = \frac{V}{\frac{4}{3}\pi}, \quad R = \sqrt[3]{\frac{3V}{4\pi}},$$

et, en élevant au carré,

$$R^2 = \sqrt[3]{\frac{9 \cdot V^2}{16\pi^2}}.$$

Par suite, en substituant dans S cette valeur de R^2, l'on obtient

$$S = 4\pi \sqrt[3]{\frac{9 V^2}{16\pi^2}} = \sqrt[3]{\frac{9 \cdot V^2 \cdot 64\pi^3}{16\pi^2}},$$

et en réduisant

$$S = \sqrt[3]{36\pi \cdot V^2}.$$

Prenons le décimètre pour unité, nous aurons

$$V = 1000, \quad V^2 = 10^6 = 100^3;$$

nous pourrons donc faire sortir du radical le facteur V^2 et nous aurons

$$S = 100^{dmq} \times \sqrt[3]{36\pi}.$$

Comme 36π est à peu près égal à 113 dont la racine cubique est $4,8$, on voit que S est à peu près égal à 480^{dmq} ; et, si l'on veut avoir cette surface à moins d'un centimètre carré près, il faudra calculer S avec 5 chiffres exacts. Pour cela il faut calculer 36π avec un chiffre de plus, c'est-à-dire avec 6 chiffres, ou bien à moins d'un millième près : on prendra donc

$$\pi = 3,14159$$
$$36\pi = 113,097$$
$$\sqrt[3]{36\pi} = 4,8360$$
$$S = 100\sqrt[3]{36\pi} = 483^{dmq},60.$$

395. Problème II. — *Trouver à moins d'un millimètre près le côté c et l'apothème a du polygone régulier de 16 côtés inscrit dans un cercle de rayon* 1^m, *sachant que l'on a*

$$c = \sqrt{2 - \sqrt{2 + \sqrt{2}}},$$
$$a = \frac{1}{2}\sqrt{2 + \sqrt{2 + \sqrt{2}}}.$$

Solution. — Pour calculer c on commencera par calculer

$$\sqrt{2} = 1,41\ldots,$$

on y ajoutera 2, ce qui donnera $3,41\ldots$; on calculera ensuite

$$\sqrt{3,41\ldots} = 1,85\ldots,$$

puis
$$2 - 1,85 = 0,15\ldots,$$

et l'on aura
$$c = \sqrt{0,15\ldots} = 0,38\ldots$$

Il faut, dans ces extractions de racines carrées, calculer seulement les chiffres indispensables pour obtenir c avec trois chiffres exacts.

A cet effet nous calculerons d'abord la différence

$$2 - \sqrt{3,41\ldots} = 0,15\ldots$$

avec 4 chiffres significatifs exacts et par conséquent

$$\sqrt{3,41\ldots}$$

avec 4 chiffres décimaux exacts, ce qui fait en tout 5 chiffres exacts.

Pour obtenir cette approximation il faut obtenir $\sqrt{2}$ avec 6 chiffres exacts et prendre

$$\sqrt{2} = 1,41421 ;$$

nous aurons alors
$$2 + \sqrt{2} = 3,41421,$$
$$\sqrt{3,41421} = 1,8478,$$
$$2 - \sqrt{2 + \sqrt{2}} = 0,1522.$$
$$c = \sqrt{0,1522} = 0,390.$$

On calculera l'apothème d'une manière analogue : on prendra

$$\sqrt{2} = 1,4142,$$
$$2 + \sqrt{2} = 3,4142,$$
$$\sqrt{3,4142} = 1,848,$$
$$2 + \sqrt{3,4142} = 3,848,$$
$$\sqrt{3,848} = 1,962.$$
$$a = \frac{1}{2} \cdot 1,962 = 0,981.$$

Ainsi, dans un cercle de rayon égal à 1^m, le côté du polygone régulier inscrit de 16 côtés est égal à 390^{mm} et son apothème à 981^{mm}.

396. Problème III. — *Le côté c du décagone régulier inscrit dans un cercle de rayon 1^m a pour expression*

$$c = \frac{\sqrt{5} - 1}{2},$$

et le côté du polygone de vingt côtés inscrit dans le même cercle est donné par la formule

$$c' = \sqrt{2 - \sqrt{4 - c^2}}.$$

On demande de trouver le côté c' à moins d'un millimètre près en simplifiant autant que possible les calculs numériques.

Solution. — On voit facilement que c' est à peu près égal à $0^m,3$; il faut donc obtenir c' avec trois chiffres exacts ; la différence

$$2 - \sqrt{4 - c^2}$$

et, par suite, son second terme

$$\sqrt{4 - c^2},$$

doivent être calculés avec quatre chiffres significatifs exacts ; par conséquent, $4 - c^2$ doit l'être avec cinq.

Pour obtenir c^2 avec cinq chiffres exacts, nous calculerons c avec sept ; nous prendrons

$$\sqrt{5} = 2,236068, \quad \frac{\sqrt{5} - 1}{2} = 0,618034,$$

et nous ferons la multiplication abrégée suivante :

```
      618034
      430816
     ───────
     3708204
       61803
       49442
         185
          24
     ───────
     3819658
```

326   COMPLÉMENT.

Ainsi
$$c^2 = 0{,}38197,$$
et
$$4 - c^2 = 3{,}61803.$$

Extrayant la racine carrée de ce nombre, nous trouverons
$$\sqrt{4-c^2} = 1{,}90211,$$
et par suite,
$$2 - \sqrt{4-c^2} = 0{,}09789.$$

Nous n'avons plus qu'à extraire la racine carrée de ce dernier nombre pour obtenir le côté cherché :
$$c' = \sqrt{0{,}09789} = 0^m,313.$$

Ainsi le côté du polygone régulier de 20 côtés dans un cercle de rayon égal à 1^m a pour longueur 313 millimètres à moins d'un millimètre près.

REMARQUE. — On eût pu dans la multiplication précédente ne calculer que la colonne des millionièmes en tenant compte des retenues :

```
    61803
    30816
   ──────
   370818
     6180
     4944
       19
   ──────
   381961
```

on eût trouvé également
$$c^2 = 0{,}38197,$$
et la valeur
$$\sqrt{5} = 2{,}23607,$$
eût été suffisante.

§ 2. — DEUXIÈME SÉRIE DE PROBLÈMES.

Les données sont approchées; calculer l'erreur possible du résultat.

397. PROBLÈME I. — *On a un cube de bois de chêne dont le côté, mesuré à moins de $\frac{1}{2}$ millimètre près, a pour longueur 175^{mm}; on le pèse et l'on trouve que son poids est égal à $4^{Kg},017$ à moins d'un gramme près. Calculer la densité du bois de chêne et l'incertitude du résultat de ce calcul.*

Solution. — Le volume du corps exprimé en décimètres cubes est
$$\overline{1{,}75}^3 = 5^{dmc},359375;$$

le poids d'un pareil volume d'eau serait
$$5^{Kg},359;$$
le rapport du poids du corps au poids d'un égal volume d'eau est donc
$$x = \frac{4,017}{5,359}.$$

Pour obtenir l'incertitude de ce quotient nous calculerons son erreur relative : elle est égale à la somme des erreurs relatives du dividende et du diviseur : or l'erreur relative de 4,017 est
$$\frac{0,001}{4,017} = \frac{1}{4017},$$
et celle de $5^{Kg},359$ ou de $\overline{1,75}^3$, est triple de celle de 1,75 ; comme
$$\text{E. R de } 1,75 < \frac{\frac{1}{2} \times 0,01}{1,75} = \frac{1}{350},$$
l'on aura
$$\text{E. R de } \overline{1,75}^3 < \frac{3}{350} < \frac{1}{116},$$
et l'erreur relative de la densité cherchée sera
$$\text{E. R de } x = \frac{1}{4017} + \frac{1}{116}.$$

Ainsi les données du calcul ne font connaître la densité qu'avec une erreur relative de $\frac{1}{100}$ environ et l'on ne doit calculer cette densité qu'avec deux chiffres exacts : on trouve de cette manière
$$x = 0,75.$$

398. Problème II. — *Le volume d'une masse de plomb est égal à 9 décimètres cubes à moins d'un centimètre cube près. On fond cette masse de plomb et l'on en fait des balles sphériques pesant 27 grammes, l'erreur commise sur le poids de chaque balle étant moindre qu'un centigramme.*

Calculer le nombre de balles ainsi obtenues, sachant que la densité du plomb est 11,35 à moins d'un centième près.

Solution. — Le poids du plomb est égal à
$$11\,350^{gr} \times 9,$$
et le nombre de balles cherché a pour expression
$$x = \frac{11\,350 \times 9}{27} = \frac{11\,350}{3} = 3783.$$

Pour calculer l'incertitude de ce résultat il suffit d'ajouter les erreurs relatives des trois nombres approchés qui entrent dans l'expression précédente : on a

$$\text{Er. rel. de } 9 = \frac{0,001}{9} = \frac{1}{9000} = 0,00011$$

$$\text{Er. rel. de } 11\,350 = \frac{1}{2 \times 1135} = \frac{1}{2270} = 0,00044$$

$$\text{Er. rel. de } 27 = \frac{0,01}{27} = \frac{1}{2700} = \frac{0,00037}{0,0009}$$

par conséquent

$$\text{Er. rel. de } x = 0,0009 = \frac{1}{1111},$$

donc le résultat précédent 3783 n'a que trois chiffres exacts ; il y a 4 unités d'incertitude sur le dernier chiffre à droite.

399. PROBLÈME III. — *Un litre d'air pèse $1^{gr},293$ à $0°$ et sous la pression de $0^m,760$, l'incertitude sur ce nombre étant moindre qu'un milligramme ; on demande le poids d'un litre d'air à la pression de $0^m,154$ et à la température de $15°$. Le coefficient de dilatation de l'air est $0,00366$, avec trois chiffres significatifs exacts.*

Solution. — Les poids d'un même volume d'air sont proportionnels aux pressions auxquelles cet air est soumis ; nous aurons donc, pour le poids d'un litre d'air à zéro et sous la pression $0^m,154$,

$$p = 1^{gr},293 \times \frac{0,154}{0,760}.$$

Si l'on élève la température de ce litre d'air à $15°$, son volume devient

$$V = 1^l + 1^l \times 0,00366 \times 15,$$

car l'augmentation de volume est de $0^l,00366$ pour chaque degré d'élévation de la température ; on peut écrire

$$V = 1^l \times (1 + 0,00366 \times 15),$$

ou

$$V = 1^l,0549.$$

Ce volume d'air pèse toujours p ; si donc l'on prend, dans ce volume V, un litre d'air seulement, son poids sera

$$\frac{p}{V} = \frac{1^{gr},293 \times \frac{154}{760}}{1,0549},$$

et l'on aura pour le poids cherché l'expression

(1) $$x = 1^{gr},293 \times \frac{154}{760} \times \frac{1}{1,0549}.$$

APPROXIMATIONS NUMÉRIQUES.

Il faut calculer le plus simplement possible les seuls chiffres de ce résultat sur lesquels on peut compter : comme 760, 154 et 15 sont des nombres exacts, l'on ne doit considérer ici que l'erreur provenant de l'incertitude des deux données 1,293 et 0,00366. Cette incertitude est d'une unité de l'ordre du dernier chiffre ; par suite, dans le produit

$$0,00366 \times 15,$$

l'erreur absolue est moindre que

$$0,00015, \text{ ou que } 0,0002,$$

et l'on peut affirmer que l'erreur absolue du nombre 1,0549 n'atteint pas deux dix-millièmes. Son erreur relative est donc moindre que

$$\frac{0,0002}{1,0549} = \frac{2}{10549} = \frac{1}{5274} = 0,00019.$$

D'autre part, l'erreur relative de $1^{gr},293$ est moindre que

$$\frac{0,001}{1,293} = \frac{1}{1293} = 0,00077 ;$$

l'erreur relative de x sera au plus égale à la somme des deux erreurs relatives précédentes, c'est-à-dire moindre que

$$0,00019 + 0,00077 = 0,00096,$$

et l'on peut affirmer qu'elle n'atteindra pas $\frac{1}{1000}$.

D'ailleurs on voit de suite que x vaut à peu près $0^{gr},25$; on peut donc répondre de l'exactitude du chiffre des milligrammes, mais, sur le suivant, l'erreur peut être de deux unités. Nous calculerons donc seulement les trois premiers chiffres de l'expression (1) : nous trouverons

$$1^{gr},293 \times 154 = 199,122,$$
$$1,0549 \times 760 = 801,724,$$

et par conséquent

$$x = \frac{199,122}{801,724}.$$

Il faut faire cette division par la méthode abrégée

```
199122 | 80172
 38778 | 0,248
  6710 |
   302 |
```

elle donne

$$x = 0^{gr},248$$

400. Problème IV. — *Cent grains de plomb de chasse, sphériques et égaux, pèsent $19^{gr},5$ et l'erreur commise dans cette pesée est moindre que $\frac{1^{gr}}{10}$; la densité du plomb étant 11,3 à moins d'un dixième près, on demande le diamètre d'un grain de plomb et l'incertitude du résultat de ce calcul.*

Solution. — Le poids d'un seul grain de plomb est

$$\frac{19^{gr},5}{100},$$

et son volume est

$$1^{cmc} \times \frac{0,195}{11,3},$$

ou bien, en exprimant ce volume en millimètres cubes,

$$1^{mmc} \times \frac{1950}{113}.$$

Soit x le rayon d'un grain sphérique exprimé en millimètres, nous aurons pour son volume exprimé en millimètres cubes

$$1^{mmc} \times \frac{4}{3}\pi x^3;$$

l'équation du problème est donc

$$\frac{4}{3}\pi x^3 = \frac{1950}{113},$$

et l'on en déduit

$$x = \sqrt[3]{\frac{1950}{113} \times \frac{3}{4\pi}}.$$

La limite supérieure de l'erreur relative de la quantité soumise au radical est égale à la somme des limites des erreurs relatives des facteurs approchés. Comme π est tout calculé avec un grand nombre de chiffres, nous pouvons considérer le facteur $\frac{3}{4\pi}$ comme exact et nous aurons

E.R. de $x^3 =$ E.R. de $1950 +$ E.R. de $113 = \frac{1}{195} + \frac{1}{113} = 0,014$.

L'erreur relative de x sera le tiers de cette fraction; ainsi

$$\text{E.R. de } x = 0,005 = \frac{1}{200}.$$

D'autre part, on voit de suite que

$$\frac{1950}{113}$$

APPROXIMATIONS NUMÉRIQUES.

vaut à peu près 17 et que x est sensiblement égal à

$$\sqrt[3]{17:4} = \sqrt[3]{4} = 1,7.$$

Il résulte de là que x n'est connu qu'avec trois chiffres exacts; nous ne calculerons que les trois premiers chiffres de x, puisque l'incertitude provenant des erreurs des données commence au quatrième chiffre.

Sous le radical nous calculerons quatre chiffres exacts et, pour cela, nous prendrons avec cinq chiffres

$$\frac{3}{4\pi} = \frac{3}{4} \times \frac{1}{\pi} = \frac{3}{4} \times 0,31831 = 0,23873,$$

et nous aurons

$$x^3 = \frac{1950 \times 0,23873}{113} = \frac{465,52}{113} = 4,12,$$

$$x = \sqrt[3]{4,12} = 1^{mm},60.$$

Ainsi le diamètre de chaque grain est $3^{mm},20$ et l'incertitude de ce résultat n'atteint pas le centième du millimètre.

401. PROBLÈME V. — *Un boulet de fonte pèse 12 kilogrammes et l'on ne s'est pas trompé de 100 grammes dans cette pesée. Calculer son diamètre et l'incertitude de ce résultat en adoptant 7,8 pour densité de la fonte; ce nombre est connu seulement à moins de $\frac{1}{10}$ près.*

Solution. — Le volume de la fonte exprimé en décimètres cubes est

$$V = 1^{dmc} \times \frac{12}{7,8},$$

puisque chaque décimètre cube de fonte pèse $7^{kg},8$; mais l'on a aussi

$$V = \frac{1}{6} \pi D^3,$$

D étant le diamètre de la sphère exprimé en décimètres; l'équation du problème est donc

$$\frac{1}{6} \pi D^3 = \frac{12}{7,8}.$$

L'on en tire

$$D^3 = \frac{12 \times 6}{7,8} \times \frac{1}{\pi},$$

$$D = \sqrt[3]{\frac{12 \times 6}{7,8} \times \frac{1}{\pi}}.$$

Les seuls facteurs approchés sont 12 et 7,8 ; la somme de leurs erreurs relatives est

$$\frac{100}{12000} + \frac{1}{78} = \frac{1}{120} + \frac{1}{78},$$

ou

$$0,0083 + 0,0128 = 0,02.$$

L'erreur relative de D sera trois fois plus petite, c'est-à-dire

$$\frac{1}{3} \times \frac{2}{100} = \frac{1}{150},$$

et, comme le premier chiffre de D est 1, l'on peut compter sur l'exactitude du chiffre des centièmes, c'est-à-dire sur le chiffre des millimètres.

Il s'agit maintenant de calculer rapidement l'expression

$$D = \sqrt[3]{\frac{72}{7,8} \times 0,31831} = \sqrt[3]{\frac{12}{13} \times 3,1831},$$

avec trois chiffres exacts : pour cela nous calculerons la quantité soumise au radical avec quatre chiffres exacts et nous trouverons ainsi

$$D = \sqrt[3]{2,938} = 1^{dm},43,$$

à moins d'un millimètre près. — Cette incertitude est une conséquence des erreurs qui ont dû être commises sur les données et ne résulte pas des calculs rapides qui précèdent.

402. Problème VI. — *On a introduit du mercure dans un tube capillaire bien cylindrique et l'on a trouvé pour la longueur de cette colonne* $150^{mm},1$, *à moins de* $\frac{1}{10}$ *de millimètre près. Le poids de ce mercure, déterminé au moyen d'une balance sensible au milligramme, est* $4^{gr},851$. *Trouver le diamètre du tube capillaire, sachant que la densité du mercure, à la température de l'expérience, est* 13,56 *avec une incertitude d'une demi-unité sur le dernier chiffre. Quelle est l'incertitude du résultat de ce calcul?*

Solution. — Le volume du mercure exprimé en millimètres cubes est

$$1^{mmc} \times \frac{4851}{13,56};$$

c'est le volume du cylindre ayant $150^{mm},1$ de hauteur et pour diamètre x, nous aurons donc

$$\frac{4851}{13,56} = 150,1 \times \pi \frac{x^2}{4},$$

et par conséquent

$$x^2 = \frac{4851 \times 4}{13,56 \times 150,1} \times \frac{1}{\pi},$$

c'est-à-dire
$$x = 1^{mm} \times \sqrt{\frac{4851 \times 4}{13,56 \times 150,1}} \times 0,31831.$$

L'erreur relative de x^2 a pour limite supérieure la somme des limites supérieures des erreurs relatives des nombres approchés qui figurent dans le second membre de cette expression; or l'on a

$$\text{E. R. de } 4851 = \frac{1}{4851} = 0,00021\ldots$$

$$\text{E. R. de } 13,56 = \frac{1}{2 \times 1356} = 0,00037$$

$$\text{E. R. de } 150,1 = \frac{1}{1501} = 0,00067$$

$$\text{E. R. de } x^2 \qquad\qquad = \overline{0,00125}$$

$$\text{E. R. de } x = \frac{1}{2} \times 0,00125 = 0,00062,$$

$$\text{E. R. de } x = \frac{1}{\frac{100\,000}{62}} = \frac{1}{1613},$$

et, comme x est à peu près égal à $1^{mm},7$, on voit que l'on répond de l'exactitude des trois premiers chiffres.

Nous calculerons avec quatre chiffres exacts l'expression

$$x^2 = \frac{4851}{3,39 \times 150,1} \times 0,31831 = \frac{1544,2}{508,84}$$

```
0,31831
   1584
 ──────
 127324
  25465
   1591
     32
 ──────
 154412
```

```
1544,20 | 508,84
  17 68 | 3,034
   2 41 |
     37 |
```

On trouve à l'aide des opérations abrégées ci-dessus

$$x^2 = 3,034,$$

et par conséquent

$$x = \sqrt{3,034} = 1^{mm},74;$$

ainsi le diamètre du tube est $1^{mm},74$ à moins d'un **demi-centième de millimètre** près.

403. PROBLÈME VII. — *Une pièce d'or de 5 fr. doit peser $1^{gr},6129$, mais on tolère une erreur des 0,003 de ce poids en plus ou en moins. On demande combien on peut fabriquer de pièces de 5 francs avec un lingot* d'or au même titre que la monnaie française et de forme cylindrique, sachant : 1° que la densité de cet alliage est 17,233, à moins d'un millième près; 2° que le diamètre du lingot est 3^{cm},48 et que sa hauteur est 7^{cm},52.

On supposera ces dimensions exactes à moins d'une unité de leur dernier chiffre, et l'on ne calculera que les chiffres du résultat sur lesquels on peut compter.

Solution. — Le volume du lingot s'obtient en multipliant la surface de sa base par sa hauteur, et, comme les dimensions sont exprimées en centimètres, le volume le sera en centimètres cubes; l'on aura donc

$$V = \pi \times \frac{3{,}48^2}{4} \times 7{,}52;$$

ou bien, en remplaçant π par sa valeur,

$$V = 3{,}14159\ldots \times 1{,}74^2 \times 7{,}52.$$

Le poids de ce lingot, exprimé en grammes, sera

$$17^{gr}{,}233 \times 3{,}14159\ldots \times 1{,}74^2 \times 7{,}52,$$

puisque chaque centimètre cube de l'alliage pèse 17^{gr},233.

Autant de fois ce poids contiendra 1^{gr},6129, autant l'on pourra fabriquer de pièces de 5 fr. avec le lingot proposé. Ce nombre est donc égal à

$$x = \frac{17{,}233 \times 3{,}14159 \times 1{,}74^2 \times 7{,}52}{1{,}6129}.$$

Avant de faire les calculs, il faut connaître l'incertitude du résultat, et, par conséquent, l'erreur relative de l'expression précédente. Or l'erreur relative de 17,233 est $\frac{1}{17233}$; celle de 3,14159 est nulle, car on peut prendre π avec autant de chiffres exacts que l'on voudra; l'erreur relative de $1{,}74^2$ est $\frac{2 \times 0{,}5}{174}$, ou $\frac{1}{174}$, car 3,48 étant exact à 0,01 près, 1,74 l'est à 0,005 près; d'autre part les erreurs relatives de 7,52 et de 1,6129 sont

$$\frac{1}{752} \text{ et } \frac{1}{333},$$

l'erreur relative de x est donc égale à la somme des fractions

$$\frac{1}{17233} + \frac{1}{174} + \frac{1}{752} + \frac{1}{333}$$

qui est environ 0,01. Ainsi l'on ne peut connaître le résultat qu'à 0,01 près de sa valeur, et, comme il est facile de voir qu'il est environ 800, il y a une incertitude d'environ 8 pièces sur le nombre cherché; nous calculerons cependant le chiffre des unités.

L'on trouve

$$1{,}74^2 = 3{,}0276, \quad 17{,}233 \times 7{,}52 = 129{,}59216;$$

il ne reste plus qu'à effectuer le calcul

$$\frac{129{,}59216 \times 3{,}14159\ldots \times 3{,}0276}{1{,}6129};$$

et, comme on n'a besoin que des trois premiers chiffres du résultat, il faut avoir recours aux opérations abrégées. Pour avoir trois chiffres exacts au quotient, il suffit d'avoir quatre chiffres exacts au dividende et au diviseur ; donc le produit

$$129{,}59216 \times 3{,}14159\ldots \times 3{,}0276$$

doit être calculé avec quatre chiffres exacts ; il faudra, par suite, cinq chiffres exacts au produit

$$3{,}14159\ldots \times 3{,}0276;$$

on trouve par la multiplication abrégée (1) que ce produit est 9,5115.

(1)
```
      3,14159
        67203
     ─────────
      9,42477
        6282
         2198
          186
     ─────────
      9,51143              9,5115
```

Il faut ensuite obtenir le produit $129{,}59216 \times 9{,}5115$. En effectuant la multiplication abrégée (2), on trouve 1233 pour résultat.

(2)
```
     129,59216
        511 59
     ─────────
      1166 31
         64 75
          1 29
            12
             5
     ─────────
      1232,52              1233
```

Enfin, par une division abrégée (3), on calcule le quotient
$$1233 : 1{,}613.$$

(3)
```
     12330 | 1613
      1039 | 764
        73
         9
```

et l'on trouve 764 pour le nombre de pièces cherché, mais il y a sur le résultat environ 8 unités d'incertitude, et cela ne tient pas aux méthodes expéditives employées dans les calculs, mais bien aux erreurs des données.

EXERCICES ET PROBLÈMES

1. Calculer à moins de 0,001 près l'expression
$$2 + \frac{1}{1.2} + \frac{1}{1.2.3} + \frac{1}{1.2.3.4} + \ldots + \frac{1}{1.2.3.4.5.6.7}.$$
R. 2,718.

2. Calculer à moins de 0,00001 près l'expression
$$2 \times \left(\frac{1}{5} + \frac{1}{3.5^3} + \frac{1}{5.5^5} + \frac{1}{7.5^7} + \frac{1}{9.5^9}\right).$$
R. 0,40546.

3. Calculer avec 6 chiffres exacts l'expression
$$2 \times \left(\frac{1}{1.3} + \frac{1}{3.3^3} + \frac{1}{5.3^5} + \frac{1}{7.3^7} + \frac{1}{9.3^9}\right).$$
R. 0,693147.

4. Calculer avec une erreur relative moindre que $\frac{1}{1000}$ l'expression
$$\frac{4}{5} - \frac{4}{3.5^3} + \frac{4}{5.5^5} - \frac{4}{7.5^7} + \frac{4}{9.5^9} - \left(\frac{1}{239} - \frac{1}{3.239^3}\right).$$
R. 0,7854.

5. Calculer avec six chiffres exacts l'expression
$$x = \frac{686,979\,646 \times 365,256\,374}{321,723\,272}.$$
R. 779,936.

6. Calculer $\pi . \sqrt{2}$ avec six chiffres exacts.
R. 4,44288.

7. Calculer $\pi . \sqrt{29}$ à moins de 0,001 près.
R. 16,918.

8. Calculer avec quatre chiffres exacts le quotient $\sqrt{421} : \pi$.
R. 6,531.

9. Calculer π^2 avec cinq chiffres exacts.
R. 9,8696.

10. Calculer $\sqrt{\pi}$ avec six chiffres exacts.
R. 1,77245.

11. Calculer $\sqrt[3]{\dfrac{4}{3}\pi}$ à moins d'un millième.

R. 1,612.

12. Calculer à moins d'un kilomètre près la valeur du rayon de la terre qui résulte de la définition du mètre. La longueur d'une circonférence est donnée par la formule : $c = 2\pi r$.

R. 6366.

13. Calculer le rayon de la terre, sachant que la distance du pôle à l'équateur est 10 000 857 mètres, avec une incertitude de 500 mètres en plus ou en moins.

R. $6366^{\text{Km}} \pm 300^{\text{m}}$.

14. Calculer en myriamètres carrés la surface, S, de la terre en admettant que son rayon, R, soit égal à 6366 kilomètres à moins de 1 kilomètre près.

R. $S = 4\pi R^2 = 5\,092\,000\ (\pm\, 2000)$.

15. Calculer le volume de la terre en supposant que son rayon soit de 6370 kilomètres ; il y a sur ce rayon une incertitude de 300 mètres.

Le volume d'une sphère est donné par la formule $V = \dfrac{4}{3}\pi r^3$.

R. $1\,082\,700\,000\,000^{\text{Kmc}} \pm 50\,000\,000^{\text{Kmc}}$.

16. Trouver, à un million près, la population de la terre ; on supposera que le quart de la surface terrestre seulement est habité et l'on comptera 700 habitants par myriamètre carré. De plus, on admettra que la terre est sphérique et que la longueur d'un méridien est exactement 40 000 000 de mètres. La surface d'une sphère est donnée par la formule : $S = 4\pi r^2$.

R. 891 millions.

17. Sur une circonférence dont le rayon est égal à $3^{\text{m}},576$, on prend un arc AB de $47°45'$; mais en mesurant cet arc on peut s'être trompé de $10'$, et dans la mesure du rayon on peut avoir commis une erreur de 1 millimètre. Calculer la longueur de l'arc AB et l'incertitude du résultat.

R. $2^{\text{m}},98\ (\pm\, 0,02)$.

18. Un secteur circulaire appartient à un cercle dont le rayon, $1^{\text{m}},423$, est connu à moins d'un millimètre près. Son angle au centre est $37°52'$ à moins d'une minute près. Calculer sa surface et l'erreur possible du résultat.

R. $0^{\text{mq}},669\ (\pm\, 0,001)$.

19. Calculer l'épaisseur d'une pièce de 20 francs en or, sachant que le diamètre de cette pièce est $0^{\text{m}},021$ à moins d'un dixième de milli-

mètre près et que la densité de l'alliage est 17,23 à moins d'un centième près.

$$R.\ 1^{mm},08 \pm 0^{mm},01.$$

20. Quelles doivent être les dimensions de l'hectolitre et quelle exactitude faut-il apporter dans son exécution pour que l'erreur commise sur le volume soit moindre qu'un décilitre ?

$$R.\ H = D = 5^{dmc},0307 \pm 0,0003.$$

21. L'administration des lignes télégraphiques met en adjudication la fourniture de 1 500 000 kilogrammes de fer recuit et galvanisé ayant 5 millimètres de diamètre ; elle exige que le diamètre de ce fil soit exact à moins de $\frac{1}{10}$ de millimètre près. Calculer la longueur de ce fil, sachant que la densité du fer est 7,788 à moins d'un millième près.

$$R.\ 9800^{Km} \pm 400^{Km}.$$

22. Si l'on exprime en secondes la durée t d'une oscillation d'un pendule de longueur l, ce temps est donné par la formule

$$t = \pi \sqrt{\frac{l}{g}},$$

dans laquelle g représente l'intensité de la pesanteur ($g = 9,809^m$ à Paris), et $\pi = 3,14159265...$ le rapport de la circonférence au diamètre. Calculer la longueur du pendule qui bat la seconde à Paris, g étant connu avec quatre chiffres exacts.

$$R.\ l = 0^m,994.$$

23. On appelle parallaxe horizontale du soleil l'angle sous lequel un observateur placé au centre du soleil verrait de face un rayon de la terre. D'après cette définition, on demande de calculer en rayons terrestres la distance moyenne du centre du soleil au centre de la terre ; on supposera que la parallaxe du soleil est égale à $8'',86$ ($\pm 0'',01$) et est exacte à moins de $\frac{1}{100}$ de seconde près.

$$R.\ 23300\ r\ (\pm 30\ r).$$

CHAPITRE IV

SYSTÈMES DE NUMÉRATION
§ 1ᵉʳ. — Principe commun à tous les systèmes.

404. — Généralisons la méthode suivie dans la numération décimale (n° 7) : convenons d'appeler unité du second ordre la collection de β unités du premier, unité du troisième ordre la réunion de β unités du second..... et ainsi de suite, chaque unité d'un ordre quelconque valant toujours β unités de l'ordre précédent ; nous pourrons compter, en nous servant d'un petit nombre de mots, les grains de plomb que contient un sac : il nous suffira de donner des noms distincts aux β premiers nombres, puis aux diverses collections d'unités.

Comptons les grains de β en β, nous formerons S groupes renfermant chacun β unités, ou S collections du second ordre, et il restera un certain nombre de grains égal à t, le nombre t étant moindre que β. Si S surpasse β, ces unités du second ordre fourniront R unités du troisième plus s unités du second ($s < \beta$) et l'on aura pour le nombre N des grains de plomb

$$N = R\beta^2 + s\beta + t.$$

Si R surpasse β, ces unités du troisième ordre fourniront Q unités du quatrième ordre plus r unités du troisième ($r < \beta$), ce qui donnera

$$N = Q\beta^3 + r\beta^2 + s\beta + t$$

et ainsi de suite. L'on voit donc que l'on aura en général

$$N = a\beta^n + b\beta^{n-1} + c\beta^{n-2} + \ldots + q\beta^3 + r\beta^2 + s\beta + t,$$

ce qui revient à dire qu'*un nombre quelconque est la somme des termes d'une progression géométrique dont la raison est β, chacun de ces termes étant multiplié par un coefficient moindre que β.*

405. BASE D'UN SYSTÈME DE NUMÉRATION. — La formule algébrique précédente est le point de départ de tous les systèmes de numération ; la raison β de la progression s'appelle *base* du système. Si $\beta = 2$, on a le système binaire ; si $\beta = 10$, l'on a le système décimal ; si $\beta = 12$, le système duodécimal.

DÉFINITION. — *On appelle base d'un système de numération le nombre qui exprime combien il faut d'unités d'un ordre quelconque pour former l'unité de l'ordre immédiatement supérieur.*

Nous prendrons pour exemple, dans ce qui va suivre, le système duodécimal.

SYSTÈME DUODÉCIMAL

406. NUMÉRATION PARLÉE. — L'unité du second ordre est la douzaine, celle du troisième ordre est la réunion de douze douzaines ; on peut la nommer centaine; viennent ensuite le mille, la douzaine de mille, la centaine de mille, le million, la douzaine de millions, etc.

Pour énoncer un nombre, on dit combien il y a d'unités de chaque ordre en commençant par le plus élevé. Ex. : Six *dizaines de mille* onze *mille* quatre *centaines* dix *douzaines* et onze *unités*. Ce nombre renferme un nombre d'unités simples égal à

(Base 10) $\quad 11 + 12 \times 10 + 12^2 \times 4 + 12^3 \times 11 + 12^4 \times 6$

407. Numération écrite. — Pour écrire les nombres dans le système duodécimal, on représentera les onze premiers nombres par les caractères

$$1, 2, 3, 4, 5, 6, 7, 8, 9, \delta, \omega,$$

δ représentant le nombre *dix* et ω le nombre *onze*; puis on conviendra encore *que tout chiffre mis à la gauche d'un autre exprimera des unités de l'ordre immédiatement supérieur à celles de ce dernier chiffre*; avec cette convention, l'ordre des unités que représente un chiffre sera indiqué par le rang de ce chiffre à partir de la droite. Ex. : le nombre

(Base 12) $\qquad\qquad 6\omega 4\delta\omega$

représente une collection d'unités égale à la somme

(Base 10) $\quad 11 + 12 \times \delta + 12^2 \times 4 + 12^3 \times 11 + 12^4 \times 6,$
ou
$\qquad\quad 11 + 120 + 576 + 19008 + 124416 = 144131.$

Le chiffre zéro sert à remplacer les unités d'ordre qui manquent : ainsi le nombre de cinq chiffres
(Base 12) $\qquad\qquad 5\omega\delta 01$

représente un nombre d'unités égal à la somme des quatre termes

(Base 10) $\quad 1 + 12^2 \times 10 + 12^3 \times 11 + 12^4 \times 5 = 124129.$

§ 2. — Changement de base.

408. Problème I. — *Un nombre* N *étant écrit dans le système décimal, l'écrire dans un autre système dont la base est* β.

Solution. — Si N est moindre que β, il s'écrit à l'aide du même chiffre dans les deux systèmes; nous supposerons donc N plus grand que β. — Soit à transposer le nombre décimal 38957 dans le système duodécimal : nous diviserons 38957 par 12, le reste 5 sera le chiffre des unités du premier ordre et le quotient décimal 3246 sera le nombre de douzaines; divisons 3246 par 12, le reste 6 sera le chiffre des douzaines et le quotient 270 le nombre des unités du troisième ordre; on divisera 270 par 12, le reste 6 sera le chiffre des centaines et le quotient 22 le nombre de mille. Divisant 22 par 12, on aura δ pour chiffre des mille et 1 pour celui des dizaines de mille. Voici le tableau du calcul :

```
38957 | 12
   29   3246 | 12
   55     84   270 | 12
   77      6    30    22 | 12
    5            6    10 | 1
```

(Base 12)   N = 1δ665.

RÈGLE PRATIQUE. — *On divise par la nouvelle base d'abord le nombre donné, puis le premier quotient, puis le second quotient et ainsi de suite; il suffit d'aligner, en partant de la droite, les restes obtenus et le dernier quotient; ce seront les chiffres du nombre transposé dans le nouveau système.*

Le calcul s'effectue dans le système décimal.

409. Cas particulier du système binaire. — Étant donné un nombre écrit dans le système décimal, si on le transpose dans le système dont la base est 2, les seuls chiffres seront 0 et 1 ; de là résulte ce théorème : *Tout nombre entier est une somme de puissances de 2 distinctes, ou bien une somme de puissances de 2 augmentée de 1.*

Ainsi 375 (base 10) s'écrit 101110111 (base 2) ; l'on a donc

$$375 = 2^8 + 2^6 + 2^5 + 2^4 + 2^2 + 2 + 1.$$

410. PROBLÈME II. — *Un nombre N étant écrit dans un système dont la base est* β, *on propose de l'écrire dans le système décimal.*

Première solution. — Soit à écrire dans le système décimal le nombre

(Base 12)   N = δ05ωδ04.

Il renferme un nombre d'unités simples égal à

$$4 + 12^3 \times 10 + 12^3 \times 11 + 12^4 \times 5 + 12^6 \times 10,$$

ou

$$1444 + 19008 + 103680 + 29859840,$$

le nombre N s'écrira donc
(Base 10)   29983972.

RÈGLE PRATIQUE. — *On écrit, dans le système décimal, les nombres que représentent les chiffres de N à partir de la droite, puis on les multiplie successivement par les nombres* 1, β, β^2, β^3...., *écrits dans le système décimal. On ajoute ensuite tous ces produits.*

Deuxième solution. — On peut aussi convertir les plus hautes unités en unités de l'ordre immédiatement inférieur : dans l'exemple précé-

dent, les δ unités du septième ordre valent 120 unités du sixième ordre ; N renferme donc un nombre d'unités du cinquième ordre égal à
$$120 \times 12 + 5 = 1445,$$
ou un nombre d'unités du quatrième ordre égal à
$$1445 \times 12 + 11 = 17351 ;$$
continuant, on trouve
$$17351 \times 12 + 10 = 208222,$$
$$208222 \times 12 = 2498664,$$
$$2498664 \times 12 + 4 = 29983972.$$

RÈGLE PRATIQUE. — *On multiplie par la base le premier chiffre à gauche, on ajoute au produit le second chiffre ; on multiplie le résultat par la base et l'on ajoute le troisième chiffre, et ainsi de suite jusqu'à ce que l'on soit arrivé au chiffre des unités simples.*

Les calculs précédents s'effectuent encore dans le système décimal.

411. PROBLÈME III. — *Étant donné un nombre N écrit dans un système dont la base est* β, *on propose de l'écrire dans un autre système dont la base est* β' ; β *et* β' *étant différents de* 10.

Solution. — Soit par exemple à écrire dans la base 12 le nombre 7654 (base 8). On commencera par écrire N dans le système décimal, puis on l'écrira dans le système dont la base est 12.

(Base 10) $\quad N = 4 + 8 \times 5 + 8^2 \times 6 + 8^3 \times 7 = 4012$

4012	12			
41	334	12		
52	94	27	12	
4	10	3	2	

(Base 12) $\quad\quad\quad\quad\quad N = 2δ4.$

§ 3. — Théorèmes généraux.

412. THÉORÈME I. — *Dans un système de numération dont la base est* β : 1° *Une puissance quelconque de la base est un multiple de* $\beta - 1$ *augmenté de* 1 ; 2° *une puissance paire de la base est un multiple de* $\beta + 1$ *augmenté de* 1 ; 3° *une puissance impaire de la base est un multiple de* $\beta + 1$ *diminué de* 1.

Démonstration. — 1° L'on a d'abord l'identité
$$\beta = (\beta - 1) + 1$$
et, en multipliant ses deux membres par β,
$$\beta^2 = (\beta - 1) \cdot \beta + \beta = m(\beta - 1) + 1 ;$$
multipliant encore par β, il vient
$$\beta^3 = m(\beta - 1) \cdot \beta + \beta = m(\beta - 1) + 1,$$
et ainsi de suite indéfiniment.

2° L'on a l'identité
$$\beta = (\beta+1)-1,$$
et, en multipliant les membres par β,
$$\beta^2 = (\beta+1)\beta - \beta = (\beta+1)\beta - (\beta+1)+1 = m(\beta+1)+1,$$
puis, en multipliant encore par β,
$$\beta^3 = m(\beta+1).\beta + \beta = m(\beta+1)+(\beta+1)-1 = m(\beta+1)-1,$$
et ainsi de suite.

Conséquences. — 1° La différence $\beta^n - 1$ est toujours divisible par $\beta - 1$, quelle que soit la valeur donnée à n.

2° La différence $\beta^n - 1$ est divisible par $\beta + 1$, si n est pair.

3° La somme $\beta^n + 1$ est divisible par $\beta + 1$, si n est impair.

413. Théorème II. — *Un nombre* N, *écrit dans le système de numération dont la base est* β, *est divisible par* $\beta - 1$, *si la somme de ses chiffres est divisible par* $\beta - 1$.

Démonstration : Soit $a, b, c, d....., k, l$, les chiffres de N à partir de la droite, nous aurons
$$N = a + b\beta + c\beta^2 + d\beta^3 + ... k\beta^{n-1} + l\beta^n.$$
On peut l'écrire aussi
$$N = \left\{ \begin{array}{l} b(\beta-1)+c(\beta^2-1)+d(\beta^3-1).....+l(\beta^n-1) \\ a+b \quad\quad +c \quad\quad +d \quad\quad +..... +l \end{array} \right\}$$
tous les termes de la première ligne sont divisibles par $\beta - 1$; la somme des chiffres $a+b+c.....k+l$ divisée par $\beta - 1$ donnera donc le même reste que N.

Remarque. — Ce caractère de divisibilité de N par $\beta - 1$ est identique à celui par 9 dans le système décimal.

414. Théorème III. — *Un nombre* N *écrit dans le système de numération dont la base est* β *est divisible par* $\beta + 1$, *quand l'excès de la somme de ses chiffres de rang impair sur celle des chiffres de rang pair est divisible par* $\beta + 1$.

Démonstration. L'on a encore, avec les notations précédentes,
$$N = a + b\beta + c\beta^2 + d\beta^3 + e\beta^4 .....,$$
et l'on peut écrire aussi
$$N = \left\{ \begin{array}{l} b(\beta+1)+c(\beta^2-1)+d(\beta^3+1)+e(\beta^4-1)+..... \\ +a-b \quad\quad +c \quad\quad -d \quad\quad +e \end{array} \right\}$$
Or l'on sait que $\beta^3 + 1$, $\beta^5 + 1$....., sont divisibles par $\beta + 1$ et que

$\beta^2 - 1$, $\beta^4 - 1$....., le sont aussi; tous les termes de la première des deux lignes précédentes sont donc divisibles par $\beta + 1$; si donc la différence $a + c + e - (b + d + f)$ est divisible par $\beta + 1$, le nombre N le sera également.

Remarque. — C'est là précisément le caractère de divisibilité par 11 dans le système décimal.

CHAPITRE V

DIVISIBILITÉ

§ 1er. — Caractère de divisibilité par un nombre quelconque

415. Problème. — *Étant donné un nombre* N *écrit dans le système de numération décimale, chercher le caractère de divisibilité de ce nombre* N *par un diviseur quelconque,* 7 *par exemple.*

Solution. — Divisons par 7 les puissances successives de 10.

```
100000000....| 7
      30     | 14285714....
      20
      60
      40
      50
      10
      30....
```

cette division nous montre que

$$1 = m7 + 1, \quad 10^4 = m7 + 4$$
$$10 = m7 + 3, \quad 10^5 = m7 + 5,$$
$$10^2 = m7 + 2, \quad 10^6 = m7 + 1,$$
$$10^3 = m7 + 6, \quad 10^7 = m7 + 3;$$

les puissances suivantes de 10 fournissent les restes précédents 2, 6, 4, 5 et toujours dans le même ordre.

Ceci posé, considérons un nombre, écrit dans le système décimal,

$$N = 458\,976\,325;$$

nous aurons, en le décomposant en ses unités de différents ordres,

$$5 = m7 + 5$$
$$2 \times 10 = m7 + 3 \times 2$$
$$3 \times 10^2 = m7 + 2 \times 3$$
$$6 \times 10^3 = m7 + 6 \times 6$$
$$7 \times 10^4 = m7 + 4 \times 7$$
$$9 \times 10^5 = m7 + 5 \times 9$$
$$8 \times 10^6 = m7 + 1 \times 8$$
$$5 \times 10^7 = m7 + 3 \times 5$$
$$4 \times 10^8 = m7 + 2 \times 4.$$

CARACTÈRE GÉNÉRAL DE DIVISIBILITÉ.

$$N = m7 + [5 + 3 \times 2 + 2 \times 3 + 6 \times 6 + 4 \times 7 \\ + 5 \times 9 + 8 + 3 \times 5 + 2 \times 4].$$

Si donc la somme des produits entre parenthèses est divisible par 7, tout le nombre sera divisible par 7. De là résulte la règle générale suivante :

RÈGLE PRATIQUE. — *Pour trouver le caractère de divisibilité d'un nombre par* d, *on divise par le diviseur* d *les puissances successives de* 10 *et l'on obtient les restes*

$$1, r_1, r_2, r_3, r_4 \ldots,$$

on les inscrit au-dessus des chiffres du nombre N, *en commençant par la droite*,

$$r_8 r_7 r_6 r_5 r_4 r_3 r_2 r_1 \ 1 \\ 4\ 5\ 8\ 9\ 7\ 6\ 3\ 2\ 5$$

et l'on fait les produits des chiffres qui leur correspondent. Si la somme de ces produits est divisible par d, *il en sera de même pour* N; *dans le cas contraire, le reste de la division par* d *sera le même pour cette somme de produits et pour* N.

Restes négatifs. — On simplifie le calcul précédent en faisant usage des restes négatifs ; on peut écrire

$$10^3 = m7 + 6 = m7 - 1,$$
$$10^4 = m7 + 4 = m7 - 3,$$
$$10^5 = m7 + 5 = m7 - 2,$$

les restes que nous avons appelés r_3, r_4, r_5 seront donc égaux respectivement à $-1, -3, -2$, et nous aurons

$$N = m7 + (5 \times 1 + 3 \times 2 + 2 \times 3) - (1 \times 6 + 3 \times 7 + 2 \times 9) \\ + (1 \times 8 + 3 \times 5 + 2 \times 4).$$

Autre simplification. — On peut diviser le nombre en **tranches de trois chiffres** et écrire

$$N = 325 + 976 \times 10^3 + 458 \times 10^6,$$

et, comme il résulte de ce qui précède que

$$10^3 = m7 - 1 \quad \text{et} \quad 10^6 = m7 + 1,$$

nous aurons

$$976 \times 10^3 = m7 - 976 \qquad 458 \times 10^6 = m7 + 458,$$

par conséquent

$$N = m7 + 325 + 458 - 976.$$

De là cette règle relativement simple : *Partager* N *en tranches de trois chiffres à partir de la droite ; ajouter les tranches de rang impair, puis à changer celles de rang pair, et retrancher la seconde somme de la première. Cette différence divisée par* 7 *fournira le même reste que* N.

REMARQUE. — Le caractère de divisibilité par 13 est identique : en effet l'on trouve

$$10^3 = 13 \times 76 + 12 = m13 - 1,$$

par conséquent
$$10^6 = m.13 - 1000 = m.13 + 1$$
$$10^9 = m.13 + 1000 = m.13 - 1.$$

§ 2. — Diviseurs d'un nombre.

416. Problème I. — *Calculer la somme des nombres de la suite naturelle depuis 1 jusqu'à N, et montrer que l'on a :*

$$S = 1 + 2 + 3 + \ldots (N-1) + N = \frac{N(N+1)}{2}.$$

Solution. — Pour calculer la somme :

(1) $\qquad S = 1 + 2 + 3 + \ldots + (N-1) + N,$

nous l'écrirons en ordre inverse :

(2) $\qquad S = N + (N-1) + (N-2) + \ldots 2 + 1;$

et, en ajoutant les égalités (1) et (2), nous aurons :

$$2S = (N+1) + (N+1) + \ldots (N+1),$$

ou bien, comme il y a N termes égaux,

$$2S = N(N+1),$$

et par conséquent
$$S = \frac{N(N+1)}{2}.$$

417. Problème II. — *Calculer la somme*

(1) $\qquad S = 1 + a + a^2 + a^3 + \ldots + a^{n-1} + a^n,$

des puissances d'un nombre a jusqu'à la $n^{ième}$ et montrer que l'on a :

$$S = \frac{a^{n+1} - 1}{a - 1}.$$

Solution. — Multiplions par a les deux membres de l'égalité (1), nous aurons :

(2) $\qquad aS = a + a^2 + a^3 + a^4 + \ldots + a^n + a^{n+1}.$

Retranchant membre à membre (1) de (2), nous aurons :

$$S(a-1) = a^{n+1} - 1,$$

car les termes $a, a^2, a^3, \ldots a^n$ communs aux deux seconds membres disparaîtront. On aura donc :

$$S = \frac{a^{n+1} - 1}{a - 1}.$$

DIVISEURS D'UN NOMBRE. 347

418. Problème III. — *Trouver la somme de tous les diviseurs d'un nombre entier* N.

Solution. — Décomposons le nombre donné N en ses facteurs premiers a, b, c, et supposons que l'on ait :

$$N = a^\alpha b^\beta c^\gamma.$$

Nous avons vu (n° 107) que, pour obtenir tous les diviseurs de N, il faut considérer les trois suites :

(1) $\qquad 1 + a + a^2 + \ldots + a^\alpha = S = \dfrac{a^{\alpha+1} - 1}{a - 1},$

(2) $\qquad 1 + b + b^2 + \ldots + b^\beta = S' = \dfrac{b^{\beta+1} - 1}{b - 1},$

(3) $\qquad 1 + c + c^2 + \ldots + c^\gamma = S'' = \dfrac{c^{\gamma+1} - 1}{\gamma - 1}.$

La première fournit la *somme* de tous les diviseurs qui ne renferment que le facteur a, et, si nous réunissons les produits

$$S,\ Sb,\ Sb^2 \ldots Sb^\beta,$$

nous aurons pour la *somme* de tous les diviseurs qui renferment les deux premiers facteurs a et b :

(4) $\qquad S(1 + b + b^2 + \ldots b^\beta) = S.S'.$

Il nous faut enfin multiplier tous les termes de la ligne (4) par ceux de la ligne (3); la *somme* de tous les produits obtenus sera donc :

$$S.S'(1 + c + c^2 + \ldots c^\gamma) = S.S'.S''.$$

On voit donc que, les nombres 1 et N étant rangés parmi les diviseurs de N, la *somme* de tous ces diviseurs a pour expression :

$$\frac{a^{\alpha+1} - 1}{a - 1} \times \frac{b^{\beta+1} - 1}{b - 1} \times \frac{c^{\gamma+1} - 1}{c - 1}.$$

419. Remarque. — On appelle *nombre parfait* un nombre égal à la somme de ses diviseurs. Ex. :

$$6 = 1 + 2 + 3, \quad 28 = 1 + 2 + 4 + 7 + 14$$

sont des nombres parfaits. Euclide a démontré que la formule

$$N = 2^{p-1}(2^p - 1),$$

dans laquelle p est un nombre premier, renferme tous les nombres parfaits pairs; mais l'on n'a pas encore pu résoudre le problème dans le cas général.

420. Problème IV. — *Etant donné un nombre* $N = a^\alpha b^\beta c^\gamma \ldots$, *montrer que le nombre de manières de le décomposer en facteurs est donné par la formule :*

$$\frac{1}{2}(\alpha+1)(\beta+1)(\gamma+1),$$

si N *n'est pas un carré, et par la formule :*

$$\frac{1}{2} + \frac{1}{2}(\alpha+1)(\beta+1)(\gamma+1),$$

si N *est un carré.*

Solution. — Nous avons vu (108) que le nombre de diviseurs de N est donné par le produit

$$P = (\alpha+1)(\beta+1)(\gamma+1)\ldots$$

Si N n'est pas un carré, l'un des exposants au moins est impair et P est par conséquent pair. A chaque diviseur d de N correspondra un second diviseur d' tel que
$$N = d \cdot d' = d' \cdot d;$$
mais ces deux décompositions ne comptent que pour une seule, donc le nombre de décompositions distinctes est égal à $\dfrac{P}{2}$.

Si au contraire N est un carré, tous les exposants α, β, γ... sont pairs et le produit P est impair. Mais le diviseur égal à $\sqrt{N}$ doit compter pour deux. On voit ainsi que le nombre de décompositions différentes l'une de l'autre est $\dfrac{P+1}{2} = \dfrac{1}{2} + \dfrac{P}{2}$.

Exemples : 1° Considérons un nombre non carré parfait :

$$72 = 2^3 \times 3^2;$$

les douze diviseurs de 72 sont les nombres suivants

$1, 2, 2^2, 2^3, 3, 3\times 2, 3\times 2^2, 3\times 2^3, 3^2, 3^2\times 2, 3^2\times 2^2, 3^2\times 2^3,$

ils fournissent six groupes de deux facteurs dont le produit est 72 :

1	et $2^3 \times 3^2$
2	$2^2 \times 3^2$
2^2	2×3^2
2^3	3^2
3	$2^3 \times 3$
2×3	$2^2 \times 3$.

2° Soit le carré parfait $36 = 2^2 \times 3^2$; ses neuf diviseurs sont

$$1, 2, 2^2, 3, 2\times 3, 2^2\times 3, 3^2, 2\times 3^2, 2^2\times 3^2;$$

ils fournissent d'abord les quatre groupes de deux facteurs ayant pour produit 36 :

$$\begin{array}{ll} 1 & 2^2 \times 3^2 \\ 2 & 2 \times 3^2 \\ 2^2 & 3^2 \\ 3 & 2^2 \times 3, \end{array}$$

mais il faut leur ajouter le groupe :

$$2 \times 3 \quad 2 \times 3,$$

ce qui fournit cinq manières distinctes de décomposer 36 en deux facteurs.

421. Problème V. — *Trouver le produit de tous les diviseurs d'un nombre donné* N.

Solution. — Rangeons par ordre de grandeur croissante tous les diviseurs de N au nombre de n, et désignons-les par

$$1 = d_1, \quad d_2, \quad d_3, \quad d_4, \quad d_5 \ldots\ldots d_{n-2}, \quad d_{n-1}, \quad d_n = N,$$

le premier diviseur étant égal à 1 et le dernier égal à N; nous pouvons les associer deux à deux de telle sorte que le produit de deux associés soit égal à N :

$$d_1 d_n = d_2 d_{n-1} = d_3 d_{n-2} = \ldots\ldots d_n \cdot d_1 = N.$$

Si nous multiplions toutes ces égalités membre à membre, nous aurons :

$$d_1^2 d_2^2 d_3^2 \ldots\ldots d_n^2 = N^n,$$

ou

$$P^2 = N^n;$$

nous aurons donc

$$P = \sqrt{N^n}.$$

422. Problème VI. — *Calculer combien de fois un nombre premier* a *est facteur dans le produit des* N *premiers nombres entiers, c'est-à-dire dans*

$$P = 1 . 2 . 3 . 4 . 5 \ldots\ldots (N-1) . N.$$

Solution. — Supposons d'abord $a = 2$: de deux nombres consécutifs de la série précédente il y en a un seul qui soit divisible par 2 ; la partie entière du quotient $\dfrac{N}{2}$ est donc égale au nombre des facteurs divisibles par 2.

Mais de quatre en quatre rangs il y a un seul facteur qui est encore divisible par 2 ; la partie entière du quotient $\dfrac{N}{4}$ est donc égale au nombre de facteurs divisibles une seconde fois par 2. — De même la partie entière de $\dfrac{N}{8}$ exprime combien il y a de facteurs qui sont une troisième fois divisibles par 2. Ainsi la somme des parties entières des quotients

$$\frac{N}{2}, \frac{N}{2^2}, \frac{N}{2^3}, \frac{N}{2^4}, \ldots$$

est égale au nombre de fois que le facteur 2 entre dans P. Supposons que l'on ait :

$$2^K < N < 2^{K+1},$$

le dernier des quotients qui précèdent sera $\frac{N}{2^K}$, et, si nous désignons par $e_1, e_2, e_3, \ldots e_K$, les parties entières de ces quotients, le produit P sera divisible par la puissance $2^{e_1+e_2+e_3+\cdots e_K}$; le nombre de fois que 2 entre comme facteur dans P sera donc

$$e_1 + e_2 + e_3 + \ldots e_K.$$

De même, si l'on veut avoir le nombre de facteurs 3 qui se trouvent dans P, il faudra faire la somme des parties entières des quotients :

$$\frac{N}{3}, \frac{N}{3^2}, \frac{N}{3^3}, \ldots$$

Plus généralement, soit a un facteur premier quelconque tel que l'on ait

$$a^\alpha < N < a^{\alpha+1};$$

pour avoir le nombre de fois que a entre dans P comme facteur, il faudra faire la somme des parties entières des quotients

$$\frac{N}{a}, \frac{N}{a^2}, \frac{N}{a^3}, \ldots \frac{N}{a^\alpha}.$$

APPLICATION. — Trouver la plus haute puissance de 7 qui divise

$$P = 1.2.3.4 \ldots 1000.$$

$$\frac{1000}{7} = 142, \quad \frac{1000}{49} = 20, \quad \frac{1000}{343} = 2.$$

$$x = 142 + 20 + 2 = 164.$$

Le produit P sera divisible par 7^{164}, et le quotient ne sera plus divisible par 7.

423. THÉORÈME. — *Le produit des* n *nombres entiers consécutifs qui suivent un nombre donné* m :

$$P = (m+1)(m+2)(m+3)\ldots(m+n)$$

est toujours divisible par le produit

$$P' = 1.2.3.4 \ldots (n-1)n,$$

quel que soit le nombre m *qui sert de point de départ.*

Démonstration. — Dans le second produit, P', il y a de deux en deux rangs un facteur divisible par 2, de quatre en quatre rangs il y en a un deux fois divisible par 2, etc... Ainsi la somme des parties entières des quotients

$$\frac{n}{2},\quad \frac{n}{2^2},\quad \frac{n}{2^3}\ \ldots\ldots$$

exprime exactement le nombre de fois que le facteur 2 entre dans P'. — Cette même somme est une *limite inférieure* du nombre de facteurs 2 qui entrent dans P : en effet on peut encore dire que, de 2 en 2 rangs dans P, il y a un facteur pair, que de 4 en 4 rangs il y a un facteur divisible une seconde fois par 2 ...; mais le produit P' ne peut renfermer de puissance de 2 supérieure à n, tandis que P peut en contenir. Ainsi, par exemple, le produit $64 \times 65 \times 66 \times 67 \times 68$ renferme plus de fois le facteur 2 que le produit $1.2.3.4.5$, parce que $64 = 2^6$. Le même raisonnement s'applique à tous les facteurs premiers; si donc P' décomposé en facteurs premiers a, b, c... est de la forme

$$P' = a^\alpha . b^\beta . c^\gamma \ldots$$

il y aura dans P au *moins* α facteurs égaux à a, β facteurs égaux à b, etc...; donc P sera divisible par P'.

§ 3. — Classification des nombres.

424. NOMBRES IMPAIRS.— La formule $2x + 1$ dans laquelle on donne à x les valeurs 1, 2, 3, 4, 5..... renferme tous les nombres impairs. Selon que x est pair ou impair, elle contient les deux formes

$$4x + 1 \quad \text{et} \quad 4x - 1.$$

De là deux grandes divisions des nombres premiers : l'une contenant les nombres

1, 5, 13, 17, 29, 37, 41..... $4x + 1$,

l'autre,

3, 7, 11, 19, 23, 31, 43..... $4x - 1$.

La forme générale $4x + 1$ se subdivise en deux autres formes :

$$8x + 1 \quad \text{et} \quad 8x + 5, \text{ou } 8x - 3.$$

En effet, si l'on fait $x = 2k$, l'on a

$$4x + 1 = 8k + 1,$$

et, si l'on y fait

$$x = 2k + 1,$$

l'on a :

$$4x + 1 = 8k + 4 + 1 = 8k + 5.$$

De même la forme $4x - 1$ se subdivise en deux autres : $8k + 3$

et $8k + 7$, ou $8k - 1$; l'on peut donc réduire tous les nombres premiers aux quatre formes principales suivantes :

$$
\begin{array}{ll}
8x + 1 & 1, 17, 41, 73, 89, 97, 113, 137\ldots, \\
8x + 3 & 3, 11, 19, 43, 59, 67, 83, 107\ldots, \\
8x - 3,\ \text{ou}\ 8x + 5 & 5, 13, 29, 37, 53, 61, 101, 109\ldots, \\
8x - 1,\ \text{ou}\ 8x + 7 & 7, 23, 31, 47, 71, 79, 103, 127\ldots
\end{array}
$$

Ces formules renferment en outre une infinité de nombres composés, car l'on a, de la suite naturelle des nombres, enlevé seulement les multiples de 2.

Si l'on met aussi à part les multiples de 3, on arrive au théorème remarquable suivant :

425. Théorème I. — *Tout nombre premier, autre que 2 ou 3, est compris dans la formule* $6x \pm 1$.

Démonstration. — En effet, si l'on divise un nombre impair par 6, le reste ne peut être que l'un des trois nombres 1, 3 et 5, ou 1, 3 et -1. Donc tout nombre impair peut être représenté par l'une des trois formules

$$6x + 1, \quad 6x + 3, \quad 6x - 1.$$

La seconde ne peut convenir aux nombres premiers puisque ses deux termes sont divisibles par 3 et que 3 est excepté; donc, tout nombre premier autre que 2 et 3 est compris dans la formule $6x \pm 1$.

Cette formule renferme aussi des nombres qui ne sont pas premiers : pour $x = 4$, l'on a $6 \times 4 + 1 = 25$; si l'on y fait $x = 6$, l'on trouve $6 \times 6 - 1 = 35$; pour $x = 8$ l'on a 49.

Remarque. — Si x est pair et égal à $2k$, la formule $6x \pm 1$ donne les deux formes :

$$12k + 1 \quad \text{et} \quad 12k - 1.$$

Si x est impair et égal à $2k + 1$, l'on a les deux autres formes :

$$12k + 5 \quad \text{et} \quad 12k - 5.$$

L'ensemble des quatre formules

$$12x + 1, \quad 12x + 5, \quad 12x - 5, \quad 12x - 1,$$

comprend tous les nombres premiers et chacune d'elles renferme une infinité de nombres premiers. Dans ces quatre séries il y a moins de nombres composés que dans les formes $4x \pm 1$, puisque, de la suite naturelle des nombres, on a enlevé non seulement les multiples de 2 mais aussi les multiples de 3.

426. *Généralisation.* — Tout nombre impair peut être représenté par la formule $4ax \pm b$, dans laquelle b est impair et moindre que $2a$. Si parmi toutes les valeurs possibles de b on retranche celles qui ont un diviseur commun avec a, les formes restantes $4ax \pm b$ comprendront tous les nombres premiers; ils seront partagés, relativement aux multiples de $4a$, en autant de formes que $\pm b$ a de valeurs différentes. Ainsi, en faisant $a = 15$, on aura les seize formules distinctes :

$$60x \pm 1, \quad 60x \pm 7, \quad 60x \pm 11, \quad 60x \pm 13,$$
$$60x \pm 17, \quad 60x \pm 19, \quad 60x \pm 23, \quad 60x \pm 29.$$

Les nombres composés qu'elles renferment sont moins nombreux que dans les suites précédentes, puisque les multiples de 5 n'y figurent pas.

427. Théorème II. — *Il n'existe pas de fonction algébrique entière d'une seule variable*, x, *qui renferme tous les nombres premiers et des nombres premiers seulement.*

Démonstration. — Admettons pour un instant que l'on ait trouvé les coefficients A, B, C..., K, L, d'une fonction entière de x

$$f(x) = Ax^m + Bx^{m-1} + Cx^{m-2} + \ldots Kx + L,$$

qui renferme tous les nombres premiers et des nombres premiers seulement; si nous faisons $x = a$, nous trouverons, par hypothèse,

$$f(a) = P \text{ (nombre premier).}$$

Remplaçons maintenant x par $a + P$, nous *devrons encore retrouver un nombre premier* comme résultat de cette substitution. Or, l'on a :

$$f(a + P) = A(a + P)^m + B(a + P)^{m-1} + \ldots K(a + P) + L$$

et, si l'on développe les différentes puissances de $(a + P)$, l'on trouvera d'abord la somme

$$Aa^m + Ba^{m-1} + Ca^{m-2} + \ldots Ka + L,$$

qui est $f(a)$ ou P, puis une suite de termes qui renferment tous P en facteur; on aura donc en désignant par S la somme de tous les coefficients de P,

$$f(a + P) = P + S \times P = (1 + S) P,$$

et le résultat de cette substitution devrait être premier, ce qui est absurde puisqu'il est divisible par P.

428. *Formules algébriques entières remarquables.* — Il y a quelques formules remarquables par la multitude de **nombres premiers qui y sont contenus.** Telle est la formule d'Euler :

$$x^2 + x + 41$$

qui pour $x = 0, 1, 2, 3\ldots$ fournit la suite :

$$41, 43, 47, 53, 61, 71\ldots,$$

dont les **40** premiers termes sont des **nombres premiers.**

On peut citer encore la formule :

$$x^2 + x + 17,$$

dont les 17 premiers termes sont premiers ; la formule

$$2x^2 + 29,$$

dont les 29 premiers termes sont premiers absolus.

429. *Formule exponentielle de Fermat* (1). — On ne connaît pas non plus de formule exponentielle qui renferme tous les nombres premiers et ces nombres premiers seulement.

Fermat avait annoncé (2), mais sans le démontrer, que la formule $2^x + 1$ donnait toujours des nombres premiers, pourvu que l'on prît pour x un terme de la progression géométrique :

$$\div 1 : 2 : 4 : 8 : 16 : 32\ldots$$

Euler a montré que cette formule se trouve en défaut pour $n = 32$, puisque l'on a :

$$2^{32} + 1 = 4\,294\,967\,297 = 641 \times 6\,700\,417.$$

§ 4. — Des nombres entiers premiers et inférieurs à un nombre donné.

430. Problème I. — *Étant donné un nombre* N *dont les facteurs premiers sont* a, b, c…, *et qui est de la forme* :

$$N = a^\alpha . b^\beta . c^\gamma . d^\delta \ldots,$$

trouver combien il y a d'entiers inférieurs à N *et premiers avec lui ; mon-*

---

(1) Pierre de *Fermat*, grand mathématicien français, né près de Montauban, en 1601, mort en 1665.
Il étudia le droit à Toulouse et devint conseiller au parlement, en 1631. Il sut, tout en remplissant avec zèle et distinction les devoirs de sa charge, cultiver la littérature aussi bien que les mathématiques. Il participa à toutes les grandes découvertes de son époque : *d'Alembert*, *Lagrange* et *Laplace* lui font l'honneur de la première idée du calcul différentiel ; *Laplace* pense que Fermat doit partager avec *Pascal* l'honneur de l'invention du calcul des probabilités et avec *Descartes* la gloire d'avoir créé l'application de l'algèbre à la géométrie.
Pascal l'appelle le premier homme du monde et avoue qu'il ne peut pas toujours le suivre dans ses recherches sur les nombres, qu'il est capable seulement de les admirer.
Fermat prenait rarement le soin de publier ses découvertes et d'en écrire les démonstrations ; aussi beaucoup de théorèmes sur les nombres découverts par Fermat n'ont pu encore être démontrés.
(2) Dans une lettre à Pascal, Fermat dit : « Toutes les puissances carrées de 2 augmentées de 1 sont nombres premiers ; c'est une vérité de laquelle je vous réponds : la démonstration en est très malaisée, et je vous avoue que je n'ai pas encore pu la trouver pleinement ; je ne vous la proposerais pas pour la chercher si j'en étais venu à bout. »

ENTIERS PREMIERS AVEC UN NOMBRE DONNÉ.

trer que ce nombre d'entiers que l'on désigne par $\varphi(N)$ est donné par la formule

$$\varphi(N) = N\left(1 - \frac{1}{a}\right)\left(1 - \frac{1}{b}\right)\left(1 - \frac{1}{c}\right)\ldots$$

Solution. — 1° Si N renferme seulement deux facteurs premiers,
$$N = a^\alpha . b^\beta, \qquad \text{par exemple,} \quad 12 = 2^2 \times 3,$$
nous formerons d'abord la suite :

(1) 1, 2, 3, 4,..... N—2, N—1, N,

ou, dans l'exemple choisi,

(1') 1, 2, 3, 4, 5, 6, 7, 8, 9, 10, 11, 12 ;

nous effacerons ensuite dans (1) les multiples de a et de b, les entiers restants seront les entiers inférieurs à N et premiers avec lui.

Enlevons d'abord les multiples de a : ils se trouvent de a en a dans la suite (1) et forment la série

(2) $a, \quad 2a, \quad 3a\ldots\ldots, \dfrac{N}{a} \times a,$

ou

(2') $2, \quad 2\times 2, \quad 3\times 2\ldots\ldots, 6\times 2,$

le nombre de ces multiples est $\dfrac{N}{a}$, et, quand on les aura effacés tous, les entiers restants premiers avec a seront ceux de la suite :

(3) $1, 2, 3\ldots a-1, a+1, \ldots 2a-1, 2a+1, \ldots N-1,$

ou

(3') $\qquad\qquad\qquad 1, 3, 5, 7, 9, 11 ;$

leur nombre N' aura pour l'expression générale :

$$N - \frac{N}{a} = N\left(1 - \frac{1}{a}\right) = N'.$$

Nous devons maintenant effacer, dans la suite (3) de ces N' entiers restants, ceux divisibles par b. Il est clair que le nombre de ces multiples de b est égal au nombre des multiples de b contenus dans la suite (1) diminué du nombre de ceux que contient la suite (2), car ces derniers ont été effacés déjà. Or, dans la suite (1) il y a $\dfrac{N}{b}$ multiples de b, et dans la suite (2) il y a autant de nombres divisibles par b qu'il y en a dans la suite

$$1, 2, 3,\ldots \quad \frac{N}{a},$$
$$1, 2, 3, 4, 5, 6,$$

car a et b sont premiers entre eux ; il y en aura donc

$$\frac{N}{ab}, \quad \text{ou} \quad \frac{12}{2.3} = 2.$$

Ainsi le nombre des multiples de b, contenus dans les N' entiers de la série (3) qui nous restaient plus haut, est égal à la différence

$$\frac{N}{b} - \frac{N}{ab} = \frac{N}{b}\left(1 - \frac{1}{a}\right) = \frac{N'}{b}.$$

Nous les effacerons dans la suite (3), et il nous restera les entiers 1, 5, 7, 11 qui sont premiers avec a et avec b. Le nombre de ces entiers a pour expression

$$N' - \frac{N'}{b} = N'\left(1 - \frac{1}{b}\right),$$

ou bien

$$N\left(1 - \frac{1}{a}\right)\left(1 - \frac{1}{b}\right) = N''.$$

2° Si N a trois facteurs premiers,

$$N = a^\alpha . b^\beta . c^\gamma, \quad \text{Ex. } 60 = 2^2 . 3 . 5,$$

nous effacerons d'abord dans la suite (1) les entiers divisibles par a et par b; dans l'exemple choisi, il nous restera les entiers :

(4)   1, 5, 7, 11, 13, 17, 19, 23, 25, 29, 31, 35,
37, 41, 43, 47, 49, 53, 55, 59,

dont le nombre est

$$N'' = 60\left(1 - \frac{1}{2}\right)\left(1 - \frac{1}{3}\right) = 20.$$

Il faudra ensuite effacer dans la suite (4) les entiers divisibles par 5, c'est-à-dire les termes

5,   25,   35,   55,

ou

(5) 5×1, 5×5, 5×7, 5×11,

et il nous restera les entiers

(6)   1, 7, 11, 13, 17, 19, 23, 29, 31, 37, 41, 43,
47, 49, 53, 59,

qui seront moindres que 60 et premiers avec 60. Comptons-les :

Les coefficients de 5 dans les termes de la suite (5) sont parmi les termes de la série

$$1, 2, 3, 4\ldots, \quad 12 = \frac{60}{5} = \frac{N}{c},$$

les seuls qui soient premiers avec 2 et avec 3, ou plus généralement avec a et b; leur nombre est, comme nous l'avons vu,

$$\frac{N}{c}\left(1 - \frac{1}{a}\right)\left(1 - \frac{1}{b}\right) = \frac{N''}{c};$$

ENTIERS PREMIERS AVEC UN NOMBRE DONNÉ.

après les avoir effacés dans la suite (4), la série (6) des entiers restants renfermera un nombre de termes égal à

$$N'' - \frac{N''}{c} = N''\left(1 - \frac{1}{c}\right).$$

On aura donc, pour le cas de trois facteurs premiers, la formule

$$\varphi(N) = N\left(1 - \frac{1}{a}\right)\left(1 - \frac{1}{b}\right)\left(1 - \frac{1}{c}\right).$$

3° Si l'on avait quatre facteurs premiers,

$$N = a^\alpha . b^\beta . c^\gamma . d^\delta. \quad \text{Ex. } 420 = 2^2.3.5.7,$$

on trouverait de la même manière

$$\varphi(N) = N\left(1 - \frac{1}{a}\right)\left(1 - \frac{1}{b}\right)\left(1 - \frac{1}{c}\right)\left(1 - \frac{1}{d}\right).$$

En effet, effaçons dans la suite (1) les nombres divisibles par a, b, c, il restera les entiers de la suite

(7)   1, 7, 11..., 49, 61, 67, 71, 73, 77..., 91..., 119..., 413,

dont le nombre est donné par la formule

$$N''' = 420\left(1 - \frac{1}{2}\right)\left(1 - \frac{1}{3}\right)\left(1 - \frac{1}{5}\right) = 112.$$

et il faudra enlever dans cette suite (7) les nombres entiers

7,   49,   77,   91,   119,.....   413,

divisibles par $d = 7$. Or, les coefficients du facteur premier 7 dans cette suite, c'est-à-dire les nombres

1,   7,   11,   13,   17,   23...   59,

sont les entiers de la suite naturelle des nombres

$$1, 2, 3, 4,...., 59, 60 = \frac{N}{7},$$

qui sont premiers avec 2, 3, 5 ; ce sont précisément les entiers de la suite (6) dont le nombre est égal à

$$60\left(1 - \frac{1}{2}\right)\left(1 - \frac{1}{3}\right)\left(1 - \frac{1}{5}\right)$$

ou plus généralement

$$\frac{N}{d}\left(1 - \frac{1}{a}\right)\left(1 - \frac{1}{b}\right)\left(1 - \frac{1}{c}\right) = \frac{N'''}{d};$$

le nombre des entiers premiers avec N et moindres que N sera donc :

$$N''' - \frac{N'''}{d} = N''' \left(1 - \frac{1}{d}\right),$$

ou

$$\varphi(N) = N \left(1 - \frac{1}{a}\right)\left(1 - \frac{1}{b}\right)\left(1 - \frac{1}{c}\right)\left(1 - \frac{1}{d}\right).$$

On voit que la marche suivie s'applique à un nombre quelconque de facteurs premiers et que la formule précédente est générale.

Remarque. — On peut écrire aussi

$$\varphi(N) = a^{\alpha-1} \cdot b^{\beta-1} \cdot c^{\gamma-1} (a-1)(b-1)(c-1),$$

et l'on voit ainsi que ce nombre $\varphi(N)$ est toujours pair, puisque les facteurs $a-1$, $b-1$, $c-1$, sont divisibles par 2. Il y a exception quand $N = 2$.

431. Problème III. — *Étant donné un nombre décomposé en ses facteurs premiers $N = a^\alpha \cdot b^\beta \cdot c^\gamma$, trouver la somme de tous les nombres inférieurs à N et premiers avec lui. Montrer que cette somme est donnée par la formule*

$$U = \frac{N^2}{2}\left(1 - \frac{1}{a}\right)\left(1 - \frac{1}{b}\right)\left(1 - \frac{1}{c}\right).$$

Solution. La somme des N premiers nombres

$$S = 1 + 2 + 3 + \ldots (N-1) + N$$

est donnée par la formule

$$S = \frac{N(N+1)}{2}.$$

Soit S la somme des nombres moindres que N et divisibles par a, S_b et S_c ceux qui sont divisibles par b et par c; désignons de même par

$$S_{ab}, \quad S_{ac}, \quad S_{bc}, \quad S_{abc},$$

les sommes des entiers divisibles par ab, ac, bc et abc. Il est facile de voir que l'on a

$$S = U + S_a + S_b + S_c - S_{ab} - S_{ac} - S_{bc} + S_{abc}.$$

En effet, désignons, pour abréger, par

$$m(ab), \quad m(ac), \quad m(bc), \quad m(abc),$$

un multiple quelconque des produits

$$ab, \quad ac, \quad bc, \quad abc.$$

Il est clair que $m(ab)$ se trouve compté deux fois dans $S_a + S_b + S_c$, puisqu'il se trouve dans S_a et dans S_b; de même $m(ac)$ et $m(bc)$ se trouvent pris deux fois; il faudra donc de la somme $S_a + S_b + S_c$ retrancher

ENTIERS PREMIERS AVEC UN NOMBRE DONNÉ.   359

la somme $S_{ab} + S_{ac} + S_{bc}$. D'autre part, un terme de la forme $m(a,b,c)$ se trouvant compris trois fois dans chacune des deux sommes

$$S_a + S_b + S_c \quad \text{et} \quad S_{ab} + S_{ac} + S_{bc},$$

disparaît dans la différence

$$S_a + S_b + S_c - (S_{ab} + S_{ac} + S_{bc}),$$

il faudra donc l'ajouter à l'expression qui précède, et l'on aura

$$S = U + S_a + S_b + S_c - S_{ab} - S_{ac} - S_{bc} + S_{abc}.$$

On tire de là

(1) $\quad U = S - S_a - S_b - S_c + S_{ab} + S_{ac} + S_{bc} - S_{abc}.$

Calculons chacun de ces différents termes : nous avons d'abord

$$S_a = a\left(1 + 2 + 3 + \ldots + \frac{N}{a}\right),$$

ou, en appliquant la formule du n° (405).

$$S_a = a\frac{\frac{N}{a}\left(\frac{N}{a}+1\right)}{2} = \frac{N(N+a)}{2a},$$

et de même nous trouverons

$$S_b = \frac{N(N+b)}{2b}, \quad S_c = \frac{N(N+c)}{2c},$$

$$S_{ab} = \frac{N(N+ab)}{2ab}, \quad S_{ac} = \frac{N(N+ac)}{2ac},$$

$$S_{bc} = \frac{N(N+bc)}{2bc}, \quad S_{abc} = \frac{N(N+abc)}{2abc}.$$

Nous aurons donc en substituant ces valeurs dans (1)

$$U = \frac{N}{2} \times \left\{ \begin{array}{l} N + 1 - \dfrac{N+a}{a} - \dfrac{N+b}{b} - \dfrac{N+c}{c} \\ + \dfrac{N+ab}{ab} + \dfrac{N+ac}{ac} + \dfrac{N+bc}{bc} \\ - \dfrac{N+abc}{abc} \end{array} \right\}.$$

ou bien, en réduisant tous les termes de la parenthèse au dénominateur commun abc,

$$U = \frac{N}{2abc} \times \left\{ \begin{array}{l} (N+1)abc \\ - (N+a)bc - (N+b)ac - (N+c)ab \\ + (N+ab)c + (N+ac)b + (N+bc)a \\ - (N+abc). \end{array} \right\}$$

Dans la parenthèse tous les termes indépendants de N se détruisent et le coefficient de N est

$$abc - ab - ac - bc + a + b + c - 1;$$

on a donc

$$U = \frac{N^2}{2} \times \frac{abc - ab - ac - bc + a + b + c - 1}{abc},$$

ou bien, en divisant chaque terme du numérateur par abc,

$$U = \frac{N^2}{2}\left(1 - \frac{1}{a} - \frac{1}{b} - \frac{1}{c} + \frac{1}{ab} + \frac{1}{ca} + \frac{1}{bc} - \frac{1}{abc}\right),$$

ce que l'on peut écrire

$$U = \frac{N^2}{2}\left(1 - \frac{1}{a}\right)\left(1 - \frac{1}{b}\right)\left(1 - \frac{1}{c}\right).$$

Application. Si l'on a

$$N = 30, \quad a = 2, \quad b = 3, \quad c = 5,$$

il vient

$$1 - \frac{1}{a} = \frac{1}{2}, \quad 1 - \frac{1}{b} = \frac{2}{3}, \quad 1 - \frac{1}{c} = \frac{4}{5},$$

$$\left(1 - \frac{1}{a}\right)\left(1 - \frac{1}{b}\right)\left(1 - \frac{1}{c}\right) = \frac{4}{15},$$

$$U = \frac{900}{2} \times \frac{4}{15} = \frac{600}{5} = 120.$$

Vérification.

$$1 + 17 + 11 + 13 + 17 + 19 + 23 + 29 = 120.$$

CHAPITRE VI

§ 1er. — **Théorèmes sur les restes, résidus et équivalences.**

432. — Si l'on choisit à volonté un nombre entier m, tous les autres nombres entiers seront de l'une des formes

$$Km, \; Km + 1, \; Km + 2, \ldots, Km + (m - 1);$$

et sont compris dans la formule

$$Km + r,$$

le reste r étant l'un des termes de la suite naturelle des nombres

$$1, 2, 3, \ldots (m - 1).$$

Il est utile, pour la concision du langage, d'adopter les définitions suivantes :

Définition I. — Si l'on compare tous les nombres à un nombre fixe et donné m, ce nombre m est appelé *module*.

Définition II. — Deux nombres sont *équivalents*, suivant le module m, lorsque leur différence est divisible par m. Ainsi les deux nombres

$$N = Km + r, \quad N' = K'm + r$$

sont équivalents parce que l'on a

$$N - N' = (K - K')m,$$

ce que l'on écrit ainsi :

$$N \equiv N' \pmod{m}.$$

Cauchy a donné à cette expression le nom d'*équivalence*.

Définition III. — On appelle *résidu* d'un nombre comparé au module m, le reste de la division de ce nombre par m. Ces résidus sont au plus égaux à $m-1$. Par rapport au module 6, ils sont

$$0, 1, 2, 3, 4, 5,$$

et l'on dit que tous les nombres entiers sont de l'une des six formes

$$6m, \ 6m+1, \ 6m+2, \ 6m+3, \ 6m+4, \ 6m+5.$$

433. Résidus minima. — Soit N un nombre positif comparé au nombre fixe m appelé module, en calculant la suite des multiples de m :

$$0, m, 2m, 3m, \ldots, Km, (K+1)m,$$

le nombre N tombera toujours entre deux multiples consécutifs de m, et l'on aura :

$$Km < N < (K+1)m;$$

on pourra donc poser :

$$N = Km + r \qquad (0 < r < m),$$
$$N = (K+1)m - r' \qquad (0 < r' < m).$$

Les nombres r et r' sont dits *résidus minima* de N ; l'un est positif, l'autre est négatif, et l'un d'eux ne surpasse pas la moitié de m.

En introduisant les résidus négatifs, on simplifie l'écriture : par exemple, on peut dire que tous les nombres sont de l'une des formes

$$6m, \ 6m \pm 1, \ 6m \pm 2, \ 6m + 3,$$

au lieu de considérer les 6 formules ci-dessus.

(*) *Gauss* appelle nombres *congrus* (module m) les nombres qui admettent le *même résidu*, et nombres *incongrus*, ceux qui ont des *résidus différents*. L'équivalence

$$8 \equiv 23 \pmod{5},$$

est appelée *congruence* par le géomètre allemand. Nous préférons, au point de vue de l'enseignement, les définitions de *Cauchy*.

434. Théorème I. — *Lorsque l'on a deux équivalences suivant le même module, on en déduit une troisième en les ajoutant entre elles.*

Démonstration. — Les deux équivalences

(1) $\qquad A \equiv a \pmod{m}$
(2) $\qquad B \equiv b \pmod{m}$

signifient que l'on a
(3) $\qquad A = a + km,$
(4) $\qquad B = b + k'm;$

l'on aura donc
$$A + B = a + b + (k + k')m,$$
équation qui peut s'écrire
$$A + B \equiv a + b \pmod{m}.$$
On en déduirait de même
$$A - B \equiv a - b \pmod{m}.$$
Le théorème s'étend à un nombre quelconque d'équivalences.

435. Théorème II. — *On peut multiplier membre à membre un nombre quelconque d'équivalences suivant le même module.*

Démonstration. — En effet, les équivalences (1) et (2) reviennent aux égalités (3) et (4); si on multiplie ces égalités membre à membre, l'on a
$$AB = ab + (ak' + bk + kk'.m)m,$$
ce que l'on est convenu d'écrire
$$AB \equiv ab \pmod{m}.$$
On étendrait facilement le théorème à trois, quatre..... équivalences.

436. Conséquence. — *On peut élever les deux membres d'une équivalence à la même puissance.*

437. Application. — Etant donnée la différence de deux puissances
$$14^{13} - 13^{14},$$
trouver, sans faire le calcul numérique, le reste que l'on obtiendrait en la divisant par 9.

L'on a d'abord
$$14 \equiv 5 \pmod{9},$$
donc
$$14^{13} \equiv 5^{13} \pmod{9}.$$
Mais
$$5^3 = 125 \equiv -1 \pmod{9},$$
donc, en élevant les deux membres à la quatrième puissance
$$5^{12} \equiv (-1)^4, \text{ ou } 5^{12} \equiv 1 \pmod{9}.$$
$$5^{13} \equiv 5 \pmod{9};$$
par suite, on aura
$$14^{13} \equiv 5 \pmod{9},$$

RÉSIDUS DES MULTIPLES.

On trouverait de même
$$13 \equiv 4 \pmod{9},$$
$$13^3 \equiv 4^3 \equiv 1 \pmod{9};$$
$$13^{12} \equiv 1 \pmod{9},$$
$$13^{14} \equiv 4^2 \equiv 7 \pmod{9},$$

On aura donc
$$14^{13} - 13^{14} \equiv 5 - 7 \equiv -2 \pmod{9}.$$

ce qui revient à dire que le reste de la division par 9 sera égal à 7.

Dans la théorie des nombres on étudie surtout les propriétés des entiers de la forme

$$Ax + B,$$
$$Ax^2 + Bx + C,$$
$$Ax^3 + Bx^2 + Cx + D,$$

A, B, C, D... étant des nombres positifs ou négatifs et x un nombre variable positif.

§ 2. — Résidus des multiples.

438. — La formule Ax dans laquelle A est un nombre fixe, et x un des termes de la suite 1, 2, 3, 4, 5, 6..., comprend une infinité de nombres. On peut comparer ces multiples de A à un module m et chercher la loi que suivent les restes obtenus en les divisant par m.

439. Théorème I. — *Si A et m sont premiers entre eux, les restes obtenus en divisant par m les m — 1 premiers multiples de A seront tous différents.*

Démonstration. — Les $m - 1$ premiers multiples de A sont
$$A, 2A, 3A, 4A, \ldots (m-1)A.$$

1° En les divisant par A, l'on ne trouvera jamais un reste nul : en effet, si l'on avait
$$\frac{K \cdot A}{m} = \text{Entier},$$
m divisant le produit $K \cdot A$ et étant premier avec le facteur A, devrait diviser K, ce qui est impossible puisque l'on a l'inégalité $K < m$.

2° Tous les restes obtenus seront différents : en effet, si l'on avait le même reste r, pour deux multiples $K \cdot A$ et $K' \cdot A$, on aurait les égalités
$$K \cdot A = m \cdot q + r \quad \text{et} \quad K'A = m \cdot q' + r,$$
desquelles on déduirait, par soustraction,
$$(K - K')A = m(q - q'),$$

égalité impossible : en effet m divisant son premier membre et étant premier avec A devrait diviser le facteur $K - K'$ plus petit que m.

Ainsi tous les résidus des $m-1$ premiers multiples de x reproduisent, dans un certain ordre, la série des nombres $1, 2, 3, \ldots, m-1$.

Exemple : $A = 35$, $m = 8$; l'on trouve pour les sept premiers multiples :

$$35, \ 70, \ 105, \ 140, \ 175, \ 210, \ 245,$$

et pour les résidus :

$$3, \ 6, \ 1, \ 4, \ 7, \ 2, \ 5.$$

REMARQUE I. — Les résidus des multiples suivants :

$$(m+1)A, (m+2)A, \ldots (2m-1)A,$$
$$(2m+1)A, (2m+2)A, \ldots (3m-1)A,$$
$$\ldots\ldots\ldots\ldots\ldots\ldots\ldots\ldots\ldots$$

seront les mêmes et se reproduiront dans le même ordre que ceux de la première suite.

REMARQUE II. — Lorsque l'on cherche les résidus des nombres de la forme Ax comparés au module m, on peut toujours supposer A moindre que m.

440. CONSÉQUENCE. — *Si, parmi les* $m-1$ *premiers multiples de* A, *l'on ne prend que ceux qui sont premiers avec* m, *les résidus correspondants seront tous les nombres moindres que* m *et premiers avec ce module.*

En effet, si le multiple $A.K$ donnait un reste r non premier avec m, l'on aurait l'égalité

$$K.A = m.q + r$$

dont le second membre serait divisible par le facteur commun à r et à m; le multiple $A.K$ ne serait donc pas premier avec m.

Exemple : $A = 14$, $m = 15$.

Multiples : $\begin{cases} 14, 2\times 14, \ 4\times 14, \ 7\times 14, \ 8\times 14, \ 11\times 14, \ 13\times 14, \ 14\times 14. \\ 14, \ \ 28, \ \ \ 56, \ \ \ \ 98 \ \ \ \ 112, \ \ \ \ 154, \ \ \ \ 182, \ \ \ 196 \end{cases}$
Résidus : $\ 14, \ \ 13, \ \ \ 11, \ \ \ \ 8, \ \ \ \ 7, \ \ \ \ 4, \ \ \ \ 2, \ \ \ 1.$

441. THÉORÈME II. — *Si* A *et* m *ont un plus grand commun diviseur* D, *en divisant par* D *les* $\left(\dfrac{m}{D} - 1\right)$ *multiples successifs de* A :

$$A, \ 2A, \ 3A, \ldots \left(\frac{m}{D} - 1\right)A,$$

RÉSIDUS DES MULTIPLES.

*l'on aura pour résidus, dans un certain ordre, les **multiples***

$$D,\ 2D,\ 3D,\ \ldots \left(\frac{m}{D} - 1\right) D.$$

Démonstration. — Considérons par exemple les nombres

$$A = 15,\ m = 24,\ \text{nous aurons} : D = 3,\ \frac{m}{D} = 8;$$

les 7 premiers multiples de A :

$$15,\ 30,\ 45,\ 60,\ 75,\ 90,\ 105,$$

donneront pour résidus

$$15,\ 6,\ 21,\ 12,\ 3,\ 18,\ 9,$$

c'est-à-dire sept premiers multiples de D.

Pour le démontrer, posons $A = DA'$, $m = Dm'$, et considérons un multiple quelconque de A égal à AK ; en le divisant par m, nous aurons

$$K.DA' = m'.Dq + R,$$

par suite R sera divisible par D, et, si nous posons $R = R'D$, l'égalité précédente se réduira à

$$K.A' = m'q + R'.$$

Or, d'après le théorème précédent, les multiples de A', comparés au module m' premier avec A', donneront les résidus $1, 2, 3, \ldots (m' - 1)$; donc les multiples de A dont le rang est moindre que m donneront, par rapport au module m, les résidus

$$D,\ 2D,\ 3D,\ \ldots (m' - 1) D.$$

REMARQUE. — Le multiple suivant donnerait zéro pour résidu et les autres fourniraient ensuite les mêmes résidus dans le même ordre. On voit donc que, dans tous les cas, les résidus des multiples Ax d'un nombre A par rapport à un même module m, forment une série périodique simple.

442. THÉORÈME III. — *Si dans la fonction* $Ax + B$ *du premier degré en* x, *on remplace* x *par les nombres* 0, 1, 2, 3... m $- 1$ *et que l'on compare les résultats obtenus au module* m, *les résidus minima*

$$r_1,\ r_2,\ r_3,\ \ldots r_m,$$

se reproduiront périodiquement lorsque l'on remplacera x *par les* m *nombres suivants.*

Démonstration. — Donnons successivement à x les valeurs :

$$x = h\ \text{et}\ x = Km + h;$$

la fonction du premier degré $Ax + B$ prendra les deux valeurs :

$$Ah + B\ \text{et}\ A(Km + h) + B$$

dont la différence est A Km; on voit donc qu'en divisant ces deux nombres par m l'on aura le même résidu.

Exemples :

x	$4x+3$ (module 5)		$3x+5$ (module 6)	
	$4x+3$	Résidus	$3x+5$	Résidus
1	7	2	8	2
2	11	1	11	5
3	15	0	14	2
4	19	4	17	5
5	23	3	20	2
6	27	2	23	5
7	31	1	26	2
8	35	0	29	5
9	39	4	32	2
10	40	3	35	5

THÉORÈME DE WILSON

443. Théorème. — *Si* p *est un nombre premier, le produit de tous les entiers moindres que lui augmenté de* 1 *sera divisible par* p [*]; *c'est-à-dire* :

$$1.2.3.4.5\ldots(p-2)(p-1)+1 \equiv 0 \,(\text{mod. } p).$$

Démonstration. — Je dis d'abord que l'on a

$$2.3.4.5\ldots(p-3).(p-2) = m.p+1.$$

En effet, appelons a un terme quelconque de la suite

(1) $\qquad 2, 3, 4, 5, \ldots (p-2);$

nous savons qu'en divisant par p les multiples de a,

$$a, 2a, 3a, 4a, \ldots (p-1)a,$$

il y en aura un et un seul qui donnera 1 pour reste. Ce ne sera pas le premier, car

$$a = 0 \times p + a,$$

et l'on suppose $a > 1$; ce ne sera pas non plus le dernier, car

$$(p-1)a = p(a-1)+p-a, \quad \text{et l'on a} \quad p-a > 1.$$

---

[*] Ce théorème dont Waring fait mention dans ses *Meditationes algebricæ* et dont il attribue la découverte à Jean Wilson, a été démontré pour la première fois par Lagrange dans les mémoires de Berlin (1771) et ensuite par Euler dans ses *Opuscula analytica* (tome Ier). Ce théorème est *vrai seulement pour un nombre premier* et c'est pour cette raison, surtout, qu'il est remarquable.

THÉORÈME DE WILSON.

Si donc l'on choisit arbitrairement dans la suite (1) un nombre quelconque a, on en trouvera toujours dans cette même suite un autre b, et un *seul*, tel que le produit ab soit un multiple de p augmenté de 1. D'ailleurs ce nombre b sera différent de a : car, si l'on avait $a = b$, l'égalité

$$a^2 - 1 = m.p, \quad \text{ou} \quad (a+1)(a-1) = m.p,$$

serait impossible puisque $a+1$ est moindre que le nombre premier p.

Si l'on choisit un second nombre a' de la suite(1), l'on trouvera un second nombre b', tel que $a'b' = m.p + 1$. Ce nombre b' sera différent de b, sans quoi l'on trouverait dans la suite

$$2b, 3b, 4b, \ldots (p-2)b,$$

deux termes ab et $a'b$ qui, divisés par p, donneraient le même reste 1.

Il résulte de ce qui précède que les nombres de la suite (1) peuvent être associés deux à deux de telle manière que le produit de deux *associés* soit égal à l'unité augmentée d'un multiple de p; par conséquent l'on a :

(2) $2.3.4.5, \ldots (p-2) = m.p + 1.$

Si nous multiplions par $(p-1)$ les deux membres de l'égalité (2), nous aurons :

$$1.2.3.4, \ldots (p-2)(p-1) = (m.p+1)(p-1) = m'.p - 1,$$

ou

$$1.2.3.4, \ldots (p-2)(p-1) + 1 \equiv 0 \pmod{p}.$$

Exemple : Si $p = 11$, l'on a :

$$1.2.3.4.5.6.7.8.9.10 + 1 = 3\,628\,801 = 329891 \times 11,$$

et dans le produit

$$2.3.4.5.6.7.8.9,$$

les termes associés sont :

2 et 6, 3 et 4, 5 et 9, 7 et 8.

Ce produit est donc un multiple de 11 plus 1, et, en le multipliant par 10 ou 11 — 1, l'on a un multiple de 11 diminué d'une unité.

La démonstration précédente est d'*Euler*.

444. REMARQUE I. — *Le théorème de Wilson n'a lieu que si* p *est un nombre premier.*

En effet si $p = ab$, ces deux facteurs se trouveront parmi les entiers $1, 2, 3, \ldots (p-1)$, et le nombre

$$1.2.3.4, \ldots (p-1) + 1,$$

divisé par ab, donnera 1 pour reste. — La même chose aurait lieu si p était le produit de deux facteurs égaux, si l'on avait $p = a^2$: en effet, a et $2a$ se trouveraient dans la suite 1, 2, 3, ... $(p-1)$; donc le produit de ces nombres serait divisible par a^2 ou par p, et ce produit augmenté de 1 laisserait pour reste l'unité.

445. REMARQUE II. — On déduit de là une règle générale et infaillible pour reconnaître si un nombre donné N est premier : pour cela, il faut ajouter l'unité au produit $1.2.3\ldots\ldots(N-1)$; si la somme est divisible par N, le nombre N est premier ; si elle ne l'est pas, le nombre N est composé. — Malheureusement cette règle n'est guère utile dans la pratique parce que le produit $1.2.3\ldots\ldots(N-1)$, atteint bientôt des valeurs numériques beaucoup trop grandes pour que l'on puisse effectuer le calcul.

§ 3. — Résidus des puissances. — Théorème de Fermat.

446. THÉORÈME. — *Si dans la fonction x^p on substitue à x les nombres $0, 1, 2, 3, \ldots\ldots m-1$, et que l'on divise par m les résultats de ces substitutions, les résidus ainsi obtenus se reproduiront périodiquement lorsqu'on remplacera x par les nombres suivants,* m, $m+1$, $m+2\ldots$

Démonstration. — Mettons, par exemple, dans la fonction x^2, à la place de x les nombres h et $h+m$K, nous aurons les résultats

$$h^2 \quad \text{et} \quad h^2 + m^2 \times K^2 + 2mhK,$$

dont la différence est un multiple de m ; on voit donc que, si

$$x^2 \equiv h \pmod{m},$$

l'on aura :

$$x^2 \equiv h^2 \pmod{m}.$$

De même, pour la fonction x^3, l'on a :

$$(h+mK)^3 = h^3 + 3h^2 mK + 3hm^2 K^2 + m^3 K^3 ;$$

comme tous les termes qui suivent le premier sont des multiples de m, ce cube divisé par m donnera le même résidu que h^3 ; l'on voit donc que si

$$x \equiv h \pmod{m},$$

l'on aura :

$$x \equiv h^3 \pmod{m},$$

et en général, pour la puissance p, l'on aura, quel que soit p,

$$x^p \equiv h^p \pmod{m}.$$

447. *Résidus quadratiques.* — Si l'on compare au module 3 la suite des carrés

$$0, 1, 4, 9, 16, 25, 36, 49, 64, 81, 100, 121, 144,$$

on trouve pour résidus

(mod. 3) $0, 1, 1, 0, 1, 1, 0, 1, 1, 0, 1, 1, 0$;

on voit que ces résidus se reproduisent de 3 en 3 rangs.

Si on compare ces mêmes carrés au module 5, on trouve pour résidus positifs :

(mod. 5)   0, 1, 4, 4, 1, 0, 1, 4, 4, 1, 0, 4, 4;

ils se reproduisent de 5 en 5 rangs. Les résidus 2 et 3 manquent toujours.

448. *Résidus cubiques.* — Si l'on compare au module 5 la suite des cubes

$$0, 1, 8, 27, 64, 125, 216, 343, 512, 729, 1000, \ldots$$

on trouve pour résidus :

(mod. 5)   0, 1, 3, 2, 4, 0, 1, 3, 2, 4, 0, ...

tandis que les résidus relatifs au module 4 seraient

(mod. 4)   0, 1, 0, 3, 0, 1, 0, 3, 0, 1, 0, ...

le résidu 2 manquant toujours.

449. THÉORÈME GÉNÉRAL. — *Si dans une fonction entière de* x *l'on substitue à* x *les* m *nombres consécutifs*, $0, 1, 2, 3, \ldots m-1$ *et que l'on divise par* m *les résultats, les résidus minima* $r_1, r_2, r_3, \ldots r_m$ *ainsi obtenus se reproduiront périodiquement quand on mettra pour* x *les nombres suivants*, $m, m+1, m+2, \ldots 2m-1$.

Démonstration. — Considérons, par exemple, la fonction du second degré

$$f(x) = Ax^2 + Bx + C,$$

et donnons à x les valeurs

$$x = h \quad \text{et} \quad x = Km + h.$$

Nous aurons :

$$f(h) = Ah^2 + Bh + C,$$
$$f(Km+h) = A(Km+h)^2 + B(Km+h) + C,$$

et si l'on développe les calculs l'on trouvera pour ce second nombre une somme de multiples de m augmentée de $f(h)$; par conséquent

$$f(Km+h) - f(h) = M.m,$$

ce qui démontre que les deux résultats $f(h)$ et $f(Km+h)$ donneront le même résidu quand on les divisera par m.

On ferait un calcul analogue pour les fonctions du troisième degré ou du quatrième degré

$$Ax^3 + Bx^2 + Cx + D, \quad Ax^4 + Bx^3 + Cx^2 + Dx + E,$$

et l'on verrait facilement qu'en général, si l'on a :

$$x \equiv h \pmod{m},$$

l'on aura aussi, pour une fonction de x entière et quelconque, $F(x)$,
$$F(x) \equiv F(h) \pmod{m}.$$

THÉORÈME DE FERMAT

450. Théorème. — *Si p est un nombre premier absolu qui ne divise pas un nombre entier N, la différence $N^{p-1} - 1$ est divisible par p.*

Démonstration. — Divisons par p les $p-1$ premiers multiples de N,
$$N, \ 2N, \ 3N, \ \ldots (p-1)N;$$
nous avons vu (**439**) que les restes seront les nombres
$$1, \ 2, \ 3, \ \ldots (p-1)$$
rangés dans un certain ordre.

Faisons le produit
$$N \times 2N \times 3N \times 4N, \ldots (p-1)N$$
de tous ces multiples et, d'autre part, le produit
$$1 \times 2 \times 3 \times 4, \ldots (p-1)$$
de tous ces restes, puis divisons par p chacun de ces produits : ces deux divisions nous donneront le même reste; par suite, la différence
$$N \times 2N \times 3N \ldots (p-1)N - 1.2.3 \ldots (p-1)$$
est divisible par p, ce qui revient à dire que
$$\frac{N^{p-1}.1.2.3 \ldots (p-1) - 1.2.3 \ldots (p-1)}{p} = \text{Entier},$$
ou que
$$\frac{[N^{p-1}-1] \, 1.2.3 \ldots (p-1)}{p} = \text{Entier};$$
mais p ne peut diviser le second facteur du numérateur
$$1.2.3 \ldots (p-1)$$
puisque p est premier absolu; donc il doit diviser l'autre facteur
$$N^{p-1}-1.$$

Exemples. — Le nombre premier 3 ne divise pas 10; la différence
$$10^{3-1}-1 = 100-1 = 99$$
sera divisible par 3.

De même, 7 étant un nombre premier absolu, divisera la différence
$$10^{7-1}-1 = 999999,$$
et l'on a
$$999999 = 7 \times 142857.$$

Remarque. — On écrit souvent la propriété précédente comme il suit :
$$N^{p-1}-1 = p.E.$$

ou bien, avec la notation des équivalences,

$$N^{p-1} \equiv 1 \pmod{p}.$$

THÉORÈME D'EULER[1].

451. Théorème. — *Si p est un nombre premier avec le nombre entier N et si $\varphi(p)$ représente le nombre des entiers inférieurs à p et premiers avec lui, la différence $N^{\varphi(p)} - 1$ est divisible par p.*

Démonstration. — Désignons les nombres entiers moindres que p et premiers avec p par

(1) . . . . . 1, a, b, c, d, … $p-1$.

Multiplions chacun de ces nombres par N; nous aurons les produits

(2) . . . . . N, aN, bN, cN, … $(p-1)$N,

au nombre de $\varphi(p)$. Si nous divisons ces produits par p, nous aurons pour restes tous les nombres de la suite (1) rangés dans un certain ordre. Il résulte de là que le produit

$$N \times aN \times bN \times cN \ldots (p-1)N$$

divisé par p donnera le même reste que le produit

$$1 \times a \times b \times c \ldots (p-1),$$

et par conséquent la différence

$$N \times aN \times bN \ldots (p-1)N - 1.a.b \ldots (p-1)$$

sera un multiple de p; l'on aura donc

$$\frac{N^{\varphi(p)} \times 1.a.b.c \ldots (p-1) - 1.a.b.c \ldots (p-1)}{p} = \text{Entier},$$

ou bien :

$$\frac{[N^{\varphi(p)} - 1] \, 1.a.b.c \ldots (p-1)}{p} = \text{Entier}.$$

---

(1) Euler (Léonard), l'un des plus illustres géomètres des temps modernes, naquit à Bâle en 1707 et mourut à Saint-Pétersbourg en 1783.
Il fut nommé à la chaire de physique de Bâle en 1730, fit partie de l'Académie des sciences de Saint-Pétersbourg, puis de celle de Berlin (1741) et devint en 1755 associé étranger de l'Académie des sciences de Paris.
Euler s'occupa de la théorie des nombres, perfectionna le calcul différentiel et intégral ainsi que la mécanique; ce fut un homme extraordinaire, également capable des plus grands efforts de tête et du travail le plus continu.
En 1735, une congestion cérébrale provenant d'un excès de travail lui fit perdre l'œil droit; bientôt il devint presque entièrement aveugle, ne pouvant plus distinguer que les gros caractères tracés sur une ardoise. Mais Euler avait une si grande force de tête et une mémoire si prodigieuse que cette infirmité ne l'arrêta même pas dans ses travaux.

Or, p est premier avec tous les facteurs du produit

$$1 \times a \times b \times c \ldots \ldots (p-1);$$

donc il divise le premier facteur $N^{\varphi(p)} - 1$, et l'on a

$$\frac{N^{\varphi(p)} - 1}{p} = E,$$

ou bien, avec la notation des équivalences,

$$N^{\varphi(p)} \equiv 1 \pmod{p}.$$

452. REMARQUE. — Ce théorème est plus général que le théorème de Fermat et le renferme comme cas particulier : en effet, si p est premier absolu et ne divise pas N, le nombre des entiers au-dessous de p et premiers avec lui est égal à $(p-1)$, l'on a donc

$$\varphi(p) = p - 1,$$

et, par conséquent,

$$N^{p-1} - 1 = p \cdot E.$$

§ 4. — Application du théorème de Fermat à la théorie des fractions décimales périodiques

CAS DES FRACTIONS PÉRIODIQUES SIMPLES.

453. THÉORÈME I. — *Si l'on réduit en décimales une fraction ordinaire irréductible, dont le dénominateur est un nombre premier autre que 2 ou 5, la période aura un nombre de chiffres qui divisera le dénominateur diminué de l'unité.*

Démonstration. — Soit, par exemple, la fraction $\frac{4}{7}$, dont le dénominateur 7 est un nombre premier qui ne divise pas 10 ; d'après le théorème de *Fermat*, $10^6 - 1$ est divisible par 7 ; donc, en divisant 4×10^6 par 7, on aura 4 pour reste. Il résulte de là qu'après avoir écrit le sixième zéro à la droite du sixième reste, on trouvera, en divisant par 7 le nombre obtenu, le premier reste, 4. Si l'on écrit un zéro à la droite de ce reste on retrouvera le premier dividende et, par suite, le premier chiffre du quotient. Ceci nous montre bien que la période du quotient décimal a 6 chiffres, ou bien un nombre de chiffres sous-multiple de 6.

Ici la période a 6 chiffres, c'est-à-dire autant qu'il y a d'unités dans le dénominateur moins un.

Si l'on réduisait la fraction $\frac{1}{13}$ en décimales, la période se composerait de 6 chiffres, c'est-à-dire d'un nombre de chiffres égal à $\frac{13-1}{2}$; on a

$$\frac{1}{13} = 0{,}076923\ 076923\ldots$$

Si l'on réduisait en décimales la fraction $\frac{1}{11}$, on trouverait

$$\frac{1}{11} = 0{,}09\ 09\ 09\ldots$$

la période n'aurait que deux chiffres, c'est-à-dire $\frac{11-1}{5}$ chiffres.

REMARQUE. — Le nombre de chiffres de la période ne dépend que du dénominateur de la fraction ordinaire.

Ainsi l'on trouverait, en changeant les numérateurs précédents,

$$\frac{5}{7} = 0{,}714285\ 714285\ldots \text{ (Période de 6 chiffres)}.$$

$$\frac{2}{11} = 0{,}1818\ldots \left(\text{Période de 2 chiffres comme pour } \frac{1}{11}.\right)$$

454. THÉORÈME II. — *Si le dénominateur de la fraction ordinaire $\frac{A}{B}$ est un nombre composé, mais premier avec* 10, *la période aura un nombre de chiffres qui divisera le nombre* $\varphi(B)$ *des entiers inférieurs à* B *et premiers avec lui.*

Démonstration. — Considérons la fraction $\frac{2}{21}$, dont le dénominateur 21 est premier avec 10 ; il y a 12 nombres entiers premiers avec 21 et moindres que ce dénominateur ; donc, d'après le théorème d'Euler, $10^{12} - 1$ est divisible par 21 ; donc 2×10^{12} donnera 2 pour reste, et l'on sera conduit, après avoir abaissé 12 zéros, à mettre au quotient un chiffre déjà trouvé ; la période aura donc 12 chiffres, ou bien un nombre de chiffres diviseur de 12 : on trouve

$$\frac{2}{21} = 0{,}095238\ 095238\ldots$$

et la période de cette fraction décimale a 6 chiffres seulement.

CAS DES FRACTIONS PÉRIODIQUES MIXTES.

455. Considérons maintenant une fraction ordinaire irréductible dont le dénominateur renferme des facteurs 2 ou des facteurs 5 avec d'autres ; elle donnera naissance, lorsqu'on la convertira en décimales, à une fraction périodique mixte. Voici la règle à suivre pour trouver le nombre des chiffres de la période.

RÈGLE. — *On fait le produit des facteurs étrangers à 2 ou à 5 dans le dénominateur; la fraction ordinaire égale à l'inverse de ce produit fournit une fraction décimale périodique simple dont la période a le même nombre de chiffres que la proposée.*

Exemple. — Soit la fraction ordinaire irréductible

$$\frac{11}{650} = \frac{11}{5^2 \times 2 \times 13},$$

qui donne naissance à un quotient périodique mixte; on peut l'écrire

$$\frac{11 \times 2}{5^2 \times 2^2} \times \frac{1}{13}.$$

Si l'on développe le second facteur en décimales on trouve :

$$\frac{1}{13} = 0{,}076923\ 076923\ldots$$

l'on aura donc pour le développement de la fraction proposée

$$\frac{11}{650} = \frac{22}{100} \times 0{,}076923\ldots$$

ou

$$0{,}01\ 692307\ 692307\ 672307\ldots$$

et la période aura six chiffres; l'on savait d'ailleurs qu'il y aurait deux chiffres irréguliers, puisque le facteur 5 entre au carré dans le dénominateur.

TABLE DES MATIÈRES

PRÉLIMINAIRES

	Pages.
Grandeur ou quantité, unité, nombre..................................	1 et 2

LIVRE I
NOMBRES ENTIERS

Numération..	3
Opérations sur les nombres entiers.....................................	11
Problèmes sur les quatre opérations avec les résultats...............	49
Solution de quelques problèmes..	54

LIVRE II
PROPRIÉTÉS DES NOMBRES

Divisibilité...	59
Applications de la divisibilité...	66
Nombres premiers...	69
Du plus grand commun diviseur.......................................	73
Propositions relatives aux diviseurs premiers.......................	82
Décomposition d'un nombre en ses facteurs premiers...............	84
Applications. Recherche du plus petit multiple commun et du plus grand commun diviseur de plusieurs nombres.......................	89
Problèmes sur la divisibilité..	95

LIVRE III
FRACTIONS

Principes sur les fractions ordinaires.................................	99
Opérations sur les fractions ordinaires...............................	111
Problèmes sur les fractions ordinaires..............................	123
Fractions décimales...	128
Opérations sur les nombres décimaux................................	133
Réduction des fractions ordinaires en fractions décimales.........	142
Fractions décimales périodiques......................................	146
Problèmes sur les fractions décimales..............................	154

LIVRE IV
SYSTÈME MÉTRIQUE

Mesures de longueur..	158
Mesures de surface..	159
Mesures de volume..	161

TABLE DES MATIÈRES

Mesures de poids	165
Monnaies	168
Titres des objets d'or et d'argent	171
Anciennes mesures de France et leur conversion en mesures métriques	172
Mesures de durée et division de la circonférence	180
Problèmes sur le système métrique	187

LIVRE V

RACINES

Racine carrée	193
Exercices et problèmes sur la racine carrée	209
Racine cubique	212
Exercices et problèmes sur la racine cubique	227
Des nombres incommensurables; calcul des radicaux	229
Exercices sur les nombres incommensurables	239

LIVRE VI

RAPPORTS ET APPLICATIONS

Rapports	241
Proportions	246
Des grandeurs directement proportionnelles et des grandeurs inversement proportionnelles	253
Règles de trois	256
Règle d'intérêts et comptes courants	263
Problèmes sur l'escompte	272
Partages proportionnels et règles de société	281
Problèmes sur les mélanges	284
Problèmes sur les alliages	286
Exercices sur les rapports et les proportions	288
Exercices sur l'intérêt et l'escompte	290

COMPLÉMENT

OPÉRATIONS ABRÉGÉES

Multiplication abrégée	296
Division abrégée	300
Racine carrée abrégée	303
Racine cubique abrégée	306

APPROXIMATIONS NUMÉRIQUES

Énoncé des deux problèmes d'approximation que l'on a toujours à résoudre	308
Des erreurs relatives	310
Erreur relative d'un produit, d'un quotient, d'une puissance, d'une racine	314

EXEMPLES DE SOLUTIONS DE PROBLÈMES D'APPROXIMATION

1re Série. Les données sont exactes; calculer le résultat avec une approximation donnée	323
2e Série. Les données sont inexactes; calculer l'erreur du résultat	326
Énoncés de problèmes à résoudre	336

SYSTÈMES DE NUMÉRATION

Principes communs à tous les systèmes de numération............... 339
Changement de base... 340
Théorèmes généraux. — Divisibilité par $\beta + 1$ et $\beta - 1$............... 342

DIVISIBILITÉ

Caractère de divisibilité par un nombre quelconque................ 344
Somme de tous les diviseurs d'un nombre........................... 347
Nombre de manières de décomposer un nombre en facteurs......... 348
Produit des diviseurs d'un nombre................................. 349
Classification des nombres.. 351
Tout nombre premier est de la forme $6n \pm 1$...................... 352
Il n'existe aucune formule algébrique entière qui ne renferme que des nombres premiers... 353
Nombre d'entiers moindres qu'un nombre donné et premiers avec lui 354

RÉSIDUS ET ÉQUIVALENCES

Théorèmes sur les restes.. 360
Résidus des multiples... 363
Théorème de Wilson.. 366
Résidus des puissances ; théorème de Fermat....................... 368
Application à la théorie des fractions périodiques................ 372

www.ingramcontent.com/pod-product-compliance
Lightning Source LLC
Chambersburg PA
CBHW070441170426
43201CB00010B/1180